创新创业导引

邓泽功　周光明　丁　涛

主　编

西南交通大学出版社

·成　都·

图书在版编目（CIP）数据
创新创业导引 / 邓泽功，周光明，丁涛主编. —成都：西南交通大学出版社，2017.6
ISBN 978-7-5643-5490-9

Ⅰ. ①创… Ⅱ. ①邓… ②周… ③丁… Ⅲ. ①创业－高等学校－教材 Ⅳ. ①F241.4

中国版本图书馆 CIP 数据核字（2017）第 134440 号

创新创业导引

主　编 / 邓泽功　周光明　丁　涛
责任编辑 / 祁素玲
封面设计 / 严春艳

西南交通大学出版社出版发行
（四川省成都市二环路北一段 111 号西南交通大学创新大厦 21 楼　610031）
发行部电话：028-87600564
网址：http://www.xnjdcbs.com
印刷：成都蓉军广告印务有限责任公司

成品尺寸　185 mm × 260 mm
印张　13.5　　字数　304 千
版次　2017 年 6 月第 1 版　　印次　2017 年 6 月第 1 次

书号　ISBN 978-7-5643-5490-9
定价　38.00 元

课件咨询电话：028-87600533
图书如有印装质量问题　本社负责退换

从梦想中产生创新　从失败中立志创业

——与创业之士交流

（代序）

提到创新创业，我们中华民族曾经是世界的光辉典范。从某种程度上说，中华民族的辉煌历史就是创新创业写出来的。在中华民族漫长的历史进程中，我们的祖先开发出瓷器、丝绸、茶叶等新兴产业，获得了极大的经济效益和社会效益，一度使中国扬名寰宇。在7～12世纪即唐宋五百年间，国家的世界影响力达到了鼎盛。相反的情况也提供了佐证：明朝中期以后，各种因素限制了人的创造性发挥，难以发展新的强大产业，从此走下坡路，这是衰落的根本原因。人们常说的闭关自守，与世隔绝，只是事物的表面现象。加之1840年鸦片战争后，帝国主义入侵中国，更严重地破坏了中国的科技创造，扼杀了中国人民的创造力，使曾经萌芽的民族产业胎死腹中，遑论创业了。

纵观世界各个时期发达国家的成长发展史，情况与我们极其相似，无不是走以创新科技，进而形成强大的产业的路子。西方文艺复兴运动，远远不局限于文艺的繁荣，而是冲破神权的桎梏，解放人性，从而激发出人的积极性和创造性，使欧洲等西方国家一跃成为强国。美国在18世纪引进欧洲的现代教育体制，狠抓创造力的开发，带动了现代产业的大发展。后来居上的德国、韩国等，无不体现出高超的创新发展战略。日本是最明显的例子，也具有正反两方面的教训。在二十世纪六七十年代，日本提出“技术立国”的口号，主要依靠引进、改造外国技术发展经济，但是忽略创新，虽一度取得明显成效，使美国也大为逊色，但到九十年代，美国依靠科技创新，大力发展信息产业，很快振兴了经济，反超过了日本。日本人感悟到仅靠技术引进、模仿是不够的，于是，将“技术立国”改为“技术创新立国”，而且注意在高新技术领域里的创新和创业。现在，日本政府每年用于生物技术开发的经费以两位数的百分比增加。

中华人民共和国成立后，我国再一次重视创造创新，并以此全面振兴各项事业，在很多方面有了很大的发展，取得了举世瞩目的成就。特别是一些重要科技事业，靠创造取得了显著的成绩。从20世纪80年代开始，我们更以改革、开放、创新的崭新姿态活跃于世界舞台。经过几十年的发展，综合国力得到极大提升，2015年中国全年国内生产总值（GDP）上升为世界第二，制造业、高铁等一大批行业有了长足进步或者进入世界先进行业。据中国科学技术发展战略研究院发布的《中国创新指数报告（2013）》，我们的创新活动规模和综合创新实力排名已经达到世界第19位，整体技术水平达到了美国的68.4%，与国际领先水平的差距不到十年。即便如此，我们面临的形势仍然是十分严峻的。

随着科技的迅猛发展，世界进入互联网、大数据时代，各国都在设法抢占科技创新高地。美国以其强大的科技投入和人才优势，牢牢地占据着世界领先科技领域。尤其是在信息化方面，引领着世界的发展方向。世界各国在享受着信息化带来的好处的同时，也奋力追赶着它的步伐。由互联网带来的物联网、云计算、大数据、认知科学、脑科学等新技术，冲击着传统的经济社会模式，形成新的跨界企业、商业模式和产业融合。传统的经济社会架构正在解体，智能制造、智慧生活等新的生产生活方式正在形成。在这个大背景下，中国提出了创新、协调、绿色、开放、共享的发展理念和以“互联网+”为前提的大众创业、万众创新，给年轻人，尤其是广大的企业家提供了无穷的机会，也产生了极大的压力。

但是必须明白，现代科技以其自身的发展规律，并不会停止其迅猛的脚步，人类智能正在朝着人工智能发展。无论对国家或个人，创新创业的紧迫性和压力感仍然不断地向我们袭来，即使是强大的信息产业，也面临着更新换代的冲击。据报道，一种比传统电脑芯片快1亿倍的量子计算机在美国诞生了。这种计算机可以并行计算（现在的芯片机只能进行串行运算），具备了“在5分钟内从美国国会图书馆5 000万册图书的某一本书的某一页上找到一个大写字母‘X’”的不可思量的能力。面对这样的现实，无论政界人士或者是科学家、实业家，都已经清醒地看到，在当今的全球化时代，在这场人类近代以来从未有过的大竞赛中，科技创新，科学创业，对自己国家和民族的生死存亡实在是太重要了。有专家预言，未来的创新与创业不仅是一项事业的选择，而将成为全国乃至整个人类的一种生活理念和发展趋势。对我们中华民族，要彻底实现振兴的宏愿，实现伟大的中国梦，不可有丝毫的麻痹大意。我们必须争分夺秒，卧薪尝胆，发挥民族的聪明才智，确立正确的发展战略，正确的人才战略，紧紧抓住创新创业这把万能宝剑，以创新带动创业，以创业实现自身和民族的发展。

创业的条件是由多方面的因素构成的，其中最为重要的是创造观念

的建立、创造性思维的产生、创造技巧的应用以及创造的非智力品质的养成等。人们普遍认为，创造与创业本来就是互为因果的，仅仅单独强调某一方面没有意义。本书把创造的有关方面择其要点与创业结合起来，试图建立一个创造创业紧密相连的理论体系，向读者介绍，以便产生更加良好的效果。

在本书的前半部分，我们比较详细和专业地介绍了创造方方面面的知识，采用了世界创造学界通用的"创造"一词。编者认为，这与我国当前普遍提倡的"创新"的大概念和涵盖范围是一致的，二者只有狭义、广义之分和原创、应用之别。因此我们没有做任何变动。考虑到不同读者的现实条件，本书提供了大量的创业案例，以代替创业精英们的实地讲解，在一定程度上比我们的理论阐述更具有说服力，这又是本书的一大特色。这些案例体现了创业者求存致富的迫切愿望和独特道路，也包含着创业者优秀的创业智慧，高超的创业手段，灵活应用创新创业的成功技巧，关注人类、民族振兴的拳拳之心，以及值得每一个人学习效仿的优秀人格魅力。我们希望学习者能把他们的智慧变成自己的经验，将他们的方法化成自己的财富，用他们的成功经验指导自己的人生。需要指出的是，纳入本书的创业案例很多是我国改革开放初期的。编者认为，这部分实例尽管十分原始，创业项目也并非高大上，但是我们看重的，一是它的"乡土性"，以便开始创业者学习模仿；二是以小见大的起步眼光，避免初创者因事小而不为；三是创业者必备的先决条件——具备创业的冲动和对待挫折坚韧不拔的品格。

对大学生来说，开展创新创业教育是一个新生事物，国内过去没有进行系统教育的先例，也缺乏成体系的教材，本书可充当创新创业教育的专门读物。其实，这种教育并不要求有多么高深的理论，也不在于把每个学生都培养成企业家，主要在于激发青年人的创新精神，使他们明白人类面对的不断挑战和需求，应该不断质疑，不断创造新的方式解决问题。

由于作者水平有限，不足和疏漏之处在所难免，敬请读者和同行们批评指正。

编　者
2017年3月

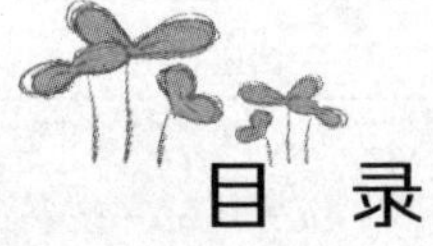

目 录

第一章 绪 论

从本质上讲，我们的世界是一个创造的世界，现在的人类社会是创造的结果。人类本身的进化，工具的进步，语言文字的出现，乃至于人类渐渐地远离动物的每一步，都是创造能力开发和实施创业的结果。但是，对创造和创业有意识的大规模追求，是近几百年现代科技出现后的事情；对创造能力本身的科学发现、提炼、总结和有意识地运用到创业领域，则是不到一百年的事情。短短的几十年，科技创造的应用和实践，对我们这个世界带来的变化之广泛和迅速，使人类自身都十分吃惊。我们不得不另眼看待创造和创业，对其进行研究和应用，不得不把它们和国家、民族以至于个人的生死存亡或者生存质量紧密结合起来。到现在，人类的生产生活无不体现创造的成果，无不体现创造和创业带来的好处。我们有充分的理由说，现在已经进入了大举开发人的创造能力、提高创业意识和成果的时代！

第一节 创造的时代

当今的全球化时代，和平与发展的主流并不能掩盖国家和民族之间的各种利益之争，有时，这种竞争还显得十分激烈，一些地方和人群之间甚至每一天都存在残酷的战争，世界并不太平。在世界向多极化格局发展的过程中，许多民族依然面临着与敌对势力的较量与斗争。随着时代的发展和科技的进步，这种较量与斗争的形式与内容与过去有所不同，除了武力的较量外，更大更多地表现在以科技创新带来的高科技创业为主的国家经济实力方面；国防安全除了传统的概念以外，又出现了信息与网络安全、经济与金融安全等新的安全概念。这些变化概括成一句话，是国与国之间的科学技术力量的较量，是开发创造能力的较量。

在一个国度内，行业与行业之间，企业与企业之间，人与人之间，也有创造创新的较量，体现在创业的时候，有时甚至是不可回避的。对此我们并不否定其必然性与合理性，当然也不盲目地肯定，而是以科学的态度，提倡以开发人的创造力来解决这些问题，为人类的美好未来服务，为个人的生存和发展服务。

在国家的大力提倡和鼓励下，现在国内的许多部门和行业已经越来越注重创造力开发的理论和实践。许多学校，包括中小学，开展创造教育已经多起来，有的已经取得不小的成绩。一些企业和个人也把创造的原理自觉地用于创业之中，所谓“互联网+”的行动更是无处不在，很多方面已经取得了可观的社会效益、经济效益和个人利益。

现在“互联网+”是个时髦词，因此有人把卖花这样鸡毛小利的营生也取名

“花+”，而且凭借多项创新措施，把一个花店办成了很大的鲜花销售品牌，年营业额近 2 亿元。

销售鲜花的生意不能说是毫无市场，但怎么说也只能算是十足的小众消费。看看城市里的那些鲜花店，除了有大型的节日活动，平常总是冷冷清清，旁观者也不免为他们揪心。可是王柯和他的四个朋友，却把它变成了国内最大的鲜花订购品牌。其创新之点在于：

第一，他们采用微信服务作为其主要的订购入口。联络上 100 多万粉丝，其中付费用户达 14 万人次，每月有 40 多万张订单。

第二，大力开拓用户市场。过去一般花店的用户就是节日、婚庆、开业、礼品等，王柯他们积极开拓鲜花消费的增量市场，即许多女性平时也会买花“悦己”，这是其一。其二，认真开发一二线城市那些月收入达 8 000 元以上的上班族。经过调查，这一组人群中女性占了 80%，在中国有 6 000 万这样的消费者，他们力争牢牢抓住这一目标消费群体。

第三，科学的定价策略。任何一项生意，只要火爆，大家就会跟风。为了避免出现类似情况，王柯他们把消费的价格定在 100 元以内，即不超过三位数，使跟风者没有降价余地。为了做到这一点，他们建立了自己的养花基地，制定了保证货源的收购政策，优化了鲜花配送的物流系统，大大地扩展了鲜花品种（过去常见只有玫瑰、梅花、康乃馨、睡莲等，现在多达 100 余种）。

第四，提高服务质量。鲜花属于易损易耗品，第一道工序是根据微信端的订单，由专人在云南基地采购，马上“预冷休眠”送机场或用冷链卡车送北上广的仓储中心，最后经过分拣打包，请当地物流公司做最后 3 千米落地配送。要做到周一上午送至办公室，周六上午配送到家。

你见过有人送书给你读而不收钱的吗？他就是北京的张伟。张伟推出了一个别出心裁的创业项目：读者支付 129 元就会收到他提供的 20 本精选书目，你先选读其中一本，读完寄回，将会收到下一本。如果一个月内读完了 4 本并全部寄回，129 元会全部退给你。实行一段时间的效果是：所有读者平均月阅读 2.8 本，有 40%的人读完 4 本获得退款。经过优化服务流程，已经产生盈利。更关键的是，张伟成立的新世相公司由此建立了一个品牌，成为一个微信公众平台，其受众已经延伸到平台之外，达到八九十万，能够为二三线城市人群缓解很想读书却很少读书的焦虑感和挫折感，让他们看见更好的生活。

一、知识创新的时代

人类已经进入知识经济时代，这是地球人的共识。知识经济时代的一大特征是知识大爆炸。目前认为，人类经历了 400 万年的发展。在这样长的时期中，人类创造了各种各样的知识，创造了辉煌的文明。但是，如果拿这漫长的几百万年的知识总和与近一百多年所创造的知识和财富相比，那是微不足道的。形成这一结果的原因并不是人的大脑构成在这一百来年中有什么突飞猛进的变异，而是人类对创造力的有意无意的开发，是知识、技术的创新形成的大规模创业的结果。

> 法国著名作家施赖贝尔写道："用 20 世纪 50 年代的技术制造出来一台计算机，如其功能与人脑功能相类似，这台计算机就会和整个巴黎一样大，其所需功率则相当于整个巴黎地铁网使用的全部能源。60 年代的晶体管电子计算机，如要实现同样的功能，其体积会和巴黎歌剧院一样大，所需功率为一台 10 千瓦的发电机。70 年代初期，同样的一台集成电路电子计算机，只有一辆公共汽车那么大，可以接在普通的网上使用。到 70 年代中期，它的体积就变得只有一台电视机那么大了。到 1978 年，它只有一台普通的打字机那么大。而从 1980 年起，它的体积就小于人脑本身了。"

知识创新的结果必然带来新的经济形态——知识经济。知识经济的明显优势是智力劳动成为社会的主导，为人类的可持续发展提供强大的动力。在知识经济时代，知识成为第一生产要素。现在，全世界的人力资本、土地资本和货币资本之比已经改写为 64∶20∶16，人力资本成了最大财富。人力资本增大、积累的必然依赖手段，就是不断开发人的创造力。以开发创造力、提高国家和个人的生存竞争能力来迎接和融入知识经济的到来，是包括发展中国家在内的世界各国政府、企业和有识之士关注的焦点。因此，创造能力在人们的社会生活中居于重要位置。以美国为例，它的 60%的从业者都是具有（或应该具有）创造能力的知识分子，所有岗位中 80%是知识密集型的。自 1790 年以来，美国的专利已有 600 多万件，在近几年内，平均每天产生专利有 8 件之多。所以有人提出，知识经济从根本上说是人才经济，进而我们也可以说，知识经济就是创造经济，是以知识的创造带动起来的新型经济形态。

二、科技创新的时代

人类创造带来的结果是知识经济的出现，而知识经济的突出表现是高科技的发展。以信息技术、生物技术、先进制造技术、先进环保技术、新材料技术和新能源技术为代表的科技领域，集中体现了人类创造力开发带来的创业成果，冲击着传统的生产方式和产业结构，使人类的生产生活产生了革命性的变化，把社会生产力推到一个前所未有的高度。例如，在微电子技术方面，集成电路芯片上的元器件密度平均每 3 年提高 4 倍；在生物医学产业方面，基因诊断、基因治疗等已付诸应用。20 世纪 80 年代末，美国将一种人工组合 DNA 置入烟草细胞，生产转基因烟叶，每年只需要现在种植面积的 1%，就可生产足够 27 万病人使用一年的抗体，经济效益大得惊人；日本利用细胞技术培养出一种养虾饲料，使虾的产量一下子提高 350 倍。世界上现代经济的增长，有 40%是信息产业的贡献；生物技术的创新，直接推动农业、医药、环保、食品、化工以及能源等多个重大产业领域的革命，创造了难以估量的经济效益。即使是人们司空见惯的身边事物，只要你有了创新的思维和眼光，也能产生你想象不到的创新成果。

在中国，大家可能听到过智能化房屋，可是你可能从来没有听到过“被动房”的说法。在山东青岛，德国的西门子公司就创新地设计出一种将安保系统、新风系统、照明系统等结合在一起的新型智能化房屋系统，它能同时实现房间精细化管理和制冷系统管理，这就是被动房。它针对每个房产区域的要求，根据天气、室内温度以及室内是否有人等情况控制电动遮阳帘，调整照明系统状态，由此达到控制暖通空调设备的运行模式。这一切都由系统自动完成。一栋大楼只需一个工作人员进行管理。

生产力的急剧提高带来的直接结果是国力的强盛和人民生活水平的迅速提高。因此，从 20 世纪 50 年代起，许多国家大力推进创造力的开发和应用工作，花巨资创立高科技产业。日本政府每年用于生物技术开发的经费以两位数的百分比增加，1990 年达到 100 亿日元；从 1991 年开始，就宣布研制了第五代会思考的计算机网络系统。美国投资 1 万多亿美元，历时 30 年，实施“星球计划”。这项计划不仅仅具有战略意义，其经济效益也绝不可低估，有经济学家推测是 1∶14，可谓一石二鸟。

对于个人，由开发自己的创造力而提高生存竞争能力，提高创业能力，已是必由之路。大量实践证明，具有较高创造力的人，工作适应面广，工作质量高，创造的效益远远大于创造能力低的人，也是充分体现人生价值的正确途径。

“买家居，到宜家”这句广告是中国人耳熟能详的，宜家是当今遍布全球的家居零售霸主。它每到一个城市，按照传统手法，第一是拿地，建造宜家标志性的家居购物商场，第二就是打造众多风格各异的家居装饰样板间，吸引用户，扩大业务。可是 2014 年才在纽约交易所挂牌成立的一家叫 Wayfair 的家居电商网站，靠引进高科技的电商平台，对它发起了挑战，2015 年就销售了 1 000 多万件产品，销售额达到 10 亿美元。

Wayfair 推出线上“灵感画廊”，用以展示专业室内设计师的作品，形成“线上样板间”，代替了宜家的实体样板间。用户只需移动鼠标就可以得到产品款式、产品参数、出售价格等，然后在 Wayfair 的网站上购买，这既方便了用户，又省去了大笔建设实体展馆的费用。Wayfair 也不在港口码头等建立仓储中心或库房，仅仅指示自己的供应商直接发货，物流费也没有了。而且发货厂家一定是离顾客最近的，基本做到北美地区“两日达”。Wayfair 的质量把关也是在网上进行的，供货商只要按照自己的要求进行生产就行；如果有用户投诉，该供货商就会被除名，因为 Wayfair 供货平台上的供货商多的是。Wayfair 还利用这个平台为大量的供货商打广告，每月的点击量高达 2 500 万次，收取很大的广告提成费，甚至超过自己电商产品的毛利。

张贤亮是我国著名的作家，在政界也有头衔：曾任宁夏回族自治区文联主席，全国政协委员。在他感到办公经费紧张时，发挥了他的创造性思维——下海经商。首先，他把离省会城市银川 30 千米的一处荒漠小景创办成一个电影城，人称“东方好莱坞”，一举成功。他后来成了四个大公司的董事长，“正在走出荒漠”。他说：“只要善于利用自身的优势——全面的知识结构、高深的文化层次以及大胆丰富的想象力，他们会比一般人有更大的发展潜力，创造出更大的经济奇迹。”

第二节 创造创业与人类发展

人类社会有文字记载的历史已经有几千年，与由猿到人经过的几十万或几百万年比较起来，这是一个很短暂的时间。可是，这是一个伟大的、人类辉煌的时代，不但在发展速度上比以前大大加快，而且发展质量也是以往若干万年以来不可比拟的。这应该归功于创造力的不断开发和在产业领域里的具体运用。以现代科技为重要生产力只不过 300 年的历史，由创造创业所开发出的创造成果却比过去 5 000 多年取得的成果多得多。尤其是 18 世纪以来的工业革命，19 世纪以来一些领先国家的经济腾飞和 20 世纪中叶以来的信息技术革命，无论在数量上或质量上，都以前所未有的成果迅猛地改变着世界。

一、生产力发展与创造创业能力

为什么在人类社会早期生产力水平十分低下的情况维持的时间特别长？这只能从创造力的开发上找原因。在文字发明以前，人类对创造力的开发仅仅是浅层次的，仅仅是言传身教，就是所谓的模仿，与动物差不多。严格说来，这还不具备创造的性质，只是一种继承、维持和再现。当然，头脑聪明的人可能举一反三，由此及彼。但这样的行为对自己来说还不能算是完全意义上的开发创造，因为它是无意识的；对别人来说，只能起样板的作用，同样谈不上开发创造。即便是这种浅层次的模仿，用在生产生活里面，也使生产力比更为原始的社会前进了一大步，使人类过上了比较有保障、稳定的生活。人类早期的一个共同特点是母系社会延续时间很长，就在于这段不太发达的生产力水平维持了很长时间。

创造创业能力的真正开发是在学校出现以后，哪怕是最初级的学校，也算得上是完全意义上的开发创造力。学校出现后，对创造力开发的促进，在早期主要体现在文学、神学、天文学及其他一些社会科学领域。我们现在毫无理由轻视这方面“低级”的创造力开发，它对开发人类蒙昧时期的智力，促进语言的成熟和文字的创用起了巨大的作用。这也是人类生产力发展的第一次大飞跃。稍后，在其他领域如医学、艺术、冶炼、陶瓷、火药、造纸、印刷等方面也取得了一系列的成果，是创造力开发应用于创业所取得的重大成就，人类基本摆脱了被动生存的时代。

创造力开发在实业领域所得到的成果对人类生产力所起的作用，可以从中国的重大发明得到印证。在很长一段时间内，中国的创造力开发堪称世界楷模。英国研究中国科技发展史的李约瑟博士说，人类最基本的发明，50%以上是中国做出的。中国在很长一段时间内生产力居于世界前列，应该与此紧密相连，见表 1-1。

表 1-1　生产力领先时间统计表

年　代	国　别	领先时间	主要产业
1700 年以前	中国	2000 多年	农业
1700—1785 年	荷兰	85 年	商业
1785—1890 年	英国	105 年	工业
1890—1960 年	美国	70 年	工业
1960—1990 年	日本、德国	30 年	工业
1890 年—现在	美国		信息产业

相反，从 18 世纪末到 19 世纪初，我国开始落后，从创造力开发角度分析，不重视或者客观条件是主要原因。撇开 15 世纪到 17 世纪的文艺复兴不说，从 18 世纪以来，蒸汽机的发明和运用、相对论和量子力学的诞生、英美等国多项科技成果的产生和运用、20 世纪中叶世界性产业结构的调整等，由于历史原因，中国都未能积极参与进来。

1953—1957 年，世界工业生产增长率达 6%，人均产值高达 4%。20 世纪 70 年代开始，以微电子、核能、生物、航天等高科技为主的一场新的科技革命爆发，从而带动广泛的产业领域里的创业活动，推动社会生产力迅速发展，其速度比以往任何一个世纪都要快。这促使越来越多的国家更重视开发创造力，推动产业创新，20 世纪 80 年代后掀起的经济全球化的浪潮，正是由科技创新带来了生产力的极大提高。

二、社会发展与创造创业能力

人类社会的发展是与创造力水平的提高从而引起产业结构的变化联系在一起的。马克思主义告诉我们，人类社会的每一次进步，都是生产力提高的结果，而生产力的提高，又是创造力开发的结果。创造力的提高是基础。当出现了新的技术、新的工艺、新的材料的时候，必然出现新的产业，结果是提高产量，提高产值，改变当时的生产力。新的生产力必然要求新的生产关系，于是新的社会结构出现了。这种新结构中，当然包括创新的精神、文化等上层建筑方面的东西。人类社会就是这样往返无穷，一步一步由低级向高级发展，永无止境。

社会发展到 20 世纪中后期以来，创造力的开发给整个人类社会带来了质的影响，使整个国际社会发生了自第二次世界大战以来最剧烈、最深的变化。特别是进入 90 年代以来，国际社会最终摆脱了持续近半个世纪美苏两个超级大国主宰世界的雅尔塔体系，结束了以北大西洋公约组织和华沙条约国（简称“北约”和“华约”）两大军事集团对抗为

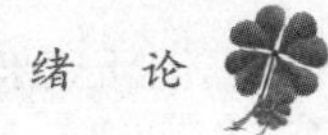

主要特征的旧格局，世界从此进入一个走向多极化的历史发展阶段。

人类社会新的阶段带来了新的矛盾。近年来，从东到西，从南到北，重大事件接连不断，新的地区冲突和民族矛盾互相交织，各种政治力量重新分化组合。一方面，谋求和平与稳定的国际环境，促进本国发展与国际合作；另一方面，安全与稳定仍然是人类面临的重要问题。正当善良的人们梦想以科技的开发创新建立一个理想的社会和和平环境的时候，世界很多地区一直不安宁。近年来，每年总有二三十起大规模武装流血冲突，中东地区长期处于战乱状态。国际恐怖势力有猖獗之势。这些事件大部分发生在欠发达地区和经济体制转型国家，使生产和其他经济文化建设无法正常进行，已有的一些建设成就也大都遭到严重破坏。

以上这些问题，不能看成是人类创造力提高所带来的必然结果，但是的确是创造力发展不平衡进而带来的社会发展不平衡所出现的新问题，有赖于我们用正确的创造观和创新办法来解决。

第三节　创造创业能力与人类未来

不管人类社会现在发展到了什么程度，人类的脚步都得继续走下去，要有所发现，有所发明，有所创造，有所前进，停止的论点，悲观的论点，等等，任何时候无所作为的论点都是错误的，任何企图阻止它发展的论点都是行不通的。人类进入到21世纪后，的确面临着许多问题。不同的人群从不同的角度审视着这个世界，充满着担心。这些思考和担心不无道理。我们只能用一句常说的话来概括——发展的问题只能用发展的办法来解决！也就是说用创新的办法来解决。

一、未来的物质需求与创造力

随着人口的增加，人类的物质需求只会越来越大。

我们这个地球上曾经有过多少人，这恐怕是谁也难于说清楚的，但是目前的数字人们是知道的：已有60多亿人。由于基数很大，从50亿（1987年）到60亿（1999年），才12年就增长到了。这说明一个问题：既然有了很大的人口基数，地球人类就会不断以较大的数量发展下去。摆在我们面前的任务有二：一是怎样不断满足人类物质文化生活的需要，二是怎样控制地球人口的增长。目前急迫和可靠的办法是增加物质总量。但是，物质生产的增加，不能再用过去那种简单的方式了。很长的时期内，我们都是靠简单的资本投入或劳动力的增加来提高生产力。这是一种低层次的、既浪费资源又破坏环境的发展方式，必须靠科技的创新和开发来解决。研究认为，资本对生产率的贡献是 18%～20%，劳动力对生产率的贡献是10%～18%，而技术为44%～72%。20世纪20年代以前，科技水平还相对较低的时候，它对经济增长的贡献率仅为 5%～20%，1970 年代到 1990

年代则增加到了 70%~80%。有人估计，随着信息化的发展，它将会提高到 90%。看来，只有提高人类的创造力，开创费省效宏的产业，才是最佳解决办法。随着时间的推移，人们将更加重视创造和创业的作用。

随着地球资源的枯竭，人类的物质供需矛盾只会越来越突出。不管创造力怎么提高，物质需求的增加总是以地球资源为基础的。然而，地球的很多资源是不可再生的，有的资源很快就会枯竭或者即将枯竭。例如土地资源。世界的可耕地本来就十分有限，而陆地总面积的 59%是沙漠、山地、盐碱地和冰雪覆盖地，剩下的也有许多不适宜耕种。随着环境的恶化，耕地还会减少。又如淡水资源。尽管世界的多数地方是水，但是淡水资源在许多国家都很紧缺。其他如矿物资源不足、森林锐减、物种消失等等，都会给解决人类巨大的物质需求问题带来困难。这些都逼迫我们打开新的思路，创造新的办法，靠人类自身创造力的不断提高来解决。现在，已有科学家在充分发挥他们的创造才能，把物质索取的渠道伸到了海洋、南极北极这些地方。更有大胆的设想，要向月球、火星进军，“开辟人类新的生存空间”。在一定程度上，这些还是美好的愿望和设想，真的要变成现实，办法也只能是在现有环境和条件下做文章。美国的人均生产总值达到 10 万多亿美元，其生活水平也堪称世界之冠，排开其他种种因素，重要的一点就是不断开发创造力的结果：1953 年至 1973 年 20 年里，就有重大创新技术 319 项，占发达国家 500 项的 64%；从 1894 年到现在的 100 多年里，其工业生产一直居于世界首位。

二、未来的精神需求与创造力

人类生存观的改变会导致生存方式的改变。人类到达 20 世纪中后期，物质生活达到了空前的历史高度，过上了前人难以想象也不敢想象的生活（当然这是从人类的总体而言的）。有人说，现在不仅是一个发达的世界，而且是一个过度发达的世界。同时人们也看到，在这个还存在着不发达地区的世界里，经济增长是和人类的社会道德、组织以及科技发展的初衷背道而驰的。人类正面临着艰难的抉择，第一次感到限制物质消耗的必要性，必须有限度地限制经济的发展，至少要改变发展的道路、模式和手段，在整个世界系统内实现经济有组织地增长。

现在，持有这个观点的人越来越多。因为，一味地只从物质上来满足人的需要，即使达到我们上面提到的走向海洋，走向极地，甚至开发了月球，也越来越不可能。在过去的几十年里，我们已经消耗掉了历经数百万年才形成的地球能源的大部分，一百年以后，我们用什么新能源来维持可持续的发展？有人说，到时候科技水平已经能够解决这个问题，但是，水、空气、空间等等，恐怕也是难以为继的。到那时，会不会带来更大的民族矛盾和地区矛盾？现在，贫富悬殊惊人，南北差距加深。据《福布斯》杂志 2000 年的统计，世界上 225 个首富的财富超过了一万亿美元。其中比尔·盖茨（美国人，有 900 亿）+沃尔顿家族（美国人）+沃伦·巴菲特（华尔街投资家，360 亿），超过了也门等 48 个国家收入的总和。世界上 20%最高收入人口的收入是 20%最低收入人口的收入的

74 倍；人均收入最高的发达国家中五分之一的人，控制了世界 86%的国民生产总值、80%的出口和 74%的信息财富。最发达的国家美国也是贫富差距最大的国家。20 世纪 90 年代中期，26.1%的财富集中在 10%的富者手中，10%的穷人只占 1.7%。《世界银行 2000—2001 年发展报告》公布说，世界上有 28 亿人每天的生活费不足 2 美元，12 亿人每天不足 1 美元。即使人们注意到了，也有人企图解决这个问题，差距还是在拉大。贫富人均实际所得的比率，19 世纪是 3∶1，2000 年扩大到 60∶1；国民生产总值之比，20 世纪 80 年代是 1∶16.3，90 年代是 1∶51.7。因此有人指出，人们不应该只从物质一个角度来考虑人的需求，人是高等动物，具有高尚的精神需求，在一定程度上，精神的需要比物质的需要更丰富，更持久。我们认为，这是一种全新的人类发展观，提出这一思路本身就具有创造性。

提出人的精神可持续发展是有充分依据的。人类区别于动物的根本点在于人除了有生理需求以外，还有极大的精神需求。而且再充足、再优越的物质满足都不能代替精神需要，精神的全面满足可以大大减少物质消耗。这就为我们开创精神需求产业留下了巨大空间。

人们都知道笑话可以使人愉悦，但是不知道还可以作为精神商品卖钱。巴西有一个叫卢伊兹的人就正正规规地开了一家“笑话公司”，而且在几十个国家注了册，与几百个城市签订了合同，年业务额达到 3 000 多万美元。他的公司汇集了世界各国的 500 多册笑话集，有最精彩的笑话上万则。用户只要一个电话，就能听到让人捧腹大笑的英语笑话。其实，我国的传统艺术相声，也是以笑为主的精神产品。

当然，精神需求也有正确和错误之分。贪婪、炫耀就是错误的精神满足，应予以打击。精神需求又是不断提高的，随着时代的发展，随着人类对世界、宇宙认识的进一步加深，其精神需要会不断发生变化。这要求我们从精神的角度不断地探索创新，引导、满足人类新的需要。

中国儒家的天地人和思想为我们提供了一些答案。儒家学说中，道德超越情欲的自我调节理论提倡人类要摆正物质利益与道德修养的关系，提倡情欲适度的个人调节和控制，强调加强道德修养，追求真善美的精神世界，防止某些人的过度消费与另一些人的不能满足需要的矛盾。达到全体社会成员的平等和谐。

三、未来的社会发展与创造力

可以预见，未来人类社会的发展面会更广。这里的“广”主要指社会的发展方式、社会结构、人们的相处方式和共存度等。它应该包括人口发展理论、资源和物质的分配、消费理论、文化发展理论、人的生活和生存方式理论等。也就是目前所说的世界将是一个多元化的社会，并由此逐渐到达人类大同。当然，这仅仅是一个大的预料和推测，是由事物发展的客观规律所决定的。马克思学说已经科学地证明了这一点。我们不可能也不应该对此作过多过细的想象和描绘，这样做恰恰是违背哲学的基本规律。但是，要推动社会向这方面发展，应该极大地开发人的创造力，用创造的思维和创新的成果解决人类发展不断遇到的新问题。那些我们现在还难以预料的新情况，只有靠后人用创造性的方法来发现和解决。

可以肯定，根据经济和社会的关系、物质基础和上层建筑的关系，以后的社会发展的速度会更快，问题的涉及面会更广更深。例如现在的人工智能方面，智能机器人会否带来人类自身的安全？会不会允许科学家赋予它自动思考和创造知识的能力？生命科学的种种创新已经带来了伦理方面的争论，转基因科技引发了人们的恐慌，等等。这要求我们更换思维，不断用创新的手段解决社会出现的问题。这对每一个公民的创造力提出更高的要求。

第四节　开发创造力推动创业

从人类历史看，从来开发、提高人的创造力都不是漫无目的的，是为了提高人的生存能力和生存质量。开发创造力是手段和过程，目的是提高生产力水平，最终的表现是推动创业。这是一个从无意识到有意识的过程。

一、创造力与创业本质的一致性

根据创造力（Creativity）和创业的定义，它们都与“创”字有关，即必须开创，开创是它们本质上的共同点。既然是开创，创者必新，创造力的开发，创业的实现，必须要有新的能力或事物出现，开创一种在相对意义或绝对意义上的新颖的能力或事物。

同时，具有创造和创业能力的人都具有许多相同的个性和心理品质，主要是：

（1）主动、好奇。创造、创业能力强的人，对任何事物都有一种强烈的好奇心理。许多人往往有这种情况：与某一种事物或现象相处久了，会变得习以为常，见惯不惊，把它们视为理所当然。有创造、创业能力的人则不同，他们对大家觉得平常的普通问题，依然保持着强烈的好奇心和旺盛的求知欲，并积极探索进取。

中世纪，西红柿在欧洲仅仅被看成一种花卉，它那鲜艳的果实被普遍认为含有剧毒。但是也有人一直对它产生着好奇，那就是英国伊丽莎白女王的一位侍臣。有一次，他终于忍不住那鲜艳颜色的诱惑，偷吃了一颗西红柿……谜底终于揭开，为后来人们的餐桌上增添了一系列营养十分丰富并且人人喜欢的佳肴。

（2）敏锐的洞察力。创造、创业能力强的人，对环境有着敏锐的洞察力，能从平凡的事例中侦查出问题的实质所在，找出实际存在与理想模式之间的差距。

20世纪30年代美国经济大萧条时期，许多工厂堆积了大量的货物销售不出

去，物价低到了极点，1美元可以买到100双袜子。不少工厂老板销毁了大量的库存积压。但是一个叫约翰·甘布思的人就独具慧眼，他拿出所有积蓄低价收购了大批货物。果然，由于大批销毁积压，不久形成物资供应不足，加之美国政府的行政调控，很快物价回升。这时约翰·甘布思果断出手，赚到了意想不到的一大笔钱。

（3）变通性。创造、创业型人才总是思路流畅，属立体思维、多路思维的人才。他们善于举一反三，闻一知十，触类旁通。他们能想出较多的点子和办法，提出非同凡响的主张，做出不同寻常的成就。

今天人们常吃的方便面在最初的发明过程中，就是发明者靠立体思维、多路思维产生的。一个叫安藤百福的日本人看见日本人很爱吃面条，但面条要煮很久才能熟，面摊旁总是挤着很多人。于是，他决心试制一种能节省时间，用开水一泡就能吃的方便面。按常规，要在面条中掺进带盐味的鲜美肉汤，才能一泡就吃。但掺进肉汤的面条一上轧机就不成形。这时，安藤百福只好抛弃俗见，改换一种思维，把必须先加入咸味的主导观念排除了，改为先轧面，后浸酱汤、肉汤，风干后油炸，成功了。（现在又是另外的工艺了。）

（4）独创性。具有独创性精神的人不因循守旧，不墨守成规，敢于弃旧图新。

莱特兄弟发明飞机之前，世界上许多人都试验过多种让人飞上天的办法，无一成功。而且，他们所用的设计，基本都是利用羽毛等一类轻型材料。莱特兄弟却一反常态，改用笨重的钢铁造飞机。根据物理学上空气与钢铁比重的基本常识，许多权威人士都站出来说那是根本不可能的事情，可是事实提供的是另一番别开生面的结果。

（5）独立性。他们善于独立行事，不轻附众议，生活活动范围大，社会活动能力强，对自己的未来有较高的抱负，态度直率、坦然，感情开放，不拘细节。

美国发明家贝利在20世纪50年代初曾参加过一个6AJ射频放大管的发明小组。他们在接受任务的同时，还接受了一条命令——经理要求他们任何人不许查看和参阅任何书。结果他们试制成功了这种小功率频率高达1000兆赫的放大管，用在超高频（UHF）电视波段。成功后他们查看书本倒大吃一惊，因为书上写着玻璃管子的极限频率是250兆赫。贝利事后说："如果我们事前看书，一定会怀疑我们是否能造出这种放大管。"

（6）自信心。他们深信自己所做的事情的价值，即使遭到阻挠和诽谤，也不改变信念。他们总是一往直前，直到实现自己的理想和预期的目的。

伽利略就是具有自信心的典型。他的自由落体运动定律突破了统治人们思想达一千多年的古希腊亚里士多德的学说“重物先落地，轻物后落地”和“力是速度的原因”，证明伽利略不墨守成规，具有创造的理论勇气和自信。

（7）坚持力。一个创造或创业活动的完成，需要百折不挠、持久不懈的毅力和意志，抓住目标后要锲而不舍，不得结果决不罢休。特别是在主、客观环境复杂而问题又百思不得其解之时，是否坚持对于能否获得创造或创业成果至关重要。

有人对国内外一些事业成功人士做过调查研究，发现他们做出突出成就的首要因素不是智力，而在于意志是否坚定。这与一位叫作詹姆士·吉本斯的主教的结论十分吻合。詹姆士在临到生命尽头时做出科学的人生总结：“我已经活了86岁，曾眼见多少人往上爬，爬向成功。而所有达到成功的重要因素中，最重要的是信念。一个人若无坚韧不拔的毅力，就不能成就大事。”

（8）勇气。要从事科学的探索和开创前人没有的事业，必须面对常人无法忍受的如失败、讥讽、权威的理论、别人的阻挠等困境，拿出不怕失败、直面权威的勇气，全力以赴，有时不惜冒险犯难，甚至是冒流血之苦或生命之虞。

飞机的发展史上有许多精彩的故事。1930年，美国的兰格力制造出第一架飞机，可是在进行第一次试飞时就坠落到水里。这不但引来了四周观看的人的一片讥笑声，各大报纸也都公布了他失败的消息。可是兰格力并不被讥讽所吓倒，决定进行第二次试飞。偏偏命运作对，这一次一根绳子挂住了飞机的尾巴，飞机刚起飞就又一头栽入水中，摔得破碎不堪，兰格力也差点摔死。这下子兰格力的名声更惨，第二天各大报纸都嘲笑他是“傻瓜”，教会也声明他“亵渎了上帝”，还振振有词地说，“如果上帝要想叫人飞，早就会让人生两个翅膀”。一些保守的科学家也认为地球引力是不可战胜的。兰格力的飞机不能再试飞了，兰格力不久也死去了，飞机被放在华盛顿的博物馆里让人参观。不！简直就是有意让人嘲笑。可是，就是同一架飞机，不久被另一个有胆量的追求者送上了蓝天。

二、提高创造力的根本目的性

说到底，提高和开发创造力的终极目的，就在于推动创业，而创业活动蓬勃开展起来后，促进生产力进一步提高，又会对创造力的开发提出更高要求，因此二者是互动关系。现在社会上的五花八门的行业、工种、岗位，原本是不存在的，是人们在历史的长河中创造的。可以说，人类创造的知识、技术再多，一般都不直接产生效益，必须有一个中间环节，那就是创业，是创业才最后带来了灿烂的人类物质文明和精神文明。

到了近代，人们对知识技术的发现已经到了极高的水平，必须要对创造的规律、特点等做专门的研究、探索，才能更进一步开发创造能力；与此同时，生产力的发展也到了相当的程度，因受到诸如体力、资源、环境等的多种因素的限制，更需要通过创业来进一步提高，以满足由于人口增加、人们生活水平提高等因素对物质文化的需求。所以创造力的开发和创业之间自然找到了切合点。

世界发展到了20世纪，创业已经不是像过去那样简单地依靠体力的支出、资金的付出或者是生产资料的占有就可以实现的，也不是通过简单平庸的竞争便可以成功解决的。现在，创业的观念极其新颖，创业的领域十分宽广，创业的手段各有高招，而创业的要求又极为迫切。这就呼唤人们重视创造力，开发创造力。

丹麦华人富豪范岁久以在外国推销中国传统食品“春卷”而成为“春卷大王”，就是靠创造力的发挥。他把春卷的中国特色保留下来，却改造其内在口味，例如加进了咖喱粉，使用机械化加工，使产品畅销欧洲、美洲、非洲等20多个国家，30年王牌不倒。日本的小企业家长尾开始也没有什么名牌产品，眼看就要活不下去了，整天冥思苦想，开动创新思维。他想，现在这么多人用冰箱，能不能在这里面钻一点“空子”？那些大冰箱大厂家开发的是大技术，赚取的是大钱，有没有他们不愿意做的小事情呢？想了很久，终于有了。那就是冰箱里的异味没有引起重视，而用户又不满意。结果，他利用人们早已见惯不惊的小技术——活性炭除味原理，做个小包放进去，起名“除味器”，问题解决了。这一招吸引了几乎所有电冰箱的用户，长尾的危机也自然解决了。

由开发人的创造力到提高人们的创业能力，目的十分明确，意义十分重大。对国家、民族来说，不创业意味着被动挨打，受人欺侮；对个人来说，不创业就穷困潦倒，受人白眼，难以体现人生价值。所以，时代呼唤创业，国家提倡创业，个人希望创业，形成合力。这是当今人类的一大特点。

前面我们讨论了创业与创造方方面面的关系，还需要弄清楚创业与职业的关系，那就是：谋求职业不等于创业，创业大于职业。

（1）谋求职业不等于创业。职业与创业有时是相同的，但是严格讲，职业与创业并不等值。在很大程度上，职业是个中性含义。一个人在某个岗位上可以待上几十年以至终身，不要求工资的变化，职位的升迁，这是其一；其二，从事职业的人总是大多数，绝对大于创业的人数；其三，也是最重要的一点区别，职业一般不包括创新的成分，而创业必须有创新。没有任何创新的创业是不存在的。我们可以打一个比喻，职业是一瓶人人都用得着的纯净水，创业是含有治病功效的药液。

（2）创业和职业又是有联系的。一般情况下，创业总是从依附一个职业开始的。一开始就自己去开创事业的人很少。很多情况下，创业的机遇隐藏在职业中，从事职业是创业的基础。相反，即使你一生中不进行自主创业，只要你在原有的事业中有所创造，有所发明，也能使你所从事的事业有量的发展或质的提高，你此时的职业就不再是彼时的职业了，广义上看也是创业。创业和职业的联系还在于，创业是职业产生的前提和基础，已经存在的职业可以继续给创业提供平台。对于有了职业的个人，你仍然可以以现在的职业为基础，进一步创造创业。现代社会，职业时时刻刻都在推动着每一个人向前发展，因为从业要求在不断提高、修改，迫使你必须不断学习进步，否则就会被职业所淘汰。目前提出的建设一个学习型社会，每一个人都要接受终身教育，就基于此。因此，创业和职业的关系是你中有我，我中有你，并由此而带来创业与个人、创业与国家、创业与他人、创业与时代等一系列关系。

第二章　创造力概述

科学研究表明，人，甚至于一些高等动物，都具有一定的创造力。也就是说，在实际的生产和生活中，他们都能够通过自己的努力，处理自己从来没有遇到过的事情，并且可能从低级到高级，从简单到复杂。应该说这就是创造能力的开发和释放。

第一节　人类对创造力的认识

创造力是一种复杂的混合物，它与记忆力、想象力、观察力等有关。但是，这些并不就是创造力本身。研究许多创造实例发现，创造力还与其他人们并不重视、有时甚至是反感、反对的因素紧密联系。

一、创造力的定义

如果一定要给创造力下一个定义，它应是人们提出新设想，解决新问题，产生新成果的一种创造性能力。目前国际国内学者对其定义尚存一定分歧，给出的定义达上百种之多。有的把它分成潜性创造力（或前创造力或类创造力）和显性创造力（或广义创造力）；有的分为绝对创造力和相对创造力。这些分法站的角度不同，有的强调创造的过程，有的强调创造主体的个性品质，有的注重创造的结果。显然，在本书里我们结合创业研究创造力，关注的是创造结果，落脚点是创业，倾向于相对的提法，只要创造的思维或事物具有新颖性就行，寻求到好的结果就行。

因此，本书认为，创造力是一种复杂的混合物，是创造者通过创造行为表现出来的各种积极的心理特征的总和，是创造者智、情、意、体、美诸因素的结合。它有不同类型、不同层次，由各种特性或成分构成。一种单独分出来的孤立的能力要素，如记忆力、想象力、观察力等，即使它们达到非常高的发展水平，表现得非常明显，也不能当作创造力本身。

中央电视台曾有一档热播节目叫作“挑战不可能”。节目中有人只凭声音的反射就能判断人的高矮胖瘦，凭别人说几句话就可以判断其长相，拷问别人一定的话语就能在一百把钥匙中找出唯一正确的一把，等等，这些都不是创造能力的体现，而不过是经验的顶级发挥或者逻辑的出色应用。

二、创造力的本质

由于创造力是极其复杂的现象，单从某一个角度入手难以揭示创造力的全部底蕴。

就当前的认知科学、心理学和神经生理学的发展水平来看，由于人们尚未彻底搞清楚创造性思维的生理机能，人们对创造力的认识与提法都还有待证实。以下几点是比较一致的观点。

（1）创造力是每个正常的人都具有的，不是个别天才人物所独有的神秘之物。它是在具体的创造性活动中形成和表现出来的。有的学者把它称为类创造力或前创造力，是创造的一种能力倾向。这样的创造力为具体的创造力的形成提供了基础。而后天的环境、教育和主观努力对创造力的形成和提高有重大影响。即使是具有很高创造力的人，也不会在任何活动中都表现出创造性品质。

（2）创造力还包含了有利于实现活动目标的积极的心理特征，无能、迟钝、懈怠、保守、悲观等消极表现均不属于创造力的范畴。

（3）创造力是知识、技能、能力等智力因素和动机、意志、情感等非智力因素的总和，不仅仅是指具体的创造才能。在创造活动中，智力因素和非智力因素是相互影响、相辅相成的，欠缺哪一方面都难以达到很高的创造力水平。

（4）创造力的水平主要通过作品或成果的新颖性、独特性、适宜性等特征来体现。

第二节　人的创造力

人的创造力并不神秘。从生物性的角度说，它是人在由动物转变成人的漫长过程中逐步形成的一种能力。解剖学和脑科学的试验证明，它是人和所有动物大脑的特殊功能。人和动物在各种环境中，一方面变得逐渐适应，具有了适应性；另一方面产生冲突，要设法改变，这种改变性的愿望就是潜在的创造力。

一、创造力的普遍性

现在的科学已经充分证实，只要是正常的人，人人都具有创造力，只是程度高低不同而已，普通人和天才之间并无不可逾越的鸿沟。这是人的大脑的生理特征规定了的。

> 根据诺贝尔奖得主美国加利福尼亚理工学院斯佩里教授的研究结论，人的大脑的左右半球是各有分工，左半球从事思维过程、语言、书写以及其他活动，右半球处理空间关系、音乐、艺术以及整体的思维过程。美国另一位学者 T. R. 布莱克利斯则进一步指明，右脑具有填补空白和产生直觉突破的创造性，左脑则可接受右脑的直觉，并检验直觉，把直觉转换成逻辑语言。两个半球之间由一个叫作“胼胝体”的部分连接，中间布满了 2 亿条神经纤维，每秒钟往返传输 40 亿个神经冲动。

与传统的看法不同，不少创造学研究者根据调查得出结论说，创造力在人群中呈正态分布，创造力很强和很差的人均属少数，大多数人都具有中等程度的创造力，并且不受文化程度等影响。

> 大概在全世界都是如此，最初都是把电扇做成以黑色为主的深颜色的。可是一名普通的电气公司的小职员，既不是主管也不是设计室的人，却注意到了这个缺陷，认为完全可以把电扇做得漂亮一些，最简便的办法是改变其颜色。董事会经过一番调查研究予以采纳，在夏天首次推出彩色电扇，大受顾客欢迎，销量猛增。

但在实际中人的创造力的表现又有巨大的差别，有的人十分富于创造力，有的人似乎一点创造能力也没有，这是生理条件之外的后天原因使然。好比地下蕴藏的煤，甲地的煤和乙地的煤具有相同的发热量，如果甲地的不开发出来，它还仅仅是概念上的煤，也就是潜藏着的煤而已；即使开发出来，如果燃烧的条件不一样，它们发热的卡路里也不会相同。人的创造力的表现与后天的知识因素、人格因素、环境因素等的支持或制约关系极大，一个一字不识的人，他能在现在的信息工程上表现出突出的创造能力吗？显然不能！所以，一般情况下，虽然创造力与生俱来，人人都有，若不开发，则仅是一个概念，最多是一种隐藏起来的能力而已。

二、创造力的可开发性

世界各国大量的实践证明，绝大多数人都没有充分发挥自身所具有的潜在创造能力，在实际生活中表现出的创造力远未达到应该达到的水平。因此，创造力的开发还有相当大的空间，通过教育和训练，创造力是可以提高的。

首先，研究显示，创造力的高低主要不是由先天素质决定的，在一定智力水平（IQ=120）以上，创造能力的大小与智力无关，某些领域只与遗传因素相关。专门的创造力训练可以使人的创造力至少提高 10%至 40%。其次，提高创造力的手段是切实可行的。例如，与传统的教学方法相比，创造性教学方法能够充分调动学生的积极性和自主性，取得更好的教学效果。即使教学内容相同，创造性学习和训练手段也能明显提高学习效果。同一个人，处于不同的环境，其创造力的表现也会截然不同，很多人都能感觉到，这一点也被各国大量的实践所证明。再次，生理解剖和试验已经证明，人的大脑的左右两个半球各司其职，例如左脑主要是管记忆、数字、排列、分析等逻辑上的东西，右脑主要管空间、情感、艺术、动作等。只要有针对性地对左右脑做不同的科学训练，不久就会收到明显效果。科学家证实，大脑开发还具有极大潜力。最后，创造力的构成因素中人格因素占了相当大的比重，而人格特质是可以通过一定的方法与手段进行训练培养的。

三、创造品质的可塑性

前面提到，创造力包含了多种优秀品质，这些品质构成创造力的三个要素，具体如下：

（1）主导要素。是构成创造力的核心要素，主要指创造动机和创造性思维能力。二者最为重要，互为补充。因为创造的关键是要有欲望，没有创造的欲望便没有后面的一切；同时，有了新的设想，即使创造动机再强，如果没有良好的思维方式或对问题的深入认识与理解，则很难取得创造成果。

（2）支柱要素。是保证创造性思维能力有效发挥的基础或关键要素。它包括两类，一类是一般智力方面要素，一类是非智力方面要素。一般智力方面要素又包括智力（如观察力、记忆力、想象力、思维力）、表达力、判断（如鉴赏、选择）能力、动手能力、运用方法的能力等。非智力方面要素又包括动机、个性、情感、意志等。

（3）背景要素。是指包围和影响主导要素和支柱要素的一切主客观环境要素的总和。它包括个人的年龄、性别、体力、技能、社会制度、舆论宣传、政策、教育、时尚以及人们对创造行为的认同感等多方面。

显然，人的这些优秀品质并不是与生俱来的，而是在后天的环境中逐步培养起来的，只要我们有意识地加强锻炼，会对创造力的提高产生十分积极的作用。

伟大的革命家、理论家、文学家鲁迅一生立志成才，两易其志。其间克服了种种困难，特别是后来，为了从精神上医治国人创伤，他以文艺为武器，即使受到攻击、谩骂和政治迫害等，仍然不顾一切，愈战愈勇，表现出巨大的勇气和毅力。

四、创造力开发中各因素的作用

在开发自身的创造力方面，还要注意分清楚智力因素、知识因素和非智力因素的作用。

（1）智力与创造力。智力的构成中并不必然包括创造力。创造力只是构成智力的各要素特别是思维能力要素高度发展情况下的一种表现。一般而言，智力主要还是指与人的学习有关的能力。智力水平往往是一个人学习能力强弱的标志，比如智力的五大要素观察力、注意力、记忆力、想象力、思维力，基本上指学习的速度、深度、广度和精确度。而创造力则主要指干预外界事物、创新和创造新事物的能力。创造力更具有主动性、冒险性和灵活性。

（2）知识与创造力。知识是创造力的基础，原因是知识是智力的基础，智力又是创造力的基础。然而，知识多又不等于创造力就高。这是因为，第一，知识往往都是传承前人的发现或者认知，它只有被迁移到与其内容相似的场合中去才能产生创新；如果是一个与这种知识适用领域不相似的场合，这种知识是无能为力的。而创造一旦成为个人的能力或特点时，就可以迁移到不同的场合，在极广泛的范围内发挥作用。第二，前人在过去某时某地对某个（些）具体问题的总结，用这些知识解决现时的问题，即使是同类型的问题，也必然有一个转化的过程，这一过程就必然包含创造创新。第三，从人生的发展总结出一条规律，一个人的知识和创造力的增长刚好是逆向的，知识是越老越多，而创造力则随年龄的增长逐步衰退。第四，现代社会是“知识爆炸”的时代，知识的剧增以及生活节奏的加快，往往使人遇到困难时来不及学习知识。第五，知识是人类的共

同财富，它一经公开，人人都可以享用。但在经济竞争的社会中，往往最先利用某种新知识的人受益，如首先采用“广告战”的办法来推销某产品的企业会产生轰动效果，而后来的人再用此法，可能就会“失灵”。知识的公开化既是优点也是缺点。人们一旦不能照搬知识或照搬不灵时，只能求助于人的创造力在原有知识基础上产生突破。

（3）人格与创造力。人格因素是创造力开发的重要条件。实际生活中一些人知识水平很高而创造力相对较低，很大原因是创造不仅仅是知识的应用和灵活的思维能力，还包括由动机、个性、情绪、理想、信念、意志等许多人格方面的因素所构成的优秀品质的支持和配合。人格属于非智力因素，对人的创造力有指导和推动作用。人的创造活动往往取决于这些非智力方面的素质。

由上可知，培养人的创造品质，不应仅仅注重知识的增加，也不是凭聪明脑袋就行的，还应在日常的细小活动中处处注意非智力因素的养成和强化。培养的方式不应该局限于学校教育和老师，应该随时随地，多采取自我教育、自我锻炼的方式进行。

第三节　创造力的分类

根据现实生活中社会、组织的构成方式和对创造结果的需求情况，创造力是可以做多种划分的。每一个创造主体的创造力对各自的主体起作用，并在一定的范围内产生创造结果。

一、个人创造力

个体的人是整个社会结构中最基本和最小的创造主体，但又是很重要的创造力量，所谓没有滴水，不成沧海。研究表明，人的创造能力不是一般性的能力，而是知识、技能、智慧以及个性品质等各种能力的总和，其中首要的是创造性思维能力。这是一种相对新颖或绝对新颖的思维能力。它不是一般的逻辑思维可以包含得了的，它具有多种特殊的思维形式。除此以外，尤其是体现在创业领域里的创造，还要包括诸如观察能力、理解能力、分析能力、记忆能力、操作能力、组织能力、宣传能力甚至公关能力等一系列能力。创造是这些能力相互依存和促进的结果。其外在的具体表现是个人发现问题的敏锐观察能力、综观全局的思维能力、百里挑一的发现能力、百折不挠的坚持能力、远见卓识的预见能力等。

具有创造能力的人应该至少是某个方面的专才，要求他们具有多学科的知识，怀有好奇心和某些兴趣，有直觉感和洞察力，勤奋好学，有诚实品质、责任感和自信心等受社会欢迎的素质。有学者还把个人的创造力归结成一个公式：

创造力=K×创造性（创造人格、创造性思维、创造原理）×知识量

式中，K 代表创造者潜在的创造力，因人不同，是个常量。可见，增加知识量和创造性

都可以成倍增加创造力，创造力可以通过训练提高。

在一般人的心目中，比尔·盖茨就等于计算机，但是这方面的先驱却是一个叫道格拉斯·爱基波特的人。爱基波特在1951年最先发现了网络的发展趋势，后来发明了鼠标。为此他还专门去伯克莱大学攻读了电子工程博士学位，选的就是计算机课程。毕业后的工作单位是今天的SRI国际智囊机构，在这里又做了计算机文件处理的早期研究，1960年通过美国国防部还做成了现在意义上的互联网……可是几十年后的今天，我们在计算机英雄谱里找不到道格拉斯·爱基波特的名字。他一生都是靠工资吃饭，他发明的鼠标专利权是他老板的，他仅仅收到1万美元酬金。道格拉斯·爱基波特在把创造成果用于创业时还缺少一点什么东西呢?

二、集体创造力

集体创造力又称团体创造力，是人类创造力的重要方面，是个人创造力的聚合同时又不能代替的能力。在知识大爆炸、科技十分发达、学科相互交叉的时代，更需要开发团体的创造力。

在一个集体内，创造能力的高低取决于所有成员的个体素质、成员的配搭、层次结构和管理思想、管理要求等。每一个成员的学习能力越强，知识越丰富，其创造力就越强。因此要求他们根据工作所需，学习补充、更新其知识，在内部形成一个学习型的小社会。集体组织还要有计划地培养成员良好的心理素质，激发他们对工作的热爱和兴趣，调动他们的工作积极性和创造热情。

要注意集体内部不同人员的合理配置及相互关系，一有矛盾，及时协调，使之形成合力；如有创意，彼此提醒、交换，便于产生1+1＞2的效果。著名作家萧伯纳有一句名言：“倘若你有一个苹果，我也有一个苹果，而我们彼此交换这个苹果，那么你和我仍然只有一个苹果。但是，倘若你有一种思想，我也有一种思想，而我们彼此交流这种思想，那么我们每个人将有两种思想。”合理的人员配置可以产生多种这样具有创造性的思想。

合理的人员配置要遵循以下原则：多样性原则，不能都是一种模样的人；互补性原则，包括才能、性格、年龄，不搞“近亲配搭”；整体性原则，即和谐高效的团体；精干性原则，兵强马壮，职责分明；动态原则，做到随时与环境相适应，而不是一潭死水。

增强集体的创造力，还有一个很重要的因素是该集体内部的创造氛围。要形成一种倡导、认可、容纳的活跃气氛，有利于创造思想的萌生、创造方案的提出、创造行为的开展。相反，一个集体产生不了创造，往往是因为缺少提倡、鼓励的政策，具有懒惰、讥笑甚至打击的行为。“你有我有大家有”，一样“同甘共苦”的集体，肯定创造能力低下。

20世纪70年代，美国有两个具有代表性的高新产业，一个是东部波士顿的128号公路，一个是大名鼎鼎的西部硅谷。从起步的时间看，128号公路要早得多。第二次世界大战结束时，128号公路所在的马萨诸塞州已经聚集了许多电子

技术工厂，而硅谷还是一个农业区。可是，现在世界上知道 128 号公路的人已经不多了，原因是硅谷走了一条集体创新的道路。一是开放的环境。硅谷企业内部、企业之间、企业与其他部门，既有竞争，又有相互的学习、帮助，沟通信息。二是园区的整体发展观念强。园区管理部门的工作是针对所有的企业的，每一个企业和个人都把自己放在整体之中，一个人在一家企业发挥不了才干，可以立即转到另外的企业或公司。三是员工们通过各种业余组织自由沟通交流，促进新思维新创意产生。四是整个园区有一种鼓励创业、鼓励冒险的风气。

三、社会创造力

个人和集体的创造力构成了社会的创造力。社会的过去、现在以及将来与创造力的紧密关系在第一章中已经论及，结论是，创造力的开发是每个民族和国家的共识。其标志是 19 世纪德国著名经济学家弗里德里希·李斯特提出了国家创新体系，背景是知识经济的萌芽，知识和技术开始成为最主要的经济要素。研究、开发、技术、人才、管理、资金等要素越来越国际化。每一个国家的创造能力成了全社会创造力的一部分，也是本国国民经济增长的重要因素。各国纷纷制定并实施有效的创新政策，完善创新体系，以加大竞争机制、激励机制和协调机制，营造创新环境。

国家创新体系的构成主要包括企业、研究机构、大学、政策、法律调控和服务机构。从内容上看，该系统包含 5 部分：① 知识创新系统，注重知识的生产、传播和转化，由研发部门、企业和中介机构完成；② 技术创新系统，主要是对知识、技术进行现实生产力转化，主要由企业、研究机构和大中专院校完成；③ 管理创新系统，是对创新的组织、协调和服务，由政府和事业单位完成；④ 制度创新系统，是一切创新的保证系统，主要由政府部门完成；⑤ 人才创新系统，为国家创新提供人才保证，由所有创新单位完成。

四、领导的创造力

领导是一切创造力开发的组织者和领导者，是位于行动中心的人，与所有的创造力都有关。领导的创造力包含两个方面：第一，作为个体，本身存在创造性思维和创造观念的问题；第二，作为组织者和管理者，在创造活动中有创造地领导组织的能力。综合起来，领导的创造力体现在以下几个方面：洞察能力、预测能力、决断能力、实施能力、应变能力、整合能力、协调能力、获取与筛选信息的能力等。他们的个性品质包括：敢于判断和承担责任的品质、对各种意见兼容并包的心胸、进取廉洁的品格、平易深入的亲和力以及不断竞争开拓的意志等。

从领导创造力开发的角度（当然也是领导艺术），其开发技法有：抓好创造机遇的训练、促进自身和集体创造观念形成的训练、提出创造目标的技巧训练、激发和保持集体创造积极性的训练、营造良好的创造环境的训练以及组织创新系统的训练等。

要形成一整套创造的能力、品质和方法，领导们必须时刻自省、自警、自励，并且随时随地向群众学习，才能达到目的。

李连是吴力的老板。当初李老板同意吴力这个羞涩和纯洁的刚毕业大学生到自己的电视广告公司工作，是因为吴力有些钻研劲头。在吴力眼中，李老板高不可攀：他一年365天，上午10点上班，晚上3点才回家，全公司只有他能坚持。他一个人取代了公司 80%以上的生产力。在一次某卫视宣传片头的竞标会上，李老板的设计最终以每秒8 000元的报价，打败了那些1 000元每秒的低价竞争者。李老板在公司简直就是神。李老板自己也飘然了起来，对公司里像吴力这样的业务尖子也不屑一顾。开始时，吴力每月工资就500元，靠泡面度日，李老板像没有看见一样。吴力熬了几个通宵设计的作品，李老板只有一句"还不错"。吴力费尽心思用新软件制作的测评报告，李老板只用余光一瞟就否定了。"看来李老板是定型了，我不会在这儿长期待下去。"吴力心想。

几年之后，在一次广告圈的盛典上，吴力作为业界新锐被安排在前面的位置，他无意间看到自己曾经的老板坐在最后一排。吴力想到了曾经的一幕幕，过一会他觉得还是应该去向李老板打个招呼，可是回头一看，那个位置已经空了。

五、绝对创造力和相对创造力

由于在理论上创造追求的是绝对新颖性，而实际的创业活动中人们对创造的要求又是多种多样的，多方面的创造都给人类带来了好处，所以我们认为，在划分创造力，特别是在认可创造结果时，应该把绝对创造力和相对创造力作出区分，也就是说，肯定绝对的创造，也承认并注重创新。应该明白，很多时候，对大多数人来说，利用创造成果，借用他人经验，办好自己的事情，这样的创新不比原创差，甚至会产生更大的效益，对社会和人类生产力的发展更有好处。否则，会大面积地阻碍创造力的开发。

所谓绝对创造力，是指具有绝对新颖性的创造，即"前无古人"或"无中生有"；所谓相对创造力，是指对此时、对局部、对一些人或者对本人是新颖的创造或"有中生新"。我们明确提出和使用这两个概念的理由是：二者都具有新颖性，本质相同；它们都需要同样的开发培训；所起的作用并不能一概而论谁大谁小，在一段时期内，在一些地区、行业、部门，对某一些个体，可能相对创造力起的作用更大。我国两弹一星的研制，杂交水稻获得成功，整体上并不是绝对意义上的创造，但谁能否定其伟大意义呢？

卖盒饭这样的事情并不稀奇，也几乎没有科技含量，从古至今中国都有送盒饭的事（古人不用现在的饭盒，就不叫盒饭），因此谈不上创造创新。可是北京的优粮生活科技却靠引入现代信息化系统，搞现代的盒饭外卖，做到了日订单1万份，月营业额近1 000万元，这就是创新举动了。优粮生活科技的创新点有三：第一，标准化制作。从食材、冷藏、加工、烹饪、打包到配送，有流程标准上万条，保证了产品规格和口味的一致。第二，利用电脑建立数据模型，以便缩短配送时间，分析每个区域乃至每一栋楼的订单密度和分布。第三，将合作餐馆输入操作系统，扩大顾客面，方便客户就近取货。到2016年，优粮生活科技在北京地区的外卖工作站有50多家，订餐用户达30多万。

第三章　创造力的开发

创造力是由智力和非智力两方面的因素决定的，这种能力一经形成，就具有相对稳定性，可以向许多领域迁移，并能反过来促进智力与非智力因素的进一步发展。研究发现，人类大脑两个半球在构成智力和非智力方面各有侧重，左脑以逻辑思维为主，右脑以形象思维见长。创造过程始于右脑对合适问题的发现，终于左脑对问题的合理解决。同时，创造力的发挥又离不开社会环境，特别是创造动机，受环境的影响与制约。良好的环境会有意无意地促进创造动机的产生，不利的环境也会抑制创造力的产生与发挥。环境是外因，智力方面与非智力方面要素的相互作用是创造力发展的内部动力。

第一节　创造力的影响因素

对创造力的认识不能仅停留在认识其组成要素上，还要进一步说明这些要素是怎样对创造力产生影响的，以利于有针对性地培养和开发人的创造力。

一、智力因素的影响

如前所述，在一定的情况下，一个人的成就同早期智力并无多大关系，关键在于后天的创造力的开发。

美国一项历时 50 年的研究，证明了早年智力测验并不能正确地预测晚年工作的成就。美国心理学家特尔曼从 1921 年开始，选择了 1 528 名属于聪颖或天才一类的小学生和中学生（智商都在 130 以上）作为研究对象。1928 年，这些学生已进入青少年时期，特尔曼再次对这些学生所在的家庭和单位进行调查。到 1936 年，学生们已走上工作岗位。特尔曼通过信函调查方式，继续了解和掌握他们的情况。1940 年，又把这些学生召集到学校来座谈，并进行了各种心理测验。此后，每 5 年进行一次通信调查。特尔曼逝世后，西尔斯等人接替他的工作。到 1960 年，这些被测对象已平均 49 岁，但调查人数仍保持原来的 80%。1972 年，调查人数保持为原来的 67%。结果证明，早年智力测验并不能正确地预测晚年工作的成就。

这说明智力与创造力是有差异的。智力的构成中并不必然包括创造力。创造力只是构成智力各要素特别是思维能力要素的一种表现，智力主要展现在创造的后期表现上。创造力往往体现在与活用知识有关的非逻辑思维上，如“异想天开”这样的跳跃思维或联想思维能力，在创造的开始阶段尤其如此。

创造力与智力又是有联系的。因为创造力是对知识、智力和能力新颖、灵巧的运用，它必须以一定的智力为基础。智力极低的人是不会有很高的创造力的，智商特别高的人创造力也不会过低。低智力、高创造力或高智力、低创造力的人很少。然而，现实中却大量存在智商较高、知识颇丰而创造力低下的人，或者智力不是特别高但创造力却很高的人，这就是非智力因素的影响了。

二、非智力因素的影响

很多时候，动机、个性、情绪、意志等许多非智力因素作为构成创造力的两个支柱要素之一，对创造力产生影响和作用。人的创造力的提高往往首先取决于这些非智力方面素质的增长。

（一）创造动机的影响

创造动机是产生创造行为的动力基础，直接推动人从事创造，促进创造行为，获得创造结果。它是创造能力的潜在动力，是一种内隐变量，我们看不见摸不着，也无法直接测量。创造动机总体上可以分为间接动机和直接动机两类。

间接动机也称外部动机，是创造活动以外的刺激对人们诱导出来的推动力。如祖国昌盛、人民幸福、社会进步等这样一些伟大目标，经济收入、人生价值等这些个人需要，常常成为人们进行创造的间接动机。我们更提倡树立为国为民造福人类的创造志向，应更多地宣传为民族振兴而创造发明的模范人物，以产生激励作用。

直接动机是指能直接促使人们去创造的动力。主要包括求知欲、好奇心、挑战心理、创造兴趣和对创造的自豪感等。

导致动机的诱因十分复杂，有正面的、反面的、内部的、外部的。同一种创造行为可以由不同的动机驱使。

> 荷兰物理学家彼得·塞曼在31岁时就创立了物理学上著名的塞曼效应。但他年轻时是一个不务正业的人，在一次考试落榜后，他母亲泪流满面地讲了他出生时的一段遭遇：一天深夜，拦海大坝决口了，母亲在一条无桨无舵的小船上生下了他。当时尽管已无力与风浪搏斗，但她记着祖国的古训："我要挣扎，我要探出头来。"因而始终不曾屈服，直到被人救起。母亲对塞曼说："早知道你是这样一个平庸之辈。我真不该在波涛中拼命挣扎。"这番话无异于当头一棒，使塞曼震惊了。正是由于这种反面的激励使塞曼产生了抛掉恶习，奋发努力的动机，进而有所发明创造。

一般来讲，直接动机更内在，更根本，但间接动机也不可忽视。外部激励能促使人去追求符合人类要求的目标，实现社会对个人行为的调节与控制。同时，创造实践的结果又会使人兴趣增长，信心增强，从而使间接动机转化为直接动机。一般情况下，人在进行创造时两类动机是同时存在的，很难设想一个人对创造发明本身毫无兴趣，仅出于对财富的追求就能搞出重大发明来。

（二）有利于创造力发挥的个性特征

国内外的大量调查表明，人的个性对创造力有重要影响，有突出创造性成果的发明家、科学家在个性特征上有许多共同或相似之处。

1. 强烈的好奇心与求知欲

富于创造的人往往从小到大始终有很强的好奇心和求知欲，见到新东西总要问“为什么”“怎样”“是否可以不这样”一类的问题，并总想动手试试。这种人往往谦虚而不轻信，善于倾听又总要在心里问“为什么”，对事情不带成见，爱好探究，以不过早下结论的态度来看待世界。

现在普遍使用的透明胶带就是科学家席佛带着一种好奇心发明的。在研制一种以聚合体为基底的黏合剂的实验中，席佛突发奇想，想看看打破正规的配合比会是什么样的结果。他得到的是一种意想不到的反应，虽与原来的设计是背道而驰的，然而却是他们要想得到的东西。事后席佛自己说：“如果我事前坐在书桌前仔细分析，可能根本就不会做这个试验；如果我花时间去看相关的资料，大概也就根本不会这么干了。”

2. 独立性与自主精神

许多有创造性的发明家、艺术家，他们产生一个有意义的设想后，往往会主动努力加以实现，既不等待别人的吩咐，也不愿别人过多管束（这些吩咐或者管束也可以看成是妨碍创造的外部环境）。如果这种独立性与自主精神受到限制，他们会感到心理上的压抑，甚至丧失创造力。相反，如果这种独立性与自主精神得到保护，往往能形成一种特有的思维方式，有利于创造。

爱迪生的一个朋友手关节红肿，爱迪生问他是什么病，他朋友说多数医生认为是痛风症。

“什么是痛风症？”

“医生说是尿酸淤积在骨关节里所致。”

“那就把尿酸从骨关节里取出来吧。”

“他们说不知道怎样取，因为尿酸是不溶解的。”

爱迪生说：“我不相信！”他马上回到实验室，找来许多试管，装入尿酸晶体，每个试管里放入不同的化学液体。两天后，有两个试管里的尿酸晶体融化了。就这样，爱迪生以一个不懂医学的门外汉身份解决了医学问题，而且这一治疗方法医学界沿用至今。

3. 喜欢怀疑和冒险

创造力高的人对传统见解、权威结论或他人的观点常具有怀疑的精神。对许多事情他们敢于去做，他们尊重的是事实而不是权威。

英国著名的化学家道尔顿曾经断言物质的最小单位是原子，后来许多敢于怀疑的科学家打破了他的结论。其他诸如发明焦耳定律的焦耳，只是一个酿酒专家；创造“大陆漂移说”的魏格纳对地质学一窍不通；近代遗传学的奠基人孟德尔是牧师。他们的创造明显地是在不惧怕传统和权威的科学勇气下完成的。

在大多数人都错的时候，这种人往往是对的。当然，他们也往往与冒险紧密联系在一起。他们喜欢做一些没把握的事情，喜欢智力上的挑战，以解决别人解决不了的问题为乐。他们不怕付出必要的代价甚至生命，那些四平八稳的事对他们没有多少吸引力。他们的出发点通常不带有功利性，是兴趣和伟大的探索精神支撑着他们，很多人常常是怀着一颗对人类利益和福祉的追求而进行着不计后果的探索。

航天飞行花费惊人，但是到目前为止，除了些许利益外，人们甚至很难精确地说出它能够给人类带来什么最终的好处。但是出于一种科学精神，人们一直执着于太空事业。为了减少发射火箭的花费，美国曾经试验了能够多次使用的航天飞机，仍然造价昂贵，不得不放弃了。你能设想把现在一次性使用的火箭多次使用吗？那可是比航天飞机还要简单省事而又省钱的设想。可是要让火箭这样的大家伙从高空中乖乖地垂直下降落地而又毫发无损，连美国国家航空航天局都不能想象。可是埃隆·马斯克（Elon Musk）想到了。在多次实验失败后，他创办的美国太空探索技术公司（Space X）于 2015 年 12 月 21 日在佛罗里达州卡纳维拉尔角将发射的猎鹰 9 火箭成功收回。在旁人看来，他这是在疯狂冒险，因为这对他自身来说，要贴大本，还没有回报，还可能招致讥笑，甚至会造成重大伤亡那样不堪想象的后果。

4. 见多识广，富有幽默感

创造力高的人不仅爱好广泛，而且知识面很宽。有些专业人员未能发挥出他们的发明才能也正好是因为在这方面比较欠缺，要么因为他们所在的单位长期将他们限制在一个很窄的工作领域中，从而导致思路偏窄；要么因为自己本身往往只“专”不“博”，不知道其他领域的事情，也不愿意“侵犯”别人的“领地”，怕被别人说成是“不务正业”的人。

幽默感有助于创造的原因在于，幽默语言或故事本身都是一些巧妙的构思，而巧妙的构思恰恰是一种有趣的创造。

有一天，英国杰出的大戏剧家、也是著名的幽默大师萧伯纳在大街上被一辆自行车撞倒。那人吓坏了，连声向他道歉。可是萧伯纳的一句话就解了双方的窘境：“不，先生，您比我更不幸。要是您再加点劲，那就可作为撞死萧伯纳的好汉而名垂史册了。”

5. 坚韧不拔和顽强精神

发明创造是一种探索性、试验性的工作，创造者不可避免会遇到认识上、物质条件上及体力上等多方面的障碍、困难，以及失败的考验和别人的不理解、嘲讽等。创造发明者是具有坚韧不拔和顽强精神的人，能够勇于正视和克服任何困难，坚持自己的信念，直到实现目标。

1914 年，在爱迪生 67 岁时，一场大火把他价值 200 多万美元的工厂烧得一干二净。他只得到了十分之一的保险赔偿。这时的爱迪生已不再是年轻人，甚至可以说到了高龄阶段。看到他花费一生心血苦心经营起来的工厂在一片火花中变成废墟，他的儿子着实替他捏了一把汗。可他并没有气馁，反而乐观地说："这场灾难有很大的价值，因为我们所有的错误都烧掉了。感谢上帝，我们又可以有一个新的开始。"果然，在 3 个星期后，他又发明了留声机。这是一种多么值得学习的精神！

6. 乐观向上的情感

人的高涨情绪、创造热情、激情以及理智感、美感等不仅是创造的动力，也能调动人的创造潜能，是产生创新设想的催化剂。

爱迪生是多产的发明家，他一生中始终保持着强烈的创造欲望和乐观向上的情感。他总是不让自己闲着，只要看到一个东西，就想制造出另一个不同的东西。他一生的发明创造达 1 000 项之多。

（三）不利于创造力发挥的个性特征

与上述几种个性特征相反，也有一些需要改变和克服的不利于创造力发挥的个性特征。

1. 从众

从众的具体表现是对上级、权威或多数人的观点唯命是从，人云亦云，随大流，遇事总按别人的判断行事。造成从众的原因，除思维定势以外，还有多方面的原因。最大的一个因素是胆怯和缺乏自信，害怕舆论压力，怕被人讥笑或被人看不起。另一个重要原因是不大相信自己的智慧，有自卑心理，久而久之就丧失了独立思考和判断的能力。

公元 4 世纪时的希腊伟大科学家、哲学家亚里士多德有两个著名的观点，一是"重物先落地，轻物后落地"，二是"力是速度的原因"，并得出"10 千克重的物体比 1 千克重的物体下落时的速度快 10 倍"的结论。这些结论统治了人类 1000 多年。但是，这些权威结论却被具有充分自信力的伽利略打破了。

2. 刻板、保守

刻板、保守和与生俱来的个性品质有关，也是经验主义的定向思维在作怪，且显示出越老越严重的倾向，主要表现为对新变化、新奇事物、新思想的反感、抵制。具有这种性格特征的人在认识过程中常常是先入为主，总以为自己的经验和印象是对的，常常不自觉地用先前的经验来驳斥后来的经验。克服刻板应当从转变对已有知识和已有规则的态度入手。美国一个商人提出一条创造规则："除可以打破一切规则这一条规则之外，一切规则都可以打破。"这是克服刻板、保守的有效法则。

在莱特兄弟发明飞机之时，一些鼎鼎有名的大科学家曾十分武断地下结论说，钢铁的比重大于空气很多倍，因此制造钢铁飞机肯定不可能。这些科学家的科学知识没错，错误结论来自于刻板、保守——一旦条件改变，常态下不可能发生的事情或存在的事物就会成为现实。独轮自行车有了速度就能稳稳地前进，陀螺靠了旋转就能够立于不倒。

3. 思维定势

由于经验的积累以及习惯和环境的影响，人会不知不觉地产生一种思维定势。思维定势的普通表现是过去的思维对当前产生影响，是一种固定的思考模式，即心理学上的功能固定。思维定势有两大特点，一是形式化结构，二是强大的惯性。这种惯性一旦建立，在一定条件下就会成为支配人们行动的巨大力量，是影响创造力发挥的重大障碍。唯书唯上、自我中心、经验论等都是思维定势的表现。许多人在考虑问题时会无意识地受思维定势的制约。

有一个故事说，一个哑巴到五金商店去买钉子，他把左手食指做成钉子状，立在柜台上，右手握拳在左手上敲。店员看了说："啊，你要买锤子。"于是拿来锤子。哑巴摇摇头，比了一下左手食指。售货员明白了，他要的是钉子。哑巴顺利购货，高兴而去。接着来了一个盲人，他要买的是剪刀。现在请你猜猜：盲人会怎么做？

题目十分简单，可是你不一定做得对。不信你可以马上试试。

如果你的答案是盲人用中指和食指比了一下剪刀的动作，那就肯定沿着对哑巴的思维在思考。因为盲人能说话，也根本不会打手势。要知道，打手势是需要眼睛观察的。

三、环境因素的影响

在人类创造发明历史中，环境是一个十分重要的影响因素。有利的环境就像是适宜作物生长的肥沃土壤，而恶劣的环境对创造、创业来说则是打击、压制和扼杀的机器。影响创造的环境因素主要有社会观念、人们的容忍度、文化观念和心理等。

1. 有利于创造的社会观念

应在大的范围和小的团体内转变保守的观念，树立创新意识。没有创造的意识就没有创造的活动。有利于创造的正确观念主要有：第一，事物是不断发展的观念。要想发展，就得创造。第二，超越的观念。这就是说只学习不创造，没有新的思路、新的产品，老是跟在别人的后面，亦步亦趋，永远也赶不上别人。只有创造，才有赶上别人的机遇。因此，人人都应树立敢闯、敢创的精神。第三，敢于冒险的观念。要树立创造活动中的

失败是光荣的观念。创造活动是一种前无古人的开拓性的活动，它的失败率是各种活动中最高的，是不可避免的，是光荣的。不搞创造的人永远没有失败，但也永远无所作为。树立这种观念，使创造者时时增强信心，使旁观者支持创造者，造成一种良好的环境氛围。第四，人人都能创造的观念，发动群众参加创造发明活动。心理学家的研究充分证明，大多数人都具有中等左右水平的创造力，只是过去人们对创造的规律缺乏了解，未能把每个人潜在的创造力充分开发出来。

从来餐饮行业的竞争都十分激烈，因为它的科技含量低，其创新一般限于菜品开发。可是对于一家名为“福尔摩斯”的酒店的老板来说，它的经营之道却一反常态，不是翻新菜肴，严格说来也不是借用福尔摩斯的名气或者文化含量。首先，人们一听“福尔摩斯”这个名字居然和餐饮联系起来了，有点好奇心，于是要来看看、尝尝。其次才是仿照福尔摩斯判案中常用的演绎推理和逻辑判断，设计出一些小的案例，让就餐者边吃边想，一试自己的福尔摩斯角色。老板还会用不菲的奖品让“成功破案”的顾客多坐一些时间。这不是亏本的买卖吗？绝不可能！老板的利润点在于：正常饭钱、餐位占用费（每小时每位收取 5 到 12 美元不等）。那些急于想当福尔摩斯第二的顾客已经不在乎这点餐位费了，可是老板却捞了大好处。

2. 相容心理和谨慎判断环境

相容心理是指一种广泛的彼此尊重的处事态度。既要承认别人的优点，也要容忍和接受别人的缺陷，不能以自我为中心来对别人横加指责，不吹毛求疵。这样的人际关系，使人心理放松，而宽松的心理环境才能使创造大量涌现。有时，即使是荒唐的想法，也可以从中找到一些可取的东西，并将之进行创造性的转化。有人说：“全体意见一致，等于毫无价值。”

谨慎使用判断就是不急于判断。急于判断不仅会束缚自己的创造力，还会打击别人的想象力。因此，头脑风暴法提出延迟判断原则。该原则给许多昔日能力得不到施展的人以积极的影响，他们不再感到被忽视、被冷落。延迟判断原则的实施，也使内向、胆怯、谨慎的人活跃起来，敢于冒险说出过去不敢谈的观点，使善于批评者变得宽容、和气、善待他人。相互之间的启发代替了昔日的挑剔，一个创意能够引起连锁反应。

3. 趣味横生的工作环境

有利于创造的环境不仅是善意的，还应该是有趣的。严肃、刻板的工作和生活环境缺少了生气、好奇、灵感和审美情趣，想象力受到束缚。游戏似的趣味横生的工作环境使人的想象力得到发展，好奇心得到满足，人们会自然地使用隐喻、类比，大胆地展开想象，这些都是极有利于产生创意的心理基础。

有一个设计人造卫星的单位的经理曾讲了这样一个例子。在某次会议上，设计师们带着一点游戏的心理进行讨论。他们先嘲弄某个卫星，制造各种不同的笑料，使用各种相关语来讥讽这颗卫星。结果，这次会议成为数月来最具创造力的会议，产生了许多有价值的设想。第二次，所有的设计师改以严肃的态度探讨设计问题，结果毫无新创意出现。有人说，创造就是不按规则出牌。规则对团体是重要的，没有规矩不成方圆，但是过分强调规则又会对创造产生障碍。

4. 文化环境氛围

所谓文化环境氛围，是指激励创造的一种综合文化和心理因素，又叫“创造的生态环境”。它包括以下方面的内容：

动机。涉及个人动机和团体动机怎样有机地协调。如果不能调动起个人内在的动机，这个个体就是被动的、冷漠的；过分强调个人动机又会使团体形成不了一个整体的力量。因此，要使个体动机与团体动机一致、兼容。

交流。在共同动机的前提下，团体成员之间必须互相认识，经常交流，彼此了解，互通情报，消除彼此不认识的距离感。特别在创造过程中，经常的交流有助于消除对设想背后的假设的误解，做到相互扶持。

彼此接受。彼此承认意味着尊重、接受并宽容与自己不一样甚至有缺点的人。不把自己的立场作为衡量一切的标准，承认自己的设想只是许多可行的态度、意见和信念中的一个。

目标一致。团体共同的大目标成为团体成员的意愿，每个人都愿意为实现这个目标而努力奋斗。这往往也是团体成员彼此能够接受的一个前提。

团体角色到位。团体中的每个成员都有自己想要承担的角色，如果团体所需要的角色与个人的角色愿望及能力能合理配置，就能使环境氛围协调，集体富有活力。

群体规范。群体规范决定了社会行为，决定了学习动机和创造动机及成就动机。群体规范与团体的职业性质、成员的出身背景以及建立在舆论基础上的价值观念有关。创造性的设想、发明、发现能否出现并得到重视，与群体规范有很密切的关系。批评、表扬和奖励都是群体规范形成的重要因素。

领导工作作风。领导作风民主，既不过分放纵，又能尊重人格，尊重人才，倾听不同意见，相信群众，会对团体氛围的形成起到至关重要的作用。

国际商用机器公司董事长小汤马斯·沃森有一段著名的言论，被许多企业家引用：“世上没有什么东西可以取代良好的人际关系及随之而来的高昂士气。要达到利润目标就必须借助优秀的员工，如果他们对工作不感兴趣，如果他们觉得与公司隔膜重重，或者如果他们感到得不到公平对待，要使经营突飞猛进简直就难若登天。”

第二节　创造力的开发途径

在当今这个竞争十分激烈的世界，没有哪一个民族不重视创造力的开发和提高，没有哪一个有正常思维的人不感到提高自己的创造力是一件重要的事。因为创造力比以往任何时候都更加关系到自己国家或个人的物质利益。但是，在追求物质的获得和占有上，现在的物质文明程度尽管很高，但还远未达到正义、公平的地步，更不是“大同世界，环球同此凉热”的境界。这就向人们提出了为什么要开发人的创造力和怎样开发人的创造力的哲学问题。

一、科学创造观念的建立

由于人类社会发展中各种矛盾的凸现，要求每一个国家都必须树立全球观念，尤其是富国、大国，更要明确自己作为社会一员的重要责任，必须树立科学的发展观；必须明确人是自然不可分割的一部分，对于自然是协调而不是征服；要求人们致力于在整个世界系统内实现有组织、有计划、有道德良心的增长，消除过去的习惯性的无差异增长、恶性增长和增长的不均衡。这一切都说明，人们在致力于创造力的开发时，不是只在于怎样使自己在物质上富裕起来，而是还有许多根本原则要共同遵守，遵循良性开发的轨迹。

1. 创造力开发与环境保护

开发创造力的根本目的是服务于人类的物质需要，但是，很多年来，由于人们的无知，在创新开发中，只看到了好处，没看到弊端；只看到眼前，不注意长远，不同程度地破坏了自然环境。厄尔尼诺现象、拉尼那现象、沙漠化、水资源枯竭等，给人们敲响了警钟，人们因此提出了可持续发展的理论。可以说，这个理论既是人类发展的理论，也是指导创造力开发的原则。那就是“既满足当代人的需要，又不致损害子孙后代满足其需要之能力的发展”（联合国环境署理事会：《21 世纪议程》）。它具体包含三个不可分割的部分：① 生态的可持续发展（Environmental integrity）；② 经济的可持续发展（Economic efficiency）；③ 社会的可持续发展（Equity）。人称三 E 关系。在所有这些关系中，最基本和主要的是环境问题。因为地球环境是一个经过若干万年才形成的一个合理和相对平衡的系统。它支持和制约着所有其他问题。对这个系统的破坏，轻者造成失衡，重者自毁根基，造成不可挽回的损失。所以在科技开发创新时，不能仅考虑技术，也不能只为本国本民族着想。必须提倡和遵守公共道德，兼顾人类利益。

2. 创造力开发与民族利益

因多种原因，现在科技的竞争并不公平。一些国家由于历史等原因，在人力、财力、地利上占尽了优势，另一些国家与他们完全不能相提并论。在经济全球化的背景下，资源的配置也是全球化，但是利益却单向化，即流向发达国家。因此有人提出要建立国际经济政治新秩序。我们认为，这个秩序首先应该体现在科技的开发创新上，尤其是创新成果的使用上。所有国家和民族，无论其贫富、强弱，均要从有益于全人类共同的目标进行创新和应用，特别不允许以损害别国利益来发展自己。越是富裕强大的国家，越要带头在这方面实行民族平等，越要为帮助落后国家和民族发展承担义务。

3. 创造力开发与科技伦理

科技开发的突飞猛进及其对人类社会的深远影响不单涉及环境等问题，科技伦理问题也显现出来。有人评价，20 世纪是血与火的世纪，一边是文明的发展，一边是有史以来最多的无辜生命处于水深火热之中，是人与人、人与社会、人与自然的全面冲突，是理性与非理性、人道与反人道、正义与邪恶并存。这些引起了人们对科技发展与人类发展关系的深层次思考，也是科技创新对伦理道德和哲学提出的挑战。先进的科技创新，如克隆，已经不是纯粹的科技知识。科技探索也不仅仅与客观真理及其法则有关。很多科研本身就是一种有特定目的、有广泛影响或严重后果的实际行为。有的科技变成了对自然或是对另一部分人类的操纵或控制，直接对自然和其他人带来威胁。因此，科技活动必然要带出“责任”概念，不但要受到法律限制，也应受到伦理制约。另外，现在的科技水平已经达到了这样的程度，以至于在某项研究还没有出来以前，研究者已经可以全部或部分地预见到它的利弊，这就要求他们应该有科学的责任和良心，只争取好的结果，不研发坏的结果，或者尽量趋利避害，不应该为了个人的名利而不计后果地去开发创新。

二、创造性思维训练

创造力的开发离不开脑力的开发。脑力开发的重要手段在于思维训练，特别是提高创造力的思维。创造力思维，多数人不是脑子里自然就有的，需要有意识、有目的地培养。对此，创造学界不但从理论上做了说明，而且也探索出许多行之有效的训练内容和技法。

1. 创造性思维是可以训练提高的

研究显示，思维是一种技巧。英国著名学者 A. 德 · 博诺说：“将思维视为一种技巧，而不是一种天赋，这是向提高这种技巧迈出的第一步。”学习语言、数学等，都可看作一种思维训练，但主要是逻辑思维训练。少数人会在一种特殊有利的文化环境教育下形成独特的创造性思维，但更多的人只能零零星星地产生创造性思维，这种自发的思维技巧和主要发展逻辑思维的技巧，没有将人的潜在的创造潜力充分发挥出来。要发挥潜在的创造力，必须开展创造性思维训练。

2. 训练的内容

一般来说，创造性思维训练包括问题敏感性、思维流畅性、灵活性、独特性和思维严密性等几个方面。问题敏感性包括对需要和困难的关注；对奇特的、不寻常的事情的觉察；看出问题即语义含义的认知，“因为事物本来的性质，就暗示了需要做什么”。思维流畅性主要包括视觉的、符号的、语义的等方面的 23 种发散加工能力。思维灵活性包括对正在变化的条件的适应性，在思维方向的变化上能够摆脱惯性，重新解释信息，在做不同的事情时能自发地改变心理定势。所有这些都属于一整套的转化能力。思维独特性常常产生不同寻常的联想，对一个问题能作出关系较遥远的反应。

3. 思维的训练方法

（1）少讲多练。创造性思维训练要做到以训练为主。学生应在老师的指导下真刀真枪地练几遍，才能掌握这种思维技巧的方法，学会应用，变为自己的方法。

（2）将技巧内化为习惯。创造性思维技巧是对成千上万个发明创造过程的概括和凝聚，学习这些技巧和方法会使我们减少独自探索造成的多次失败，节约反复碰壁浪费的漫长时间，相对地走一条捷径。学习者应将技巧内化为思维习惯，并能够自觉地将这一技巧应用到其他问题上，或自觉地迁移到其他领域。就如一个器乐演奏者，他一定要在头脑中没有了“技巧”的概念时，才能适应各种美妙乐曲的演奏。例如，学习联想法，需要将要解决的问题与随机自由选定的一个刺激物强制联系在一起，而且要体会到越是无关的东西，越能唤起新的念头，以激发出大胆新颖的想法，进而在实际工作中有意地把自己放在全新的刺激物面前，以便唤起新设想，改变过去“近距离”考虑问题的思考习惯，将远距离、大范围的强制联想内化为一种思考习惯。

（3）重视掌握思维过程和方法。思维训练与传统的课堂教学和专业知识的学习不同。通常学校的学习都以传授知识为主，老师和学生都十分注重学习的结果——掌握了多少知识。而思维训练则注重思维过程的把握和思维方法的学习。每一节思维训练课，就像电影的慢镜头一样，将思维的过程一步步慢慢地展开，让被训练者内视自己的思维过程，发现思维过程的奥秘，有意识地改变原有的不好的思维习惯，学会创造性思维。鉴于此，训练题目本身不宜过于复杂、深奥，以免造成学习者的注意力被题目本身的内容所吸引，掩盖了对思维过程的把握，或者精力集中在一个问题的解决上，忽略了最重要的方面。

三、创造人格培养

开发创造能力，不仅需要具备卓越的创造技能，而且需要良好的人格素养。

创造人格属于创造力的非智力因素，是构成人的创造力的重要因素之一。在开发自身的创造力的过程中，要始终注意有意识地从日常小事中加以训练和养成。

前面已经论述，创造人格集中体现为强烈的创造动机、坚韧的创造意志和健康的创造情感等。高度的创新精神反映了有关工作者良好的思想面貌和精神状态。有了这种精神，就会敢于冲破种种思想束缚，保持探索未知领域的强烈欲望；就会在创业、发展、研究的艰难事业中表现出不怕困难、刻意求新、百折不挠的坚强意志；就会保持对沉闷局面的厌恶和对新鲜事物喜悦的始终如一的健康情感。

与创造技法的学习甚至创造性思维的锻炼相比，创造人格的养成难度还要大一些，从某种意义上看它是人的本质上的改变。俗话说“江山易改，本性难移”，可见培养人的创造人格内在动力大于外在推力，非有一个长期的磨炼不可，这就要靠每一个人的自觉性和主动性了。创造活动的事实证明，创造主体如果在主动状态下从事实践，往往会产生饱满的情绪和高昂的士气，如果转入被动状态，就会情绪不佳，产生厌烦心理。所以创造人格的塑造者就是你本人。

健康的创造情感问题中最重要的一点是对事物的兴趣和淡定、闲适精神，它远离功利主义的创造动机，尤其与个人所求无缘。很多科学实践充分予以证明，也受到学界的公认和追捧。

西班牙学者敖德嘉·加塞特说，人的生存就是“使那些尚未存在的东西存在的努力”，“技术的最初使命就在于让人‘有空’去‘成为他自己’”。乔布斯当年决定做智能手机时还根本没有市场需求，遑论要赚多少钱。马斯克是在人类还没有意识到要去探索火星的情况下定下他的太空计划的。发明充气式太阳能户外应急灯的是哥伦比亚大学建筑系两个女生。她们在参与海地 7 级大地震时，发现没有电是何等困难，于是强烈的对人类生存困境的关注让她们产生创造动机。

四、创造技法学习

创造技法是创造、创新、设计、策划和发明方法的总称。历史上关于发明、发现方法的研究，早在公元前 3 世纪就已萌芽。19 世纪末 20 世纪初开始，世界工业发达国家不约而同地独自致力创造发明方法和设计方法的研究，并在 20 世纪 40 年代形成高潮。这种创造方法的研究主要表现在三个方面：① 深入分析研究创造发明活动，探索创造的实质、过程及其客观规律，形成创造科学。这是发明创造学的基础理论研究部分。② 研究人的创造性、人的创造能力、人的创造性思维方式，分析人的创造力机理，形成创造力科学。这是开发人的创造力，培养和造就创造性人才的理论依据。③ 研究各种行之有效的创造发明方法，包括方法的内容、方法的操作程序或步骤、方法的特征、方法的应用范围、各种方法的相互关系、方法能达到的效果等，形成创造工程学。这是向人提供创造发明的手段和工具，以提高创造发明的效率，促进创造活动更广泛更深入地发展。创造发明方法的深入研究，在许多方面取得令人振奋的、有效的成果。创造发明方法的应用实践，为社会、经济、科技发展作出了很大贡献，这使人们更清楚地认识到创造发明方法的重要性及其发展的前景。

艾尔费雷德·诺恩·怀特海对此给予了高度的评价：“20 世纪最重要的发明，是发明了发明方法。一种新的方法诞生了。为了认识我们的时代，我们可以不管变化的所有细节，例如铁路、电报、收音机、纺纱机、合成染料。我们必须集中力量注意方法本身，那是打破旧文明基础的真正新事物。”这里所指的“方法本身”主要指创造发明方法。这也是丹尼尔·贝尔声称的“一种新的智能技术的兴起”，同其他新的智能技术一起，“它们到本世纪末结束时有可能像机械技术在过去一个半世纪中那样，在人类事务中占有同样突出的地位”。

既然创造的方法已被广泛应用并取得了伟大的成果，人们已经普遍地认识到了开发创造力的巨大威力，作为研究创造的理论和实践已经成为一门科学，人类就应该在科学的指导下，抛弃长期的自发创造行为，转由自觉研究、学习，实践创造、创新。事实上，世界各国、各民族、不同的人群，都已经自觉行动起来，学习创造理论，实践创造技法，追求创造成果，享受创造好处。在中国，不管过去是何种原因影响了我们的创造能力的开发和应用，现在都应奋起直追，认真学习创造方法，为民族的振兴奉献自己的聪明才智。

五、创造力测评

创造力测评是一件十分有意义的事。因为如果有了一个十分科学准确的测评办法，那对开发人的创造力，进而提高社会生产力会有莫大的好处。但是很可惜，由于目前人们对于什么是创造力，创造力的衡量标准，创造力与其他心理结构与能力的区别等基本理论没有统一的认识，很难提出一种大家都认可的测评办法。根据对创造问题的大量研究和实际观察，创造力测评应该是涵盖主观测评、客观测评、人格测量、操作测量等多种模块的综合测评体系。目前，分散的测评方法大体有三种：创造力测评、产品分析和主观评估。

（1）创造力测评：包含人格测量、个案调查和行为测量。

人格测量：由于考虑到人格是一种稳定的、经常的个性心理和行为模式的体现，某些人格的确体现出一定的创造能力，就形成了由测量人格的方法来确定创造力的高低。其手段有语言形式、非语言形式、动机测量等。

个案调查：通过测量、访问、谈话等方式，系统研究一个人的生活，考察其创造力的形成、发展、结果等。

行为测量：主要用于创造性思维测量，通过完成一些操作性的题目来测量人的创造力。其手段也是语言形式和非语言形式。

（2）产品分析：是通过他人对被试的产品的创造性水平的反映来衡量创造力的方法。这个方法简单可行，易于操作，但主观性太大，特别是对于一些艺术品、影视作品，往往是见仁见智，各持一端。

（3）主观评估：与产品分析有相同的地方，评判者也是局外人和旁观者，而且这些人的评判标准也往往不一致。

不过，对于个人是否具有一定的创造力，不少人倒是从不同的角度总结过一些测试题或测验办法，可信度有多大一时还难以判断。下面是美国哈佛大学学者总结出来的有关创造的个性品质的测试题和心理测试题，可以进行自我测试。

创造性倾向测试

（读完后凭第一印象，在 A、B、C 三个答案中选同意的一个打“√”。）

1. 在学校里，我喜欢对事情或问题作猜测，不计较是对还是错。

A. 完全符合　B. 部分符合　C. 完全不合

2. 我喜欢仔细观察我没有看到过的东西，以了解详细情形。

A. 完全符合　B. 部分符合　C. 完全不合

3. 我喜欢听变化多端并富有想象力的故事。

A. 完全符合　B. 部分符合　C. 完全不合

4. 画图时我喜欢临摹别人的作品。

A. 完全符合　B. 部分符合　C. 完全不合

5. 我喜欢利用旧物品做好玩的东西。

A. 完全符合　　B. 部分符合　　C. 完全不合

6. 我喜欢幻想一些我想知道或想做的事。

A. 完全符合　　B. 部分符合　　C. 完全不合

7. 一次不能完成的事情我要继续做，直到成功为止。

A. 完全符合　　B. 部分符合　　C. 完全不合

8. 完成作业时我喜欢参考各种资料，以便得到更多的了解。

A. 完全符合　　B. 部分符合　　C. 完全不合

9. 我喜欢用相同的方法做事情，不喜欢想新花样。

A. 完全符合　　B. 部分符合　　C. 完全不合

10. 我喜欢探求事情的真假。

A. 完全符合　　B. 部分符合　　C. 完全不合

11. 我喜欢做许多新鲜的事。

A. 完全符合　　B. 部分符合　　C. 完全不合

12. 我不喜欢交新朋友。

A. 完全符合　　B. 部分符合　　C. 完全不合

13. 我不喜欢想一些不会在我身上发生的事情。

A. 完全符合　　B. 部分符合　　C. 完全不合

14. 我喜欢想象有一天我会成为艺术家、诗人或科学家。

A. 完全符合　　B. 部分符合　　C. 完全不合

15. 我会因为兴奋而忘记其他的事。

A. 完全符合　　B. 部分符合　　C. 完全不合

16. 我宁愿生活在太空站也不愿在地球上生活。

A. 完全符合　　B. 部分符合　　C. 完全不合

17. 我认为所有的问题都有固定的答案。

A. 完全符合　　B. 部分符合　　C. 完全不合

18. 我喜欢与众不同的事。

A. 完全符合　　B. 部分符合　　C. 完全不合

19. 我经常希望知道别人正在想什么。

A. 完全符合　　B. 部分符合　　C. 完全不合

20. 我喜欢故事或电影中描写的事。

A. 完全符合　　B. 部分符合　　C. 完全不合

21. 我喜欢与朋友一起分享我的想法。

A. 完全符合　　B. 部分符合　　C. 完全不合

22. 如果一本故事书的末尾被撕掉了，我会编一个情节补上去。

A. 完全符合　　B. 部分符合　　C. 完全不合

23. 我想长大后做别人没有想过的事。

A. 完全符合　　B. 部分符合　　C. 完全不合

24. 尝试新的游戏和活动很有趣。

A. 完全符合　　B. 部分符合　　C. 完全不合

25. 我不喜欢太多的规则和限制。

A. 完全符合　　B. 部分符合　　C. 完全不合

26. 我喜欢解决问题，哪怕没有正确的答案。

A. 完全符合　　B. 部分符合　　C. 完全不合

27. 许多事情我都想亲自尝试。

A. 完全符合　　B. 部分符合　　C. 完全不合

28. 我喜欢唱没人知道的新歌。

A. 完全符合　　B. 部分符合　　C. 完全不合

29. 我不喜欢在同学面前发表意见。

A. 完全符合　　B. 部分符合　　C. 完全不合

30. 当我在读小说或看电影时，喜欢把自己想象成故事中的人物。

A. 完全符合　　B. 部分符合　　C. 完全不合

31. 我常幻想 2000 年前人类生活的情形。

A. 完全符合　　B. 部分符合　　C. 完全不合

32. 我喜欢自己编一首新歌。

A. 完全符合　　B. 部分符合　　C. 完全不合

33. 我喜欢翻箱倒柜，希望发现里面的新东西。

A. 完全符合　　B. 部分符合　　C. 完全不合

34. 画图时我很喜欢改变各种东西的颜色和形状。

A. 完全符合　　B. 部分符合　　C. 完全不合

35. 我不敢确定我对事情的看法都是对的。

A. 完全符合　　B. 部分符合　　C. 完全不合

36. 对一件事情先猜猜看，然后再看看是否猜对了，这很有趣。

A. 完全符合　　B. 部分符合　　C. 完全不合

37. 猜谜之类的游戏之所以有趣，是因为我想要知道其结果如何。

A. 完全符合　　B. 部分符合　　C. 完全不合

38. 我很想知道机器里面是什么样子以及它是怎样转动的。

A. 完全符合　　B. 部分符合　　C. 完全不合

39. 我喜欢拆开来的玩具。

A. 完全符合　　B. 部分符合　　C. 完全不合

40. 我喜欢一些新点子，不管他们有没有用。

A. 完全符合　　B. 部分符合　　C. 完全不合

41. 一篇好的文章应该包含许多不同的意见或观点。

A. 完全符合　　B. 部分符合　　C. 完全不合

42. 为未来的问题找答案是令人兴奋的事。

A. 完全符合　　B. 部分符合　　C. 完全不合

43. 我喜欢尝试新的事情。

A. 完全符合　　B. 部分符合　　C. 完全不合

44. 我喜欢参加游戏，不在乎输赢。

A. 完全符合　　B. 部分符合　　C. 完全不合

45. 我喜欢想一些别人常常谈过的事情。

A. 完全符合　　B. 部分符合　　C. 完全不合

46. 当我看到一张陌生人的照片时，喜欢猜测他是一个怎样的人。

A. 完全符合　　B. 部分符合　　C. 完全不合

47. 我喜欢翻阅图书杂志，但只想知道它的内容是什么。

A. 完全符合　　B. 部分符合　　C. 完全不合

48. 我喜欢探寻事情发生的各种原因。

A. 完全符合　　B. 部分符合　　C. 完全不合

49. 我喜欢问别人一些他们没有想到的问题。

A. 完全符合　　B. 部分符合　　C. 完全不合

50. 无论在哪里，我都喜欢做许多有趣的事。

A. 完全符合　　B. 部分符合　　C. 完全不合

测试结果分析：

1. 冒险性题目有：1、5、21、24、25、28、29、35、36、43、44，其中 29、35 是反面题目。

得分标准是：反面题目完全符合 1 分，部分符合 2 分，完全不合 3 分；其余题目完全符合 3 分，部分符合 2 分，完全不合 1 分。

2. 好奇性题目有：2、8、11、12、19、27、32、34、37、38、39、47、48、49，其中 12、48 是反面题目。

得分标准与 1 同。

3. 想象力题目有：6、13、14、16、20、22、23、30、31、32、40、45、46，其中 45 是反面题目。

得分标准与 1 同。

4. 挑战性题目有：3、4、7、9、10、15、17、18、26、41、42、50，其中 4、9、17 是反面题目。

得分标准与 1 同。

创造性倾向心理测试

（在每题所给的答案中选同意的一个打“√”。）

1. 下面第二排图案中哪一个最适宜第一排的末尾，以使第一排的图案最完美？

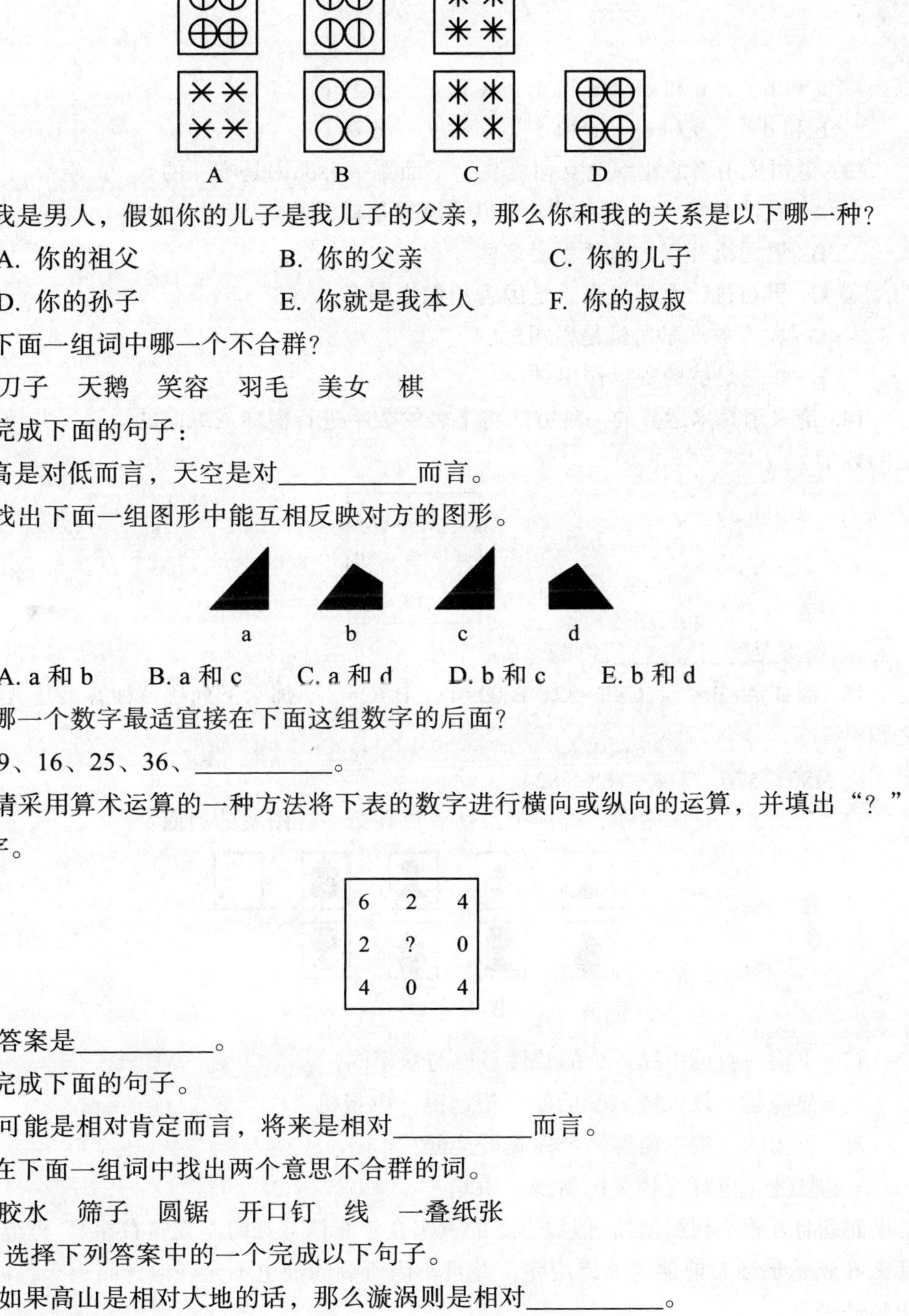

2. 我是男人，假如你的儿子是我儿子的父亲，那么你和我的关系是以下哪一种？

A. 你的祖父　　B. 你的父亲　　C. 你的儿子

D. 你的孙子　　E. 你就是我本人　　F. 你的叔叔

3. 下面一组词中哪一个不合群？

刀子　天鹅　笑容　羽毛　美女　棋

4. 完成下面的句子：

高是对低而言，天空是对__________而言。

5. 找出下面一组图形中能互相反映对方的图形。

a　b　c　d

A. a 和 b　B. a 和 c　C. a 和 d　D. b 和 c　E. b 和 d

6. 哪一个数字最适宜接在下面这组数字的后面？

9、16、25、36、__________。

7. 请采用算术运算的一种方法将下表的数字进行横向或纵向的运算，并填出“？”处的数字。

6	2	4
2	?	0
4	0	4

答案是__________。

8. 完成下面的句子。

可能是相对肯定而言，将来是相对__________而言。

9. 在下面一组词中找出两个意思不合群的词。

胶水　筛子　圆锯　开口钉　线　一叠纸张

10. 选择下列答案中的一个完成以下句子。

如果高山是相对大地的话，那么漩涡则是相对__________。

A. 森林　B. 水分　C. 海洋　D. 天空　E. 冰雹

11. 哪一个数字最适宜接在下面这组数字的后面？

2、3、5、9、17、__________。

12. 下面哪一个图像是另一个图像在镜子里所见到的图像？

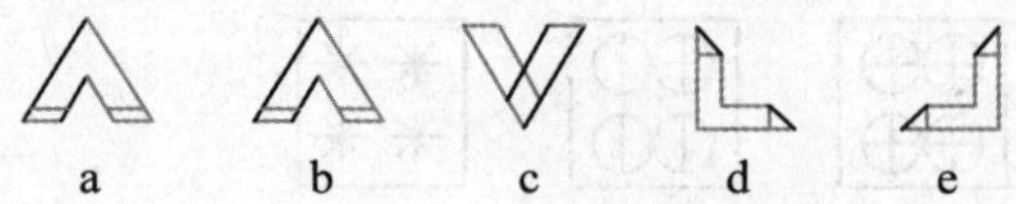

a和b　　a和c　a和d　a和e　b和c

b和d　　b和e　c和d　c和e　d和e

13. 男司机出事的比率比女司机高，下面哪一种原因是唯一的？

A. 在涉及妇女的能力时，大男子思想是错误的。

B. 男司机开车的总里程要多些。

C. 男司机比女司机强，是因为他们出车多。

D. 大多数汽车司机是男司机。

E. 缺乏足够的资料作出结论。

14. 请采用算术运算的一种方法将下表的数字进行横向或纵向的运算，并填出“？”处的数字。

6	2	12
4	5	20
24	10	?

答案是__________。

15. 假如 A×B=　，C×D=32，B×D=48，B×C=　，那么下列哪一种答案是 A×B×C×D 之积？

480　576　744　768　824

16. 下面第二排图案中，哪一个最适宜放在第一排图案的后面？

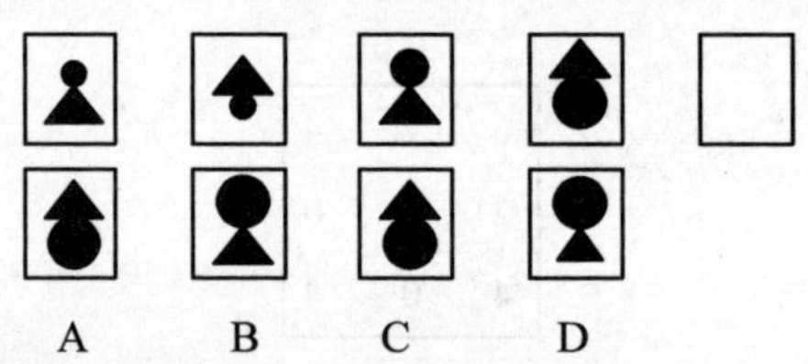

17. 下面一组词中哪一个的特性显得与众不同？

显微镜　放大镜　受话器　望远镜　电报机

18. 下面的一些东西哪两个性质最接近？

灯笼　电灯　傻笑　射线　火焰

19. 前方看不到加油站。假如小王的汽车在停车信号处向左或向右拐弯，再继续向前，那么在到达加油站前他的油将用完，并且车内所剩的油也不允许他开回头车，由此可得出的结论是：__________。

A. 他可能会用完所剩的油　　B. 他将用完所剩的油　C. 他迷路

D. 他不应走这条路　E. 他应在停车信号处向右拐弯

F. 他应在停车信号处向左拐弯

测试结果分析：

1. C 2. B 3. 棋 4. 大地 5. b 和 d 6. 49 7. -2 8. 现在 9. 圆锯、开口钉 10. B 11. 33 12. d 和 e 13. 缺乏足够的资料 14. 240 15. 576 16. D 17. 电报机 18. 灯笼、电灯 19. E

得分标准是：正确一题得 1 分，如果在 15 分钟内完成，总分中可加 5 分，20 分钟内完成加 3 分，25 分钟内完成加 2 分。

说明：得 20 ~ 25 分，创造力极高；15 ~ 19 分，属聪明之列；10 ~ 14 分，属于一般；不足 10 分，创造力较差。**（编者注：此说法仅供参考。即使真的属于创造力不强，也是可以锻炼提高的，这正是编写本书的宗旨！）**

第三节　创造教育

既然创造力的开发对象是人，这就有了一个很好的开发载体或手段——学校教育。现代世界范围内，几乎人人都要接受学校教育，学校教育几乎是人们公认的唯一的成才手段。但是，很多事例表明，传统意义上的学校教育并不是最好的创造力开发的有效手段和根本途径。传统教育制度重发展智力，学习侧重基础科目、阅读古典名著；教育就是传授知识，为未来生活做好准备；等等。在中国，一度实行的应试教育受到了广泛的质疑，它功利性太强，似乎仅培养会做题的机器，会考试的尖子，或者仅有一技之长的劳动者，忽视了人的多方面的需求与发展，极不利于创造性思维和创造品质的形成。创造教育的本质是对人的潜力的开发，是提高人们创造性解决问题和适应未来的能力。因此，要进一步提高人的创造力，有必要用可靠的手段来开展创造教育。

一、创造教育的含义与意义

人类开发教育的根本目的，是使受教育者能够使用过去的知识解决未来的问题，利用前人的经验迎接今后的挑战。要真正达到这一目的，他们所受的教育必须是创造性的教育。

广义的创造教育应该包括三大类别：狭义的创造教育、发明教育和创造性教育。人们提出创造教育是 20 世纪 40 年代的事情，是现代社会科技发展的产物。由于经历的时间不长，对如何开展好创造教育形成多种理解和做法。有的注重创造活动，有的强调教育的整体改革，有的认为是以培养创新能力为主，等等。我们认为，广义的创造教育，应该是一种教育思想、教育体制和教育方法的整体结合，这种教育有利于培养人的创造意识和创造品质，能够开发人的创造性思维，增长人的创造技能和才干。总之，创造教育应该促进人的潜力的开发，提高人们适应现实与未来的能力。

过去我们常说，人是生产力要素中最活跃、最积极、最革命因素，此话已经不完全正确了。在人类进入或即将进入知识经济时代时，创造能力已成为重要的生产力要素，具有创造能力的人才是决定人类社会向何处发展、怎样发展和发展快慢的关键，人口资源只有通过教育，变成人力资源，才能发挥最大作用，人力资源才是全社会最大的经济资源。而开发人力资源的首要一关是通过具有创造性的学校教育提高人的创造能力。

知识经济对于中国这一类发展中国家既是机遇又是挑战，主要是挑战。发达国家凭借其各方面的占先优势，已由一般意义上的物质生产国变为知识生产国，事实上成为一些人认为的向世界提供知识、技术、思想的“头脑国家”，落后的国家则成为“躯干国家”。大量实事显示，这两种国家不是两个字面上的区别，而是富裕和贫穷、主动和被动、发号施令和俯首称臣的区别。摆脱贫穷被动命运的唯一办法，就是在依靠强大创造创新能力的前提下，抓住各种机会，提高自身的竞争能力。纵观世界近代发展史，是有前车之鉴的。德国抓住了第一次工业革命后的机会，大力发展科技创新，迅速超过了当时的第一号强国英国而成为大国；美国从 20 世纪 20 年代初开始积极开发科技，一跃称雄世界；日本也是大力注重科技引进和吸收，发展汽车和电子工业，使国力大增，超过德、欧，直逼美国。

二、创造教育与普通教育的区别

现在人们已经习惯了的普通教育，从大的原则上看，实际上是智力教育。广义的智力是指观察力、记忆力、想象力、思考力的总和；狭义的智力仅指思维能力。在我国很长一段时间，人们实际表现出对智力的更窄的理解，注重记忆力和思维能力的开发，甚至把这种智力开发等同于教育，又将教育归结为智育，再将智育归结为书本知识的消化吸收。显然，智力与创造力是有差异的。智力的构成中并不必然包括创造力。一般而言，智力主要还是指与人的学习有关的能力。智力水平往往是一个人学习能力大小的标志。比如智力的五大要素观察力、注意力、记忆力、想象力、思维力，基本上指学习的速度、深度、广度和精确度；而创造力则主要指干预外界事物、创新和改变存在的能力。创造力更具有主动性、冒险性和灵活性。

美国加州大学人格评定研究所曾对有创造性的人和创造性较差的人进行一项比较研究，两组人在学位上相当，在智力测量中得分也几乎完全相似。他们的同事认为他们在工作上花费的时间几乎相等，但在成果的创造上则有显著的不同。这种现象在我国的现实生产生活中也是大量存在的。

创造力不同于智力还表现为：智力基本上指与所受教育有关的逻辑思维能力，而创造力往往体现在与活用知识有关的非逻辑思维上，在创造的开始阶段尤其如此。在开始创造时，需要的是“异想天开”这样的跳跃思维或联想思维能力。在智力测验中，寻找事物间关系的问题占有很大比重。

传统教育在教育思想、内容、原则以及方法上都有一套与开发创造力不同的做法，形成了课堂中心、教师中心和书本中心的模式。进一步做具体的分析，我们会发现，它把所有学生都看成了一个规格的“原料”，施以同样的“加工”手段。用统一的规格管理学生、培养人才，而忽视学生的个性，更忽略创造性人格的养成；重视以再现型为主的知识掌握，以“标准答案”要求学生，不能越雷池一步；以一套严格的分数高低论英雄，除此以外统统划入“差生”行业；强调以学生的逻辑思维为主的训练，忽视其他思维的开发应用；多数教师注重的是灌输式的教学、题海式的“多练”，缺少探讨式、研究式的教法；等等。

大发明家爱迪生在小学时代的学习成绩很差，几乎处于最下等。爱迪生的老师当然就用传统教育的观点，认为这个孩子将来不会有什么作为。给他看病的医生也认为他大脑不健全。爱迪生曾对“为什么青草不会燃烧而干草会燃烧”这样的问题产生兴趣。为解开这个谜，他将草库内的干草垛点燃，引起一场火灾。他还把鸡蛋揣在怀里，企图孵出小鸡。这类想法在别人(或所谓“聪明人”)看来是幼稚可笑的，然而他们却不知这正是创造力的萌芽。

创造教育的教育思想是开发学生的创造潜力，因为它相信“人人都有创造力”，同时又承认其创造力的表现方式和方面各不相同，因而并不一刀切。创造教育主张真正的因材施教，主张人才的多样化；培养学生不仅仅是传授知识，而是教会其如何针对具体问题正确思维；不是填鸭式的灌注，而是启发式的诱导和动脑动手；不是以一次考试成败论英雄，而是考查学生对知识的应用与发现问题和解决问题的能力；等等。

三、创造教育的实施原则

要在我国开展好创造教育，首要的问题当然是我们的教育方针应是创造性的，教育主管部门要规定一套行之有效的有利于创造力开发的体制和内容。但是我们也不要以为有了好的方针和指导思想就解决了所有问题，还应该让各级各类学校，甚至每一个教师、所有社会成员，都明白创造教育的具体做法，形成自觉的行动，让社会认可。

(1)改变目前广泛存在的传统教育理念。传统教育是告诉学生世界是什么，为什么是这样。围绕这些理论，给学生一些现成的标准和答案。创造教育要让学生知道怎么想、怎么做。要能够做到：①随时注意搜集信息；②对新事物能及时注意并有所反应；③灵活地思考；④将已有的知识应用到新的问题中去；⑤能质疑并提出问题；⑥冷静思考后建立自己的概念；⑦能产生创造、创新的冲动。

(2)教育工作者要建立起创造性期望效应教育观念。这种教育观要求教师深信：①任何学生都有潜在性创造能力，其创造性发展都源于其创造性基础；②学生需要在教师设立的每一个台阶上体会到成就感，从而取得进一步的动力；③教师要调动学生的内动力，产生自我创造希望。教育工作者应该提出有别于旧教学法的崭新的培养学生创造能力的方法，即培养学生寻找答案的方法，以便于他们能够应用这些方法在未来的各种各样“考试”中自动去回答新的问题，得出新的答案。因为随着时间的推移，不但在自然科学领域，就是人文社科领域，也有许多问题没有现成的答案，需要我们去回答。

（3）还要让全社会都明白人才是什么，创造教育是什么，怎么看待各种人才，如何使用各种人才。社会不但要有科学的人才制度，包括人才的造就、评判、使用，还要有科学的人才生存氛围。

当前，世界进入一个多元化的智能机器普及的时代。有学者提出，应该建立一个跨学科、文理交融、多元并举、个性化发展的学科教育模式，以突出培养学生的创新意识和对科学知识的追求探索精神，迎接物联网世界的到来。这是人类对现行教育模式和人才目标新的思考。

第四章　创造性思维

创造性思维在创造、创业以及日常的其他活动中占据着核心地位，发挥着极其重要的作用，因此是我们学习创造学的重要一课，也是人的创造能力开发的重要方面。

第一节　创造性思维概述

在创造过程中，并非所有的思维形式都是直接在开始酝酿的创新阶段发挥作用，而只是某些非逻辑的思维即创造性思维才具有这种作用。那么，究竟如何认识这种类型的思维，以及都有哪些具体的形式和各自的特点呢？

一、创造性思维的定义和特点

1. 创造性思维的定义

前文说过，由于创造科学仍处于研究的过程中，对其定义尚缺乏权威的统一定论，暂且择其一家而从之。有学者认为，创造性思维是创造主体通过有意识与无意识的交替作用和辩证统一过程而突然产生新观念的思维。显然，这一定义是比较合理的，因为它既涵盖了我们平常普遍使用的逻辑思维，也包含了在创造过程中的特殊思维方式。此两种思维在创造过程中，都有重要作用。

2. 创造性思维的特点

创造性思维有三个明显的特点，具体如下：

第一，具有多种方向性。即我们常说的不同的思维角度。不同角度产生思维的多维方向，使之与普通的思维形成多种相关联的思维形式——发散思维与收敛思维、正向思维与逆向思维、横向思维与纵向思维。

第二，大量掺杂非逻辑思维。联想、想象、灵感与直觉都是具有鲜明形象性特征的非逻辑思维，在创造过程中发挥着重要作用，尤其是想象与直觉，对于创造活动有突出作用。

第三，非常规性和主动性。由于所面临的都是过去未曾遇见的问题或是需要运用新的办法解决的老问题，创造性思维就必须破除常规，另辟蹊径；当人们在进行创造性思维时，往往也是一个人的一切积极的心理品质都处在最佳状态的时候。这种最佳心理状态，也就是创造主体的积极主动性得到充分发挥的表现。

也有用“新颖性”“全脑性”“综合性”“选择性”“类比性”“全功态性”等来概括的，

与上面总结的三点差不多。当然，也有学者认为，创造性思维的特点就一个：思维结果的新颖性，更高度概括其本质。

在普通生活中，创造性思维自觉出现的例子比比皆是。以旅游管理领域为例。这些年，中国的旅游发展很快，竞争也十分激烈，自觉不自觉地出现了很好的创新举动。

最原始和基本的旅游方式是跟团游，随着携程网的介入，自由行旅游方式冲击了跟团游。不久，业内人士发现，其实自由行和跟团游仍然是属于旅游中的“标准化产品”，只能靠旅客流量取胜。于是阳光PALA推出了定制旅游，即按个人所需制订旅游计划。为此，阳光PALA的创始人孙博煞费苦心，每条线路配备了具有某一领域知识或体验的专家或者民俗家充当规划师或当地向导。很快，这种旅游方式也暴露出出游体量小、服务人员多、费用高昂等弊端。于是又有人在此基础上加以创新，联合商城共同完成后续服务，即在旅客拿到定制方案后，再通过商城购买住宿、保险、接送、租车、门票、随身WiFi以及旅行当地的及时求助服务。现在，这种方式的旅游拥有了世界百万条路线的定制能力，用户超过1 400万。不过这种旅游马上又被“妙计旅行”的人工智能技术的个性定制工具所取代。妙计旅行使用十几种语言和数亿旅行网页，利用数据和算法建立起旅行知识数据库，涵盖飞机、火车、自驾、酒店、景点、餐厅等等，甚至可以通过网页找出当天性价比最高的酒店。它通过这种大流量的免费服务引流给OTA而收取返点。可是很快又有行家发现这种大数据中存在各种矛盾信息，影响了准确性，于是创建了碎片化数据库的办法。这种数据库比妙计旅行的亿万级大数据小得多，但信息的准确性高。游客通过页面入口申请需求后，智能系统自动梳理游客兴趣点，形成一份有天数、有价格的行程表给游客，再从供应商那里获得返点。不过针对旅游行业的这种在线创新举动并没有完结，玩了线上创新，2016年又有人开始玩起传统的线下旅游。例如游心旅游公司从传统的线下领域交通工具入手，推出“车+X”的服务理念。游客享受专车全程服务，使个性化行程更好地落地，无疑是抓住了游客的另一心理需求点的创新设计。

二、创造性思维与普通思维的关系

对于思维，按思维形式的不同，一般分为五种，即直观行动思维、形象思维、逻辑思维、辩证思维和灵感思维；也有按思维的层次，分为单向思维和系统思维；还有按思维结果的新颖性，分为再造性思维和创造性思维；等等。从这些不同的划分中我们可以看出，创造性思维与平常的普通思维是交叉的。例如我们平常用得最多的思维是逻辑思维，难道创造活动中能够离开逻辑思维吗？又如形象思维这种形式，在艺术创作中就用得最多最广。因此，我们强调了创造性思维，并不意味着在创造活动中，普通的思维就没有作用了，它们有着密切的联系。如果没有逻辑思维的参与，创造性思维中的感觉、

直觉、表象、情感以及形象思维就会缺乏理性因素，与动物阶段的感性因素相差无几。至于形式逻辑中的概念、判断、推理等形式与创造的形象思维、抽象思维、集中思维等的结合所起的作用更是很明显的。数理逻辑在创造性思维的验证和数学表达中的作用也是十分明显的（海王星的发现就是靠数学方法推算出来的）。因此，在创造活动中，一点也不排除普通的思维方式，只是要根据不同的情况，充分使用一些具有特点的思维方式而已。这些独特的思维方式，是更容易产生创造结果（就是指新颖的）的方式，这些方式在创造中不但不应该被普通的思维方式所掩盖和约束，而是更应该予以强化。

第二节　常见创造性思维方式

发明创造活动中，除了用抽象的逻辑思维方式沿着可能性最大方向作纵向（线性）思考这样一种科学研究中的基本思路之外，还有其他一些常见的创造性思路（或思考方向思维方式）。我国创造性思维和创造学人才学研究中，曾对此作了有关探索。大体说来，有以下几种常见的创造性思维方式。

一、求异思维

求异思维即思路不受思维形式、类型、模式或方向限制，尽可能地跳出传统框框，探索新角度、新观点、新方式。但更多的是以同已有的思路不同这一点作为起点和目标。

商品销售的最根本原则是价廉物美，所以时下最流行的促销招数是“×××大酬宾”，办法当然是减价售货。可是广州有一家仿古商店在开张时打出的广告是“三天抬价大酬宾”。众多的过路人百思不得其解，莫不以为怪，开业那天纷纷去观看。原来这家店主有个特殊思路：凡是买了仿古商品的，店家当场把模具销毁，使其成为独品，价值当然不菲了。这样，销量大增。

二、类比思维

类比思维即直接从一事物出发，借助类比去认识另一事物，不经过抽象、归纳等步骤，也不受推理模式限制。培根认为的“类比联想支配发明”，就是指这种思路。类比有形式类比、直接类比、功能类比、拟人类比、符号类比、幻想类比等，大体上是以联想为基础，以类比事物的特征为思考方向。各种等效、等价、相似的发明创造方法以及提喻法，大都以类比思维为基本思路。

一位果农看到别人用“定做”的服务方式赢得火红生意，灵机一动，让他的水果也来一个定做。于是他找来一些纸，剪出那些老客户的名字，贴在半生不熟的苹果上面。经过一段时间的太阳照晒，苹果上清晰自然地显示出客户的名字。客户高兴，生意起来了。

三、应变思维

应变思维即灵活地变换思路，又称多路思维或转换思维。在思考时不执着于一种思路、方向、途径、办法，一旦遇阻马上拿出准备好的另一套办法。常见的有元素、目标、方面、途径、方法、结构等角度的变换。

当今的答记者问可以说常常应用应变思维。1964 年，我国首次打下了侵入中国境内的美国飞行高度在万米以上的高空侦察机，这对当时的中国是一个奇迹。在一次举行的记者招待会上，有记者问时任外交部长陈毅，中国是用什么武器打下来的。这在当时肯定是中国的特级秘密，不能有丝毫泄漏“马脚”的地方。这时陈毅略加思考，从容答道：“我们是用竹竿捅下来的。”这一应变思维真是巧妙之极。

四、软性思维

软性思维指与硬性思考方式相对应的一种灵活宽容的思考方式，是容许多种创新可能性存在的融合性思维。硬性思考方式所关注的是事物的特征、差异、个别性，并力求清晰、深入地加以把握。而软性思维容忍模糊和矛盾、不一致，可以多种答案并列，留有选择与回转余地；重视事物的全面性、关联性与相似点，并借助比较，找出同异的变化，在斟酌、协商中同时找到答案和接受方式。

《孙子兵法》说：“上兵伐谋，其次伐交，其次伐兵，其下攻城。”迎敌之术可以多种多样，不一定武力到底。当今，赫赫有名的房地产商恒大，在二级市场上买入了万科股份，告别了草莽时代的行业比拼，开始了金融层面的战略突进。2008 年以后，随着中国 GDP 的降低和经济结构的转型，低负债率的稳健企业不吃香了，反而有可能成为负债率高的企业的围猎之物。过去提倡的固守行业，创造精品的旧模式可能成为问题，会玩金融工具，能利用大数据等手段已成为企业的竞争力。

五、回转思维

回转思维指在遇到不如意之事时，主动从中去发现问题、机会、线索、创意和转化的可能性，或者同更不如意的事相比较从而得到宽慰、忍受挫折的耐心以及继续前进的动力的方法。

美国的布鲁金斯学会以培养杰出的推销员而闻名于世。它在对学生进行毕

业考试时基本上都是出一些让人想象不到的“怪题”。例如，在克林顿总统执政期间，它的题目是要学生把一条三角裤卖给总统，结果是始终无人成功。2001年出的题目又是：请将一把斧子卖给美国总统布什。大多数同学鉴于前几年的失败，对此不屑一顾，认为无论从哪个方面做都不会成功。可是一个叫乔治·赫伯的学生办到了，被授予一只刻有“最伟大的推销员”字样的金靴子。乔治·赫伯是这样做的：他给布什写了一封信，信中说，“有一次我有幸到您的农场参观，发现那里的许多矢菊树已经死掉，木质变松。我想，你一定需要一把小斧头。但是就您目前的体质，小斧头显然太轻，恐怕一把不太锋利的老斧头更让您得心应手。正好我现在有一把这样的斧头，很适合砍伐枯木朽枝。这把斧头是我的祖父留给我的，您若有兴趣……”后来，布什果然给乔治·赫伯汇来15美元。

这虽是一次小小的成功的尝试，从点子到写信中的几个转折，都包含了回转思维的创造性应用，例如表明参观过布什的农场，还注意到了他农场里树木的生长情况，又赞美了他强健的身体，提供的更是一把类似于文物的传家宝斧头，等等。

六、变向思维

变向思维指偏离可能性最大的方向，另辟蹊径找出新的解题思路。变向思维有多种情形。当偏离程度较低，基本方向仍然是在较大可能性的方向附近，主要是利用局外信息和启发，采取新观念、新途径时，为侧向思维；当偏离程度较大，不再以最（较）大可能性作方向，而是以各种可能性（即使较小）作方向时，属于横向（水平）思维；因带有多向探索的发散思维性质，又称为多向思维；当采取相反的思考方向，即沿同常规思维定势的最大可能性方向截然相对的方向进行思考，称为反向（逆向）思维；当同时从正、反两个角度（利弊、好坏等相对判别标准）进行思考时，称为双向思维或两面性思维；当对已有的两种思路、途径、方案特别是相对的两种思路进行综合或折中，使之形成新思路时，是合向思维；当同时或交替对各个方向进行探索，把纵向思维与横向思维结合起来时，形成十字思维，称全面思维；当同时在两个或几个较大可能性方向上思考并同时探索不同方案时，称为平行思维或多路思维；当思考是在立体空间基础上进行时，称为立体思维。

在发挥了几十年特殊作用之后，著名的德国柏林墙终于于1990年被撤除。按一般的想法，撤下的砖头要么出售给建筑公司，要么堆做无用之物。一个叫卡塞尔的人却从横向思维的角度提出把它们当成文物出卖，成为普通家庭的收藏品，从根本上改变了把砖仅仅作为建筑材料的思维。结果200多万个家庭和公司买下了所有的废砖头，国家得到一大笔可观收入。

上面这个例子是一种横向思维的结果。如果按纵向思维，他应该把砖头当成建筑材料卖掉。横向思维富于启发性、跳跃性。而纵向思维主要是一种传统的逻辑思维，重分析和传统的线性思维，其目标固定，方向单一，期望的结果明确。

某鞋业公司派出两个营销员前往某岛国进行市场调查。该国国民多以捕鱼为业，加之气候常年温和，人们大都习惯赤脚。不久，其中一人很快向公司报告，说这个国家的百姓素有赤足传统，没有鞋子的销售市场，建议公司取消在这里的销售计划。而另一位营销员的报告正好相反，认为这里的鞋子市场前景十分广阔。开拓市场的办法很简单——改变他们的传统观念，让老百姓穿鞋。最后公司采纳了后一营销员的建议，实施了向该国销售鞋制品的计划，大获成功。

显然，第二位销售员对观察到的现象有一种反向思维，丢开了一般人容易看到表面现象的习惯。第一位的结论来自于典型的直观思维。

七、直观思维

直观思维又称视觉思维，指利用直接观察能力（洞察力），借助点面、因果、动静、时空、表里、量质等对立统一因素的结合，利用人的视觉、触觉等感知能力直接找出问题和答案的思考方法。爱因斯坦认为，直觉是“对经验共鸣的理解”。也就是说，直觉是对问题的内在规律的理解，它来自于经验的积累，是理性认识与感性认识共鸣的一种“顿悟”，是理性和感性相结合的思维，是创造者长期观察、实践、苦思的结果。很多卓有成就的科学家都有过直觉思维。

有一家餐饮娱乐店开在一栋大楼的顶层，因而生意萧条，濒临破产，老板十分苦恼。有一天他终于想出一个办法，弄来几头当地的稀有动物，同时在顶层开了一个小小的“动物园”，并打出广告。果然，餐饮娱乐店一下子就火红起来，顾客盈门，络绎不绝。很显然，他并不是真的想开动物园，只要有办法招引客人就行。显然，稀奇动物一定能吸引顾客。

八、联想思维

所谓联想思维，是由一件事情引发而迁移到另外的事情上的思维，是创造性思维中的一种重要思维形式。从心理学角度看，它是人们头脑中储存的一些记忆表象，由于某种契机而使另一些表象与之发生联结的一种心理活动。它克服了两件在性质或地域或时间上都不相同的事物，人们可以借鉴彼此有关因素，产生新的思路，求得问题的解决。被借鉴的事物是刺激物，受用的事物是联想物。联想思维还可以进一步分为对比联想、接近联想和相似联想。

一位擦皮鞋的青年一天突然把擦皮鞋与时间联想起来：擦皮鞋——皮鞋发亮——衣冠楚楚——参加舞会、约会——在傍晚出现。通过这一串联想，他知道自己老是这样在白天串来串去做生意是有问题的，从此，他改变了传统的工作方式，每天下午早早收摊，傍晚出来擦皮鞋，工作地点也很明确。由于无竞争对手，生意果然红火。

第三节　创造性思维训练

创造力的开发离不开脑力的开发，脑力开发的重要手段在于思维训练。特别是提高创造力的思维，多数人不是脑子里自然就有的，一定要有意识、有目的地进行训练。对此，创造学界不但从理论上做了说明，而且也探索出许多行之有效的技法。

创造性思维训练主要包括问题敏感性、思维流畅性、思维灵活性、思维独特性和思维严密性等方面的训练。

一、问题敏感性训练

问题敏感性训练是力求使我们恢复好奇心，摆脱习惯束缚，激起对问题的敏感性。方向是恢复童心和增强敏感性。

关于童心，成人一般有两个有碍创造的心理，一是难为情，二是害怕别人说自己在某个问题上无知，就把自己的行为和感官封闭起来，一本正经，不懂装懂，不敢提问题。因此，感知会变得越来越不敏锐，对创造十分有害。而儿童好多事都敢做，没有怕人笑话的想法；不以自己暂时无知为耻，也不以别人暂时无知为怪。这种能容纳自己和别人的天真的心情是我们永远应该保持的。我们的知识不断增长，心灵又是开放的，才最富创造性。

好奇心是童心的另一大表现。好奇心驱使人去观察，这往往是科学发现的前奏。爱因斯坦说："谁要是不再有好奇，也不再有惊奇的感觉，他就无异于行尸走肉，他的眼睛是迷糊不清的。"

一名叫亨特的科学家，有一天在伦敦里士满公园看一只鹿，对鹿角发生了兴趣。他想，如果将鹿的侧外颈动脉系住一段时间，会怎样呢？实验中，相应的鹿角顿时冷了下来，一段时间内不再生长。但过了几天，鹿角又暖了，又继续生长。他查明系带并未松动，而是邻近的血管扩张了，输送了充足的血液。侧支循环的存在及其扩张的可能性就是这样被发现的。这个发现创立了今天外科上称为亨特氏法的手术。

关于敏感性：发现问题和提出问题是创造发明的起点。有的习惯使我们变得感知麻木，见怪不怪，无法发现问题。感知不敏锐障碍是一种习惯惰性，因此应进行感觉训练，在日常生活中永远寻找新的感觉，感官才会越来越敏锐。也要注意去掉习惯性的惰性。找一找什么是你的习惯，什么是大家的习惯，尤其注意寻找那些见怪不怪的习惯。分析一下哪些是好习惯，哪些是阻止我们发现问题的坏习惯。

二、思维流畅性训练

所谓思维流畅性，指尽可能地让思维向四方扩散，无拘无束，海阔天空，异想天开，求得新点子、新解答、新发现、新思路，就容易创造出新的东西。因为只求唯一正确的答案会使思路狭窄。数学上 1+1 必然等于 2，创造活动中就不能这样要求，恰恰相反，要向唯一性挑战。

思维流畅性训练可以从图形、符号和语言含义等方面入手。

图形训练：给你一些相似的图形，找出个性。例如，看见一个 45°的角，你只说这是一个 45°角，就显得思维呆板，想象僵硬。为什么不能说它像箭、三角板、帐篷、字母 A 呢？

符号训练：符号的流畅性训练是以各种符号为材料，按照单元、种类、关系、系统、蕴含等方面的要求或标准对符号进行分类、组合、扩展、引申等。经常思考这方面的问题，不仅有助于培养大脑思维的灵活性，还将有助于语文、数学、外语等学科的学习。方法是按一定的

语言流畅性训练：流畅的语言几乎是大脑的条件反射，是不加思索就会脱口而出的，因此语言流畅性训练对开发创造力是有好处的。人们常用的组词、写诗、绕口令、利用偏旁部首填字等都属于这类训练。

三、思维灵活性训练

思维灵活性，又称变通性，是指思路开阔，善于适时转化，随机应变，能开拓新的思路，想出新的点子，找到新的方法，引导创造走向成功。思维灵活性要求打破循规蹈矩的心理障碍，突破常规和经验的束缚，重新看待事物，重新评价信息，重新分类，作出不同寻常的新奇的反应。办法是分别在图形、符号、语言等方面尝试转化。

另眼看待事物：在一定情况下，打破分类、功能、方法上的传统模式和习惯，学会重新看待事物，寻找新的用途和方法。

> 杯子还能用来擀饺子皮，用来打人，用来熨衣服（装满热水），用来当秤砣……这时它已走出了容器类，被划分到工具类、武器类……镜子不平就会使人的容貌变形，那么重新看待它，用它做“哈哈镜”，故意丑化人，产生幽默感，不是挺好吗？

> 古时，宋国有一族人善于制造一种药。这种药冬天擦在皮肤上，可使皮肤不干裂。这一族人世世代代都利用这种药做漂白布的生意。后来有人出百金购得这个秘方，将其献给吴王，并说明这个秘方在军事上的作用。当时，吴国和越国是世仇。吴王得了这个秘方后，就在冬天发动水战。吴人持有秘方，士兵都不生冻疮，而越人则因士兵生皮肤病而大败。吴人打败越人后，那位献秘方的人受封了一大块土地，过上了富裕的生活。

图形转化：图形转化训练又叫视觉转化训练，着重训练平面的、立体的视觉转化能

力，以加强右脑功能。如平面或立体拼图、堆积木、听音乐、从不同的角度观看图形、在头脑中转化视觉形象等。

符号转化：各种符号之间也可以相互转化。符号的特点是简洁有力，高度概括。转化十分灵活。符号转化有单个符号的转化、种类的转化、关系的转化和系统转化等。把优、伦、似、位、但、伯、侠、佳等字的“亻”旁换上偏旁“扌”，变成了扰、抡、拟、拉、担、拍、挟、挂；国际红十字学会的标志✚；K 代表化学元素钾；¥代表人民币，$代表美元等都属于符号转化。

语言转化：语言的转化既有语言含义的转化，又有具体事物的变化。语言转化的训练包括单个词的转化、语言分类转化、语言关系转化等，转化的目的是使语言表达更加丰富，同时得出更多的富有创造性的设想。

医生说：“你的身体需要多吃点铁质的东西。”病人说：“不行，我的牙齿不好，稍微硬点的东西都嚼不动。”这个笑话就是语义的转化。把轮子安在木板上，木板就成了锻炼身体的滑板，是语言关系的转化；用电话机敲钉子，当成榔头，是语言分类的转化。

四、思维独特性训练

思维独特性是指思维对刺激的反应的新颖程度。思维的独特性决定了产品的独特性。独特性是创造性思维的最重要的特征，因此思维独特性的训练在思维训练中占有最重要的位置。

1. 正确对待规则

创造往往要打破旧规则，建立新规则。否定规则，不是不要规则，而是向束缚创造力的规则挑战。

否定规则：有些规则本是不存在的，完全是人主观臆想的，如果一味遵守这些规则，就会束缚人的想象力和创造力，我们应该打破它。

公元前 333 年，马其顿的亚历山大将军率军进入哥丹城。城中有一个复杂的“哥丹结”，谁打开它，谁就能成为亚细亚王。以前有许多人试图打开它，但都没有成功。亚历山大尝试了几个月也无法打开。后来，他想：“我为什么要遵守那谁也没说出来的规则——用手把结解开？我只要自己制定打开结的规则就可以了。他拔出剑，把结砍成了两半，于是当上了亚细亚王。

取消过时的规则：有些规则，我们制定的时候很有意义，遵守这些规则也有道理，但时光流逝，事物变化，制定规则的理由不存在了，如果我们仍然继续遵从这些规则，生活就变得刻板僵化，或者错过良好的创造、创业机会。

上世纪末，某省的一个县城召开了规模很大的电炊具展销会。在当时，电炊具在国内尚处在开发初期，因此国内二三十家很具实力的厂商都纷纷参加。

按规则，参加展销必须在申请同意以后带着展品，在指定的区域布置好展台展柜，然后与商家草签订货合同，等等。当时尚处在起步阶段的广东一个名不见经传的小厂报了名，却对主持人的规则不予理睬，而是先到场参观了所有展品，目的是了解虚实。结果发现，所有老厂的产品都有一个共同的毛病，就是品种单一，规格不全。于是，该公司立即组织技术过硬的人员到郊区农村实地考察，发现，此地农户由于电价便宜，普遍用上了电炊具，但是都感到目前的用具品种不多，外观不美，功能单一等，因此立即组织精兵强将连夜设计，迅速生产。不几天，样品出来了，这才匆匆赶到订货会，亮出自己的“王牌”。事到如今，主持者看到他们的产品的确非比一般，也只有赞许的份。终于一大批订单到手，从此使该厂的产品扬名国内外。

2. 避开主导观念

什么是主导观念？主导观念就是占据着支配地位的观念。围绕一个主题，所有的注意力都被这主要的通道所吸引，它使人很难再想起其他任何想法。几乎在所有情况下，人们都有一个占支配性的观念，不过有时十分明显，有时十分隐蔽。没有发现时要注意发现，找到了要注意避开，这样才利于创造性思维的产生。

有这样一道测验题：一只酒瓶装了半瓶酒，瓶口用软木塞子塞住，要求不敲碎酒瓶，也不许拔去瓶塞，怎样能把酒喝光。曾有很多人在这个测验面前被难住了，别人说出答案，才恍然大悟。答案很简单，只要把塞子压入瓶里，就能把酒喝光。

深入剖析一下就会发现，人们头脑中有一个“瓶塞必须拔出来才能喝到酒”的观念，它占了支配地位，无形中限制了我们从其他角度考虑问题。如果一开始没有受这个主导意识的左右，思路就会灵活得多。

3. 延缓判断

判断是用已有的知识、经验去审视新事物。而新事物是一种创造，恰恰需要突破旧事物、旧原则、旧知识。所以在原有的知识基础上下判断对我们的想象是一种严重的障碍。特别是在提出设想阶段，想象力最重要，此时，如果过早判断，将有损于设想的提出。而许多创造之初的设想，尽管不能实现，仍然不乏创造因素。

设想在 100 多年前世界上还没有飞机时，小发明家和小判断的争论，可以清楚说明延缓判断的必要性。

小发明：鸟能飞上天，人为什么不能？可以给人也安上一对大翅膀。

小判断：人没有强韧有力的胸肌，安上大翅膀也扑扇不动。

小发明：那我可以用发动机作动力。

小判断：你学点物理学就会知道，越重越飞不上去，发动机几百斤重，上去就会掉下来。

小发明：不会造一架重量轻的、功率大的发电机吗？

小判断：根据物体的比重，只要是金属，就轻不了，再说用汽油，万一在空中着火，救也救不了。

小发明：铝不是很轻吗：汽油可以放在油箱里。

小判断：你真是一个幻想家和诡辩家，你的想法太天真了，稍有常识的人都害臊说出这种话，简直是在抬杠！

4. 随意设想

在创造中可以随意产生一些粗糙的、不成熟的甚至荒唐的想法，不急于否定它，而是在此基础上想出更好的设想。这些想法可以是有意提出的，故意乱说的，也可能是根本错误的。但不应立马否定它，反而要千方百计从中获得提示、启发，使我们从传统的思维渠道走出来，找到思维的新渠道。

当汽车工业刚开始发展时，引擎总发生爆震，使汽油在汽缸中要经过一段时间后才能燃烧，因此效率很低。发明家凯特林想方设法要使汽油在汽缸中提早燃烧，他认为关键在“提早”，就想从类似的提早发生的情况中得到启发。他注意到有一种蔓生的杨梅冬天开花，比其它植物提早。主要原因是杨梅的红叶子可保留某波长的光线。于是凯特林认为是红颜色使杨梅的花提早开放。他到处找红颜料找不到，只找到一些碘，便把碘放进汽油里，引擎真的不发生爆震了。几天后，他又拿红颜料放进汽油里，却什么也没发生，至此，他才知道，并不是“红色”解决了问题，而是碘中某种成分的功劳。

五、思维严密性训练

遇到一个新的设想，在作出判断之前，不要先在头脑中形成喜欢它或不喜欢它的印象，而是先从各个方面考察分析，想想这个设想有哪些好的方面，再想想有哪些不好的方面，再做决定。

正反两方面的分析：任何事物都具有正反两个方面的性质，但是，如果你喜欢某一方面，就会更多地想到它的好处，而忽略或不情愿看到它的坏处，即不利的一面。这样对待创造要么漏掉有用的方案，要么使创造失败。

全面思考：在各种情况下，考虑所有因素的一种思维方法。运用全面思考法，能帮你有效地拓展视野，并使你对你的想法所面临的情况进行全面分析。可利用填写表格的形式来保证思维的全面，并从中找出重要因素和一切有价值的因素。

三国时，曹操在赤壁大战中采纳了庞统的连环计。这个方案有利的方面是把大小船连在一起后很平稳，解决了北方将士水性不好的困难。但是这个方案的缺点是，如果着起大火来，就会火烧一片。聪明一世的曹操只看到了连环计的优点，而忽略了它的弱点，让诸葛亮和周瑜用火攻之计烧得个不战自溃，丧失了一个吞并南方、统一中国的大好时机。相反，从诸葛亮和周瑜的角度，火攻之计制定得十分严密全面——了解了曹军多数不习水战，大船连环难于逃脱以及何时有东风可借等情况。

第五章　创造技法

创造力的开发包含了创造主体、创造对象和创造手段等几个方面。创造手段主要体现在创造技法方面，它是创造力开发中十分重要的内容，是一切创造实现的中间环节和具体手段。因此有必要专门研究一些常用的创造技法。

第一节　创造原理

创造原理是一切创造技法的统帅。对于众多的创造技法，可以把它们纳入简单的几条创造原理之下。它们是：组合原理、多向原理、借用原理、迂回原理和完满原理。

一、组合原理

顾名思义，组合的创造是把各种创造因素组合在一起。有以下组合方法：① 同类组合。如竹排是利用竹子能够漂浮的性能把多根竹子组合的创造，望远镜是同类镜片的组合使其图像不断放大；② 异类组合，即不同性质物品的叠加，如带电子表的拐杖，智能机床；③ 分解组合，即各取原物的某部分重新组合在一起形成新的东西，如把船舶的推进桨安在汽车上，可以组成水陆两用汽车。

二、多向原理

多向原理就是在坚持原创造目标不变的情况下把思维向多个方向扩散。此原理应用较多，效果明显。如船舶的锚，就有按照不同方向思维得到的火箭锚、螺旋锚、冷冻锚等，都达到了固定船舶的目的。如果细分，还可以分成以原理、性质、外表等为多种创造目标的扩散。

三、借用原理

借用原理即将其他已有事物的原理、技巧、成果借用到现在的创造中来。把飞机上的涡轮发动机移植到汽车上，就可生产时速达到 300 ~ 500 公里的汽车；汽车如果没有沙发、减振装置、DVD、卫星导航这些“借来”之物，就不可能有现代汽车的舒适、安全、快捷。

四、迂回原理

迂回原理即从一个新的角度产生思维或技术达到目的，是旁敲侧击之法。

海王星的发现并不是用传统的望远镜直接观察到的，而是通过计算未知行星的轨道找到的。我国自 20 世纪 90 年代以来房建市场持续火爆，木门制作这种科技含量低且劳动密集型产业成为大家争相涌入的行业。怎样从众多的竞争者中脱颖而出？美心集团在分析了数据库后发现，它下面的经销商 95%是赚钱的。于是他们不忙着在木门的质量或制造管理等自身方面加大投入，而是采取措施稳定和扩大经销商。办法是：① 逼着赚钱多的经销商赚更多的钱（自己当然会获得更多）；② 派出专人对赚钱少的做长期专门指导；③ 对资金不足但有冲劲的经销商提供门面装修补贴、样品打折等专项扶持。这三项策略可谓迂回达到了更多盈利的目的。

五、完满原理

完满原理就是根据人们的需要将事物创造得尽善尽美。日常的用具有许多使用了完满原理，如多用表、沙发床等。

第二节　创造障碍

考察人类历史与现实，创造障碍是普遍存在的，具有多样性、多层性、交叉性等特点。任何发明创造都存在许多困难，有时，有的创造障碍显得比任何其他困难更难克服。其中不懂得正确地进行创造的方法只是一个方面，其他还有对自身、对社会、对创造等的认识问题；有他人对自己、对社会、对创造的认识问题；也有个人、国家的观念、处境和法律、政策等环境问题，等等。创造技法只是帮助人们在创造中少走弯路，提高效率。所以为了全面开发创造力，除了提高创造技巧之外，还有必要了解其他影响创造活动成败和效率的因素。这些因素可以分为认识创造障碍、情感创造障碍和环境创造障碍三类。

一、主要创造障碍的性质和表现

每个人遇到的创造障碍不同。同一个人对于不同问题以及创造的不同阶段、不同思路，遇到的障碍也会不同。为了有效克服纷繁的创造障碍，有必要搞清楚几种主要障碍的性质及表现。

1. 认识性创造障碍及表现

认识性创造障碍即由自身或他人的认识原因造成的创造障碍。首先的一个表现是认为创造是十分伟大而难于企及的事情，是天才、伟人或者专家学者的事，根本不相信自己或身边的普通人也能创造。在生活中，当交通运输线上发生障碍，生产设备出了故障，身体患了疾病，或者在人际联系、沟通中发生了障碍，都会引起人们的极大关注，并且不遗余力地要尽快克服障碍，恢复正常。但对于认识上的障碍，人们常常掉以轻心，根本不认为是一个问题。殊不知这类障碍在根本上妨碍了个人和社会的发展，克服这类障碍，其意义更为深远。其次，有时认识到不了位，常常是我们过去的经验、习惯所造成的，以为从来都如此，“自古一理”，自己毫无知觉，直到别人创造性地解决同一问题之后才恍然大悟——“原来还有这等事！”反过来奇怪自己怎么会想不到这样简单的解法。如果认识障碍比较严重和牢固，也许还会觉得这样解题“不正派”“不对味儿”，而不肯承认它比常规解法更为智巧。最后是融合在每一个国民血液中的文化心理造成的认识障碍。包括传统思想或理论、早期教育和实践体会（经验）在内的人们先期形成的观念、态度，受到传统的和流行的社会文化的严重影响，不免带有种种不利于创造的成分。例如害怕“枪打出头鸟”，认为失败是不光彩的，尊卑有序，老人不发“少年狂”等。这些观念、态度，虽说在一定的环境中和程度上是必要的，我们不能一概反对，然而，这类观念、态度会形成严重的动机性障碍和其他心理性障碍、判断性障碍，妨碍人们创造性思维的养成。

2. 情感性创造障碍及表现

情感性创造障碍以心境显著而持久的高扬或低落为基本特征，主要有以下表现：一是“怕”，怕出错，怕失败，怕风险。认为失败丢脸，会惹人笑话，使人看不起、不信任自己。在创造问题上劝别人或自劝：“稳当点好”。二是“冒”。过于热衷，痴迷不舍，以为自己从事创造是伟大的事，老想标新立异，一鸣惊人，以致不肯思考，急于先干起来，好赶紧取得成果；或者把自己高高“挂”起，只相信自己，不肯去认真听取意见，以权威自居；或者认为自己搞不出来别人也不会创造出来。三是“冷”。对创造的事态度冷漠。认为不过如此，没啥意思。觉得费力用劲犯不上，划不来，不如干熟悉的事省心。四是“弃”。缺乏毅力，容易放弃。遇到挫折，灰心丧气，认为“此路不通”，或者见异思迁，轻率扔掉旧的课题，开辟新的战场。五是“讳”。为尊者讳，为长者讳，为权威讳，为众人讳。体现在过分相信或不敢不相信定律、公式、法则、戒条、指示等，不去触及“禁区”。

3. 环境创造障碍及表现

从一定角度看，环境创造障碍是影响创造的最大障碍。它与其他两个障碍互为影响，相互促进，有时甚至是其他障碍的根源。因为人是生活在特定环境中的。环境塑造人，也固化了人，即环境使人形成固定的人生观、世界观，人生观、世界观决定着人的所有行为。创造个性的处世原则就是与世界观相联系的价值标准。那种悲观失望，无所作为，不求进取，停滞倒退，只讲索取不讲奉献，得过且过、患得患失的观点和心理所导致的感情性、动机性、志趣性创造障碍，大都来源于价值标准方面的偏差。个体对事物的态度的表达即活动方式，受处世原则和对事态度的决定性影响，又受事态情境和个体品质状态的制约，反过来形成一种特定环境进而制约自身。这种环境是大范围的认识障碍、观念障碍、舆论障碍、心理定势障碍、条件障碍、法制障碍等的包容体。在这种环境里，能创造出新之人反而容易成为“神经病”“怪物”，甚至有生命之虞，如哥白尼。

在力求开发自己的创造力时，一定要有针对性地找准各种性质的障碍及其来源，事先予以克服。

二、创造障碍的来源及克服

创造障碍直接影响着个人创造力的发挥，必须予以克服，因此有必要了解其心理来源和社会文化来源，寻找克服这些障碍的办法。

1. 创造的认识性障碍来源及克服

形成创造的认识性障碍的首要原因在于缺少创造教育，根本不明白创造是怎么回事。也不知道创造与传统意义上的聪明、天才的联系和区别。不知道人人都可以创造。要告诉人们，创造是广泛存在的，也是随时需要的。再先进的事物都有过时的时候，也有不喜欢或不适用的人。要使人们形成牢固的创造心理：创造是早已存在的普遍行为，人类本身就是创造的产物，人类需要不断创造创新。对于创造者，应给予启发和激励，鼓励他们对未知进行探索和向旧事物挑战。

同时，要通过教育，强调科学的态度和方法的重要性。违背认识事物、解决问题的一般规律和程序，也往往导致创造障碍。缺乏某些必要的策略、方法、措施，也会妨碍创造。对各种创造技法、发明措施与方法以及发明战略、策略与计划的正确运用，同样可以减少创造障碍。因为创造技法植根于人的心理因素和控制思维能力，因而有助于克服某些心理性创造障碍和一部分策略性创造障碍。

认识和区别正确事物的副作用，也是克服创造的认识性障碍的重要之点。来自正确事物的副作用，即由于不适当地扩大了正确事物、规则的范围与界限，或者忽视情况、条件的变化，将某些规律、规则看成金科玉律、宝贵传统，以及将权威、师长、领导、教科书和工具书、报刊的只语片言视同拱璧，不分场合生搬硬套，等等。创造本身，必定是对某些业已陈旧和不适用的规则、规律的突破，如果事事处处都不敢越雷池一步，也就谈不上创造。

2. 创造的情感障碍来源及克服

情感障碍多属于智力和非智力品质。同时社会环境因素、教育因素、实践活动因素等，也在很大程度上影响着这些品质的形成与发展，即造成情感障碍。但是很多类型的情感障碍是与智力品质和创造才能的缺欠和偏差有关的。

在不同个体身上，智力所表现出的观察力、注意力、记忆力、想象力、判断力、思维力等要素之间存在着一定的关联，并作为一个完整结构的整体，在智力活动和创造活动中发挥作用。因此，某一智力要素以及智力结构方面的缺欠，必定会对智力活动和创造活动产生不利的影响，甚至构成创造障碍。因为创造力是思维能力高度发展下各种智力要素得到恰当、合理运用时的表现。这就说明为什么有的人尽管各个智力要素并不低下，仅仅由于不会灵活、恰当地运用，也会形成创造障碍。例如，提高对问题的敏感性可以防止漏失信息，扩大个体的知觉范围，增强将现象与概念相结合的能力和建立新概念、新联系的能力。又如控制思维的能力和对事物进行预测、评价的能力等，虽然不是某种智力要素，却直接影响着创造活动的有效性。它们的欠缺会导致认知性、推理性和策略性的创造障碍。

克服情感障碍有两个有效手段，首先是在智力方面加强锻炼提高，其次是注意在各种环境下锻炼有利于创造的非智力品质。

3. 创造的环境障碍来源及克服

这一类创造障碍的来源，主要是社会流行文化的影响。克服这类障碍，从根本上看，首先应当致力于创造一个鼓励的、开放的、合作的、容忍的、心理安全的社会文化环境。也就是说，只有当社会性、文化性的创造障碍得到相当程度的消除之后，这类体现于个人身上的社会文化性障碍才可能从根本上加以克服，才能够造就一批在心理上自由且安全的创造者。

环境障碍的根本解决，是社会发展的目标之一，不是短期内所能实现的。例如我国长期形成的只注重遵从，不注意思考，不喜欢冒尖的社会环境，在短期内是难以克服的。基于此，在更多情况下，人们往往采取创建一个小环境的办法权做补充。在这个环境中，保持开放与交流，形成良好的学习风气和钻研风气，允许和鼓励学术上的不同意见，并对创造成果和创造活动给予高度评价。有时，一些明智的创造者也能够不顾世俗偏见，通过自觉认识来帮助自己克服这类障碍。他们往往留下许多轶事笑话，甚至受到白眼，却终于撷取累累的创造硕果。

以上我们所讨论的创造障碍的来源，均是由于学习、培训和社会风气、习惯的缺欠、偏差、不足、错误所引起的。这类障碍的原因比较容易发现，因而比较容易克服。各种培训、教育、练习、陶冶活动大多针对这些原因。一般说来，只要努力去做，就有助于克服障碍。

除以上三种创造障碍以外，还得提到，各种创造技法和解题技巧、策略，如同规则和经验一样，在正确使用时，会促进和帮助创造。但是每种创造技法都有最适合运用的条件、时间和地点，一旦变成彼时彼地，仍然硬套硬搬就不能奏效，弄得不好反而会形成创造障碍。大多数创造技法如设问法、列举法、头脑风暴法、形态分析法等，是以防止思维不全面，克服浅尝辄止的心理障碍为主旨的，它们对于克服动机性障碍作用甚微；而各种评价、整理设想时的方法如 KJ 法、NM 法、TT-HS 法等，则主要用于控制思维的方向和程度，对于心理性和社会性障碍同样很少起作用。因此，要针对创造活动中的障碍情况，选择适宜的创造技法，以及根据具体情况对所适用的创造技法作灵活的运用。只有遵循这样的原则，创造技法才会发挥有效的作用。

总之，在创造中每个人都会遇到种种创造障碍，这些障碍的类型和表现各异，克服它们的手段也应当多样化。还要注意克服自身智力的、非智力的创造障碍。那些环境性、社会性、文化性的创造障碍的克服，有赖于社会每一分子和团体的持久努力，包括政策法令、奖励制度、移风易俗、组织管理等方面，虽难度较大，但克服之后的影响面广，意义很大，有利于人才辈出和成果泉涌。有关当局和全社会应当给予更多的重视。

第三节 创造技法种类简介

自上个世纪40年代以来，以美国、苏联等为主的国家提出的创造技法达六七十种之多。下面归纳出几种主要方法予以介绍，以便探索使用。

一、发散类创造技法

借助发散思维激发灵感，发现主题线索或形成新概念的方法叫发散思维类创造技法。这类技法的关键在于突破逻辑思维的框框，扩散思维，强调想象力和联想力的发挥，细分为头脑风暴法、强制联想法、提喻法和移植法。

（一）头脑风暴法

头脑风暴法又称BS法，BS是英文Brain Storming的缩写，指无限制的自由联想和讨论，以便产生新观念，或激发创造性设想的产生。BS法是目前世界公认的应用最广泛、最普及的创造技法之一。

1. BS法的特点

该法突出集体自由联想，创造知识互补、思维共振、相互激发、开拓思路的条件，收到思考流畅，思考领域扩大，获得大量创新设想的效果。BS法的环境气氛是：与会者人人平等，无压抑感，心情轻松，即使提出怪异甚或荒诞的构想亦被尊重，从而信心大增，思想活跃，甚至产生跳跃性和飞跃性突破而顿生创造性想象的灵感。该法适于解决单一明确的课题对象，便于找到创造发明的主题和形成新概念，揭示课题对象的本质。

2. BS法的原则和要求

BS法的精髓体现在其严格的原则和要求中，准确地理解和掌握这些原则和要求是能否成功运用BS法的关键。

（1）禁止批判（褒贬）原则：为了创造一个自由、轻松、融洽、活跃的气氛，消除每个与会者的心理压力或心理上的压抑感，以保证思维的扩散化和多元化以及思维的流畅性，不得对他人提出的设想做任何褒贬，即或稍加辞色亦为不可。如禁止出现“这根本行不通”“没法办得到”“我刚才说的恐怕实现不了”等批评或否定性意见。当然，吹捧溢美之词也不可取。总之，对别人或自己提出的设想均不先加评论，不肯定和否定，甚至连“我有个想法不知行不行……”这样的话都不要说。

（2）自由奔放原则：以自由奔放的思维充分发挥人们的想象力和联想力，设想越是自由奔放越好，越是标新立异越好。这样有利于冲破各种束缚和障碍，形成富有创造性的设想。

（3）广求数量原则："韩信将兵，多多益善"，在提出的设想数量增多时，总会有不少优质设想藏于其中。

（4）借题发挥原则：此项原则是指鼓励在其他人的想法基础上提出更新奇的设想，产生连锁效应或核裂变效应，以期从中发现具有创造性的设想。

3. BS 法的实施程序

BS 法的具体运作程序可分为以下七个步骤：确定课题、选定主持人、成立小组、告知课题、热身、自由漫谈、整理方案。

确定课题：BS 法适于解决单一明确的课题。若是复杂、涉及面广、内在因素多的课题，可分解成若干单一明确的小课题再采用 BS 法逐次加以解决。

选定主持人：BS 会议主持人十分重要，但未必由权威或领导出任，因为那样往往会带来紧张、拘束和压迫感，大家放不开思路，无法产生良好的设想。据调查，由领导或权威人士主持的会议与 BS 法的会议比较，产生设想的数量相差几十倍。可以选群体中地位、资历、学识等不高不低的人物。这类人既平易近人又头脑灵活，健谈幽默，善于启发和提示，熟悉课题对象，而且善于运用此法和通晓其他技法。

成立小组：小组所有成员一般以 12 人最佳，5 ~ 20 人亦可，20 人以上也无妨。但以 40 人为限。与会成员并不须全是专家，半数门外汉也没有关系。应视不同课题对象和采用哪种方式的 BS 法而确定与会者的组成。我国企业运用 BS 法搞革新、改造时，有人提出采用工人、工程技术人员和管理干部三结合的组合形式。

告知课题：应将课题对象提前告知与会成员。若能提供几个富有启发性的设想实例亦可，但要注意不要给与会者造成先入为主的后果。

热身：热身的目的在于使与会者逐步地全身心地投入，大脑进入最佳启动状态。此时，制造轻松的气氛很重要，最好能将桌子围绕成圆形或方形，亦可播放音乐或放些糖果以供享用，此外，还可供应咖啡、茶等，使与会者放松心情。几分钟之后，主持人便可提出一个与课题对象丝毫无关的简单而有趣的问题，用以激活与会者大脑，使之兴奋起来。待与会者全都积极地投入进来，气氛热烈起来，主持人便可话锋一转切入正题，进入下一个步骤了。

自由漫谈：若有人初次参加这种会议，主持人应在重申课题后，向与会者申明以上提到的四项原则，务请与会者予以理解和照办。在转入正题开头时或进行到中途难以深入下去而出现中断时，主持人可抛出一二条事先准备好的设想，以抛砖引玉的方式刺激构想的继续出现，以使每个与会者的大脑都极度兴奋起来。会议应有 1 ~ 2 名记录员。为使全体人员对所提出的各种设想一目了然，可将所有设想写出，甚至有人提出重复的设想也不妨照样记录下来，以避免提案人的思路与情绪受到压抑，同时也利于保持会场的思考气氛。这样做还可促进与会者在他人提出的设想的基础上借题发挥，产生连锁效应。会议中要做到每个人都积极发言，并且要求发言人每次发言只提一个设想，而且只提设想方案，不做前因后果的说明。为了更有效地发挥 BS 法的作用，主持人往往诱导与会者使用一两种列举法。配合 BS 法应用其他技法，是人们对原始的单一的 BS 法的一种改进。

因为要完成比较复杂一点的发明创造课题，往往需要使用其他创造技法配合 BS 法方可奏效。例如，运用 BS 法对其他公司新产品进行研究时，不妨在每次讨论中使用一二种列举法，如优点列举法、缺点列举法、希望点列举法、需要性列举法、按功能及用途类别列举法等，逐次改变方向进行讨论，将会获得许多优良的设想。而且，这样做也可以使 BS 会议更加生动、热烈。主持人在宣布散会时还可请余兴未尽的与会者会下继续考虑。

整理方案：对大家所提方案进行加工处理。① 设想的增补。在 BS 会议的第二天，由主持人或记录员用电话或其他方式收集与会者会后产生的新设想。② 按实用性设想（目前的技术手段可实现的设想）、幻想性设想（目前的技术手段无法实现的设想）、平凡及重复的设想加以分类。此项工作由评价小组完成，评价小组的成员除主持人和记录员外，一般由未参加 BS 会议者所组成。③ 实用性设想的分析、论证和实施。可采用检核表法对设想的内容进行全面的技术分析和可行性论证及评估。其应考虑的重点如下：有无新颖性？有无实用性和实用价值？有无经济价值？外观设计、机械设计如何？时代性如何？制造可能性如何？商品魅力如何？④ 幻想性设想的再开发。如何将幻想性设想转换为实用性设想？可采用强迫联想法和变换思维类技法等创造技法来达成。

为了防止有价值的创造性设想遭到被埋没的厄运，把创造性设想变为实用性方案，须加强和完善评价体制，挑选好由哪些人来筛选。

4. BS 法派生类型

BS 法在各国的应用中，根据当时当地的实际情况进行了改良，派生出了一些新的方法，主要有默写式 BS 法、CBS 或 BS 法、NBS 或 BS 法、MBS 或 BS 法等。

默写式 BS 法。这种方法在德国颇为流行。其具体的规定和做法如下：6 人围坐在圆桌前，明确了主持人提出的课题对象后，每人在自己领到的一张表格上填写 3 个设想，要求在 5 分钟内完成。然后将表格传给右邻进行下一轮，仍然是填上 3 个设想。5 分钟内完成。若进行六轮，需三十分钟，可得到 108 个设想。由于是 6 人、3 个设想、5 分钟，因此又称其为“635”法。

CBS 或 BS 法。此法是由日本人创造的。会前通知课题对象，3 ~ 8 人围坐在桌前，每人 50 张卡片，桌上另有备用卡片。会议一般为 60 分钟。前 10 分钟每人单独填写卡片。每张卡片填写一个设想。然后利用 30 分钟轮流宣读自己填写的卡片，每次读卡完毕，放在桌上供大家参看。别人可提出询问，可将受到启发产生的设想再写在自己的空白卡片上。最后 20 分钟对所提出的全部设想发表议论。

NBS 或 BS 法。这也是日本人创造的。主持人一名，与会者 5 ~ 8 人，会前公布议题，每人发 40 张卡片，要求每人提出 5 个以上的设想，每卡填一个设想。然后请每个与会者将填好的卡片放在大家围坐的桌上，并依次加以简单说明。在聆听他人发言期间若产生新的设想，则立即写到自己的空白卡片上，后也摆放在桌上。待大家全部说明完毕后，对全部卡片进行归纳、分类，并写上各类标题，然后以标题开头字的音序将卡片排成一列横队。主持人询问大家是否还有应该补充的设想。然后主持人根据全体成员的讨论和评价，确定各项目（即标题）的重要等级。共需 2 ~ 3 小时。

MBS或BS法。这是日本三菱树脂公司开发的方法。主持人一名，与会者10～15人，记录员一名。时间2～3小时。主持人提出课题对象后，请与会者用15分钟把自己的设想写在纸上，然后轮流宣读自己的设想，听者受到启发产生新的设想可再写到纸上，待大家发表完设想后再发表。记录员把大家提出的设想记录下来。到此需用一小时左右。然后，与会者对自己所提设想的背景和内容加以说明，并进行批判和讨论。记录员将其以简捷的文字分门别类地记到一张张卡片上。接着采用KJ法整理卡片，把各种设想系统化、图解化。最后，大家一面看着图解一面补充意见，同时进行批判和讨论，加以增删或修正。这种方法必须十分注意选择适当的与会人选，因为必须由与会者最终确定所采用的设想，所以若人选不当，就可能使划时代的方案遭到埋没。

面对日本航空运输需求的剧增，急需发展国内支线，然而日本的土地可谓寸土寸金，机场用地实难寻求。而且环保要求十分严格。日本科学技术厅航空宇宙技术研究所就如何解决发展国内航空支线的问题运用了BS法，结果从诸多设想中找到研究课题，即积极研制“短距离起落（STOL）机”。而且这一机种代表了今后日本航空技术研究的方向，是唯一可与美国、欧洲共同体所垄断的世界民用运输机市场一争雌雄的希望。这是运用BS法寻找重大课题的典型成功案例。

美国劳伦斯一家最大的商会就“改善和增加城市交通客流量的方法”召开了一次BS会议。据一家企业的负责人P．J．格尔利先生说，人们提出了29条设想，其中有12条具有实用价值。若按这些设想去做，公共汽车线路的客流量可以不断增加。

《纽约时报》报道：“东部地区的一家公司对每个生产难题都要召开BS会议。结果，这家公司在解决最近提出的6个问题时就比以往节省37%的时间……宾夕法尼亚的一家化学公司最近举行了一次6分钟的BS会议来讨论减少捐税的问题，大家提出87个设想，专家们从中挑选了两个设想，使该公司节省2.4万美元。”

（二）强制联想法

强制联想法就是强制人们运用联想思维，充分激发人的大脑的想象力和联想力，提高创造性思维能力，把看起来无关的事物强制地联合在一起，产生有创造性的设想的方法。BS法中也有联想，但它是以课题题目为限制条件的自由联想，其他的联想多属强制联想。强制联想法可以迫使人们去联想那些根本想象不到的事物，从而产生思维的大跳跃，跨越逻辑思维的屏障而产生更多新奇怪异的设想。强制联想法有多种，这里仅介绍产品联想法和列表法。

1. 产品联想法

本法是将两个以上、一般情况下彼此无关的产品强行联想在一起，从而产生独创性设想的方法。这种方法非常简单，只需打开产品样本或其他印刷品，随意地将某个项目、

某个题目或某句话挑选出来即可。然后用同样的方法，从别的产品或其他印刷品上将某个项目、题目或某句话挑选出来。将它们合二为一，借此期望意外地产生独创性的想法。

现在市场上出现的诸如可视电话、夜光电子笔、多功能组合书架等，就是把电话与电视、电筒与钢笔、书架与办公桌及躺椅等强行结合的产品。

这种方法适用于经常需要独创见解的人们，尤其是在构思文章、搞设计或做广告时经常使用。此外，这种方法还可用于新产品的开发、市场的开拓、业务的改进等方面。使用这种奇异的组合有时也要注意，有的产品可能社会上早已有之，也可能毫无意义，因此要进行市场调查和筛选。

2. 列表法

该方法是事先将考虑到的所有事物或设想依次列举出来，然后任意选择两个加以组合，从中获得独创性的事物或设想。例如，可将① 桌子、② 椅子、③ 书架、④ 衣柜、⑤ 床、⑥ 电视柜等等家具列出，然后把①号桌子和②号椅子组合起来，从新产品开发的角度自由想像，比如考虑设计连椅桌、连桌椅等既可当桌又可当椅的另一家具等。也可将①号和③号组合起来，还可以将上面所列的家具与任何毫不相干的事物排列组合起来，设想出许许多多的方案，然后提取有用可行的方案。

（三）提喻法

提喻创造技法就是从新的角度或新的立场来观察对象，从中引申诱发或直接产生创造性设想。它往往要借助具体的隐喻性质的类比诸如拟人（亲身）类比、直接类比、象征（符号）类比、幻想类比等来实现。

（1）拟人（亲身）类比。拟人类比是指把所给予的创造课题（或问题、因素）人格化，或是用自身（熟悉事物）去比作待创造的新事物（陌生事物），从而达成“变熟悉为陌生”的转变。例如研究某种装置时，可把自己设想为那种装置，在此意境下考虑该装置的各种作用，就像孩子张开双臂把自己幻想成飞机做游戏时的情景一样。

（2）直接类比。直接类比是将创造对象（或问题、要素）与已有、已知的相似的事实、知识或技术进行比较。实际应用时，就是从自然界或已有的发明成果中寻找与课题对象相类似的东西，启发创造性设想。例如在设计快船时，就把所有游得快的鱼类作参照。

（3）象征（符号）类比。当人们寻求一种新的事物时，由于该事物尚属未知，只能是个抽象的东西，于是便采用熟悉的具体事物去体现它，这便是象征类比。例如，在发明一种体积小、升降跨度大、载荷能力强的新型千斤顶机构过程中，曾用“印度魔绳”（僧侣平时将其装在兜内，用时可随意伸长）和“病毒迅速繁殖”作类比。

（4）幻想性类比。又叫作空想类比。运用幻想类比作为创造技法时，首先所要强调的就是要提出不合理的设想。因为，今天的“不合理”，此种情况下的不合理，到明天情况一改变，就会很合理。在很大程度上，人类的文明就是幻想的结果。磁悬浮列车和超导材料不就是幻想的成果吗？

提喻法对会议主持人要求较高，不仅要是专家，而且要善于运用各种类比或用各种类比提喻。一般成员由各领域的专家组成。不过据资料，近年来亦有人认为典型的提喻法小组应由 3 名技术人员和 2 名非技术人员组成。此外，对成员在精力、年龄、管理的潜力、企业家精神、职业背景、教育程度、性格等方面，也提出了一些具体要求。下面是某国提喻法小组就“如何防止从宇航服的接合部钻进湿气”进行议论的最后一部分摘要。

主持人:“这真是个难对付的问题呀！请随便谈。有什么异想天开的想法吗？”

与会者 A:“能不能凭意志一下子就把宇宙服的接合部全都密封住？”（幻想类比）

主持人:“可是那样的话．还能打开吗？而且能密封住吗？”

与会者 B:“能那样做倒真行。就像孩子做梦一样，有一种看不见的微生物，把手从有缝的地方伸过去，把衣服拉得严严实实的。”

与会者 C:“拉锁就是一种机械虫。（直接类比）但是既没有气密性，也不结实。”

主持人:“怎样把这种用意志去密封的机构做出来呢？”

与会者 D:“做个样品只要两天就够了。但是，净说些像孩子说梦似的话，时间可就都浪费掉了!与其如此，倒不如把密封东西的方法都列举出来……”

与会者 B:“我可不赞成列举!因为小时候求人写笔记，还得给人家买吃的……”

与会者 D:“如果有时间，都列出来也行。可是，要是净说梦话，期限可就要到了啊!”

主持人:“世上那些最糟的办法可都是拿期限所迫做借口的呀!”

与会者 C:“能不能训练昆虫？”

与会者 E:“训练昆虫？”

与会者 D:“你是说训练昆虫，让它按照命令把衣服解开或拉上？”

与会者 B:“让昆虫排列在密封口的两侧，一下达‘拉上’的命令，就让它们的手指啦、手啦什么的就紧紧地拉在一起。”

主持人:“就像沿海警备队似的。”（拟人类比）

与会者 E:“的确是这样。然后……”

主持人:“有这样一个故事：遇到寒风船触礁石，连小帆板也坏了。有个勇敢的水手用牙叼着缆绳游去……”

与会者 C:“有办法了!小虫在密封口跑一跑，一下就把小‘门栓’插上。”

这样进行讨论，得出的方案是：在宇航服接合部的两侧贴上两条橡胶，橡胶内各处都嵌有弹簧和钢丝组件。穿上宇航服后，接合部即严丝合缝。然后，根据这一方案试制出了样品。

（四）移植法

简单说，移植法就是拿来主义，即把某一事物或领域的原理、结构、功能、方法、材料等拿到另一事物或领域中去。利用这种更换载体启发发明创造的方法叫作移植法。使用移植法，第一要找好移植对象。所谓移植对象，就是“他山之石”。第二要确定是何种方式的移植。一种是单一移植，一种是综合移植。单一移植，是指移植客体中的一个技术（原理）；综合移植，是同时移植几个不同客体上的不同对象。第三是试验。

一个简单的发泡原理，移植到橡胶工业，发明了橡胶海绵；移植到塑料工业，创造了泡沫塑料；移植到水泥工业，又诞生了气泡混凝土。智能机器人是把人的功能移植到机器上。喷气推进原理运用到了飞机、火箭等多种领域。

二、周全类创造技法

周全思维类技法是借助周全思维形式启发创造灵感、控制创造性思维，从而产生创造性设想以达成发明创造的方法。它不像发散类思维技法那样，将思维发散得海阔天空，无边无际，它只需把思维散到一定程度，把问题考虑得周到、全面即可。此法有列举法、设问法、分解法等。

（一）列举法

列举法是将某一具体事物的特点（包含优、缺点等）从逻辑上进行分析并将其一一罗列出来，用以启发创造设想，找到发明创造主题的创造技法。实施中，一般采用一览表的形式来罗列。这样做一可防止有所遗漏，二则利于集中思考，产生顿悟。对所罗列的内容要认真分析，不要遗漏，哪怕是缺点。有时发扬缺点也是创造，有的一次性用品就是利用了“不耐用”这一缺点。列举法多用于在既有事物基础上进行改进、创新；对于整个创造过程各环节来说，适应于形成新概念和发现发明创造主题。列举法具体又可分为以下几种：

1. 特性列举法

先将要改进或创新的事物或课题的特性、属性（也可按词性，如形容词、名词、动词等）分类全面地罗列出来，然后在所列举的各项目下面试用可取而代之的各种属性加以置换，从中引出具有独特性的方案，再进行讨论和评价。

操作办法以改进普通电话机为例：

（1）列举：① 黑色；② 塑料制；③ 拨号盘式；④ 话筒和机座分离式。

（2）替代或置换：① 黑色——其他颜色；两种颜色混调；带格花纹、波纹；带人名字头；带个人照片……② 塑料制——金属、玻璃、木材、硬橡胶、透明塑料……③ 拨号盘——按键、改进型拨号盘、杠杆式、算盘珠式…… ④ 话筒和机座分离式——整体式、话筒易抓握式、话筒和机座整体折叠式、可分可合式，以及机座改为圆形、椭圆形、高式、矮式、钟式，话筒改为麦克或扬声器式……

（3）对各方案进行充分的研究、讨论、论证和评价。其结果是：开发各种颜色的按键式电话机。

也可按词性罗列：① 名词——颜色、形状、体积、声音、功能……② 动词——拨、按、说、提示……最后开发出一种木纹外表、鸟鸣声音、带来电提示的按键式电话机。

2. 希望点列举法

根据需要从多种角度对已有事物或产品提出带新奇设想的希望，从中寻找发明创造主题的创造技法就是希望点列举法。这些角度指已有事物的原理、结构、功能、制造方法、材料、造型、颜色等方面。也可采取一览表的办法罗列。可以运用联想法多方假设，大胆想象。

3. 缺点列举法

缺点列举法就是通过列举事物的缺点用以改进事物的创造方法。此法十分简单实用，只要把诸如产品的外观、质地、质量、使用寿命等方面存在的缺点列出并提出改进方案即可。

（二）设问法

设问法是一种以强制联想为思维基础的创造技法。即把有关问题以提问方式列举出来制成一个表，然后把某一事物或特定对象代入，与表中的各项加以核对，以启发创造性设想，或找出发明创造主题。其代表是 5W1H（或 5W2H）法、奥斯本检核表法、和田十二法和特尔斐法。

1. 5W1H（5W2H）法

5W1H 是 When（何时）、Where（何地）、Who（何人）、What（做什么）、Why（为什么）、How（怎样做）的首字母集合。5W2H 是在 5W1H 的基础上再加一个“How much”。经过人们多年的应用，该法的内容也有扩充，具体如下：

WHY？问为什么。为什么需要革新？为什么不搞得更方便一些？为什么不可再小一点？为什么过热？为什么不能自动化？等等。

What？问是什么对象。把什么作为发明创造主题？要做哪些事情？做何种发明？做何种创造？等等。

Who？问谁。何人来做？为何人而做？何人有何新的发明创造成果？等等。

When？问何时。何时完成发明？新发明或新产品准备何时投放市场？何时是新产品、新发明打入市场的良机？等等。

Where？问何地。新产品适宜在何地推销？何地有所需资源？将开发基地设在何地为宜？何地有何可借鉴、移植之物？等等。

How？问手段。其他公司的新产品是怎样做的？我们的这种新产品怎样做？怎样做成本最低？怎样做可以让用户或顾客满意？怎样做才能减轻重量？怎样做才能使之使用起来方便？等等。

How much？问数量、效果。新产品达到多高水平？能否做到人见人爱，争先购买？

改进到何种程度？使成本下降多少？能占领多少市场？发明创造的层次、级别有多高？能否达到划时代的发明的水平？等等。

自然，如果这 7 个程序考察完了都查不出问题，说明产品已经趋于完美，暂无改进的必要；若有一个以上问题，就有创新的余地；如果某一方面有独特之处，还可以扩大这方面的优点，以求得更好的效果。

2. 检核表法

该法是美国 A. F.奥斯本博士提出的可作为创造技法的普通检核表。在所有检核表法中，该法是一种倍受人们青睐、适用性强、应用范围广、效果显著的创造技法，在人们的发明创造活动中发挥了巨大的作用。所列只有简单的八项：① 可否另作他用？② 有否其他更佳设想？③ 改变一下如何？④ 放大如何？⑤ 缩小如何？⑥ 用别的替代如何？⑦ 反之（反向而行）如何？⑧ 组合起来如何？一律提问式，其内涵却可包罗万象，原理、功能、材料、方法、形状、颜色、整体、部分等等都不妨改变一下。

3. 和田十二法

本法是由我国创造学家许立言、张福奎总结上海和田路小学在使用美国创造学家奥斯本检核表法和其他技法的基础上提炼、总结出来的 12 个检核项目，故名“和田十二法”。语言通俗易懂，适于儿童记忆和运用。相当时期以来在我国应用较广，效果良好。以改进风扇为例，说明其具体应用如下：

（1）加一加（诸如加大、加长、加高、加在一起等）——加一钟表，制成钟表电扇；

（2）减一减（诸如减去某功能、某部分等）——减去底座可做成壁挂式电扇；

（3）扩一扩（诸如“投影”即为扩一扩得到的效果等等）——扩大电扇摇头方向，制成全方位电扇；

（4）缩一缩（诸如折叠缩小和缩微技术等）——缩小体积制成车载电扇；

（5）变一变（诸如把形态、颜色等改变）——电扇外貌可以变成球形；

（6）改一改（诸如把功能、运转方式等改变）——可改成遥控电扇；

（7）拼一拼（诸如功能组合类办法等）——把驱蚊器和电扇结合起来；

（8）学一学（诸如模仿、仿生等）——制成微风电扇；

（9）代一代（诸如从材料、功能、方法方面寻找可替代者等）——用塑料代替金属制成全塑电扇；

（10）搬一搬（诸如移动位置等）——制成微型电扇装在电脑主机内作冷却用；

（11）反一反（诸如从功能、用途上反其道而行之等）——冷风扇改成热风扇；

（12）定一定（诸如要定时、定温、定型、定人等）——制成定时电扇。

4. 特尔斐法

此法是利用函询方式让专家反复进行头脑风暴式集体创造性思考咨询进行预测的创造技法。其具体做法是：就某个问题以书面形式咨询若干专家的见解，限期作出回答并寄回咨询卡。收到全部复函后，将所得全部见解或设想加以整理、归纳，制成一份综合表，然后将此表再次寄给这些专家，征求他们对各种见解或设想的意见。专家既可表示同意某种见解或设想，亦可对某种见解或设想予以补充或修改，还可在某些见解或设想的启发下提出新的见解或设想。如此反复多次，最后以最大公约数的见解或设想为正确结论而加以采纳。

此种方法的特点是专家之间不见面，具有相对的匿名性，可消除集中咨询的压抑感，充分发表独立见解，方案反馈又可相互启发，从而提出更趋一致的设想。由于此方法需时较长，专家的见解多是建立在系统思考和周全思考基础上的，因此最终提出的见解不仅趋于一致而且比较具体、系统、成熟、可靠。

（三）分解法

所谓分解法，就是通过对某一事物的原理、结构、功能、用途等进行分解以求发明、创造的方法。它也是一种开发新产品和创造新事物的有效方法，是组合法的逆向思维。执行分解法的目的当然也是发明革新，因此确定其分解的意义时有三条标准：

（1）分解后是否能完善整体原有的功能或提高整体原有的性能、效果、实用性、方便性、美观性等；

（2）分解后是否能增添整体新功能；

（3）分解后是否能从原来整体中分立出功能、用途等都被认可的独立的新整体。

三、组合思维类创造技法

组合思维类创造技法指按一定的技术原理或功能目的，将两个或两个以上独立的技术因素通过巧妙地结合或重组，获得具有统一整体新功能的新产品、新材料、新工艺等新技术的创造发明方法。此法较为简单也很适用，效果明显。我们日常使用的带电子表的圆珠笔、录放机、手机等都是这一创造技法的成果。从组合的技术因素、方式等可分为多种不同组合方式。

1. 成对组合

所谓成对组合，是将两种不同的技术因素组合在一起的发明方法，即 A+B=C 的方法。

日历表是把日历和手表组合在一起；多用台历是将钟表、记事簿、文具盒等组合起来；手机是将电话、电脑、计算器甚至摄像机等组合在一起。再看看现代汽车、飞机等等一批大型器具，无不是组合了几十万、上百万的不同发明创造的产物。

2. 辐射组合

辐射组合是以某种新技术或令人感兴趣的技术为中心，与多方面的传统技术结合起来形成技术辐射，从而导致多种技术创新的发明技术。它的思维特点是发散。在解决问题的过程中，从已有的技术出发，不受限制地向四周扩展。电机辐射到各种机具上，超声波应用到加工、医疗等方面就是例子。

3. **内插式组合**

内插式组合指以某一特定对象为主体，通过置换或插入其它技术导致发明或革新的技法。这种组合在产品不断完善、改进过程中经常被采用。

> 如最初的洗衣机，开始只代替人手的搓洗功能，以后插入甩干装置、喷淋管，这才增加了漂洗和晾晒的功能。电风扇也是逐渐插入了摇头装置、自动控制时间装置、自动变换风量装置等才形成现在的样子。瑞士军刀是在小刀的基础上组合了起子、锥子、剪刀等工具。

从上个世纪中叶以来，组合思维类创造技法的运用越来越广，已经成为世界范围内知识与技术创新的一种重要方式。据统计，在现代技术中，组合创造技法已占全部发明成果的60%以上。

四、变换思维类创造技法

变换思维类创造技法是将事物的一种形式或内容换成另一种，从而出现新思路、新途径、新功能、新外观、新形式等。当对某个问题沿某一方向思考而百思不得其解的时候，利用此法能产生很好效果。这类技法主要有逆向法、侧向法、替代法、原型发明法、OCU法、双向法、立体法和思路变换法等。下面着重介绍逆向法和测向法。

1. **逆向法**

逆向法指从反向进行思考。这种反向可以是性质上的，如软和硬、优点和缺点；可以是结构上的，如上和下，前和后；可以是过程上的，如液态变固态和固态变液态，电转化为磁和磁转化为电；等等。总之，表现为对常规和偏见的批判，对传统或权威的挑战，因此具有逆向性、离奇性、批判性和挑战性的特点。

由于事物的对立统一的形式是多种多样的，决定了逆向思维角度是多种多样的，有结构颠倒的角度、有性质属性对立的角度、有优缺点的角度和物态变化的角度。

（1）结构颠倒的角度。即从空间结构方面，考虑前后、左右、上下、大小的颠倒。凯泽创立的由上而下的造船工艺也是上下颠倒。实行这种工艺，在焊甲板时电焊工就不必再仰头作业了。史丰收发明的速算法是进行左右颠倒的例子。

（2）性质、属性对立的角度。即从事物的一种性质去联想与之对立的另一种性质，或者从一种属性想到与之对立的另一种属性。 次性塑料饭盒、塑料杯、打火机等是这种技法的产物。

（3）优缺点的角度。既看到优点又想到缺点，既看到长处又想到短处，反之亦然。例如，铜的氢脆现象使铜器件产生缝隙。铜发生氢脆的机理是：铜在500 °C左右处于还原性气氛中时，铜中的氧化物被氢还原成立，水蒸气释放使铜产生缝隙，一碰就碎。铜的氢脆现象无疑是一条缺点，人们想方设法去克服它。可是有人却偏偏把它看成是优点加以利用，这就是制造铜粉技术的发明。用机械粉碎法制铜粉相当困难，在粉碎铜屑时，铜屑总会变成箔状。把铜屑置于氢气流中，加热到500 ~ 600 °C，经1 ~ 2小时，使铜屑充分氢脆，再经球磨机粉碎，合格的铜粉便制成了。

（4）物态变化的角度。即看到物质从一种状态变为另一种状态时，联想与之相反的变化。威尔逊于1912年发明了云室。他在雾天向大雾中抛石子，联想到高能粒子通过云室的过饱和气体时，一路上横冲直撞产生的离子便立即成了过饱和蒸汽凝聚的中心，于是在这个粒子经过的路上就会形成雾一样的痕迹。美国科学家格拉塞1952年发明了气泡室。他在喝啤酒时看到啤酒冒泡，联想到云室是气体凝骤，如果与此相反，在容器中充满过热的液体（指温度超过沸点，可通过降低压强的方式实现），一旦带电粒子闯入，液体受到扰动就成气体，就能在一路上形成许多可见的气泡，留下粒子运动的径迹。

运用逆向法过程中应注意的问题是：① 必须深刻认识事物的本质。所谓逆向，不是简单的表面的逆向，不是别人说东，我偏说西，而是真正从逆向中做出独到的、科学的、令人耳目一新的超出正向效果的成果。② 坚持思维方法的辩证统一。正向和逆向本身就是对立统一的，不可截然分开，所以运用逆向法思维要以正向思维的品格及其成果为参照、为坐标，进行分辨，才能显示其突破性。③ 运用逆向法思维要制定风险界限。逆向思维带有较大风险性，所以要界定风险限度，要把这个限度界定在风险损失不致引起灾难性或不可挽回的后果之内。也就是说，要留有风险发生后回旋的余地，有重整旗鼓、东山再起、卷土重来的可能。

2. 侧向法

侧向法与相似联想法有些相似，指为了解决特定的问题而有意识地到外界寻求启示，从而找到常用办法之外的新思路。常用的侧向思维主要有三种：侧向移植、侧向外推和间接注意。

（1）侧向移植。指在给定条件下问题得不到解决，或虽然能解决但只能得到习以为常的方案时，通过把注意力引向其他领域，或从其他方面受到启发，或移植其他因素，从而使问题得到解决的思考方式。空气轴承、内燃机发动机的汽化器等的发明都是这种思考方式的结果。

> 二三十年前，我国台湾一位姓郭的先生费了九牛二虎之力才从高雄市某个正在建设中的化工厂承接了嵌进地下重达数十吨重的特殊贮料罐订单。这个罐系圆筒状，直径达12米，高4米，按规定用特殊钢材制造。这在当时是个相当大的工程，不可能在自己工厂内完成后再搬运到现场去，因此必须在工地旁制造。按照合同，承包商必须负责将此贮料罐安装到建筑物内一个深达1.5米的圆形坑中，这个圆形坑直径比罐稍大些，是用钢筋水泥浇铸成的。工厂的钢梁屋顶完成后，大贮料罐才好不容易造出来。但是利用传统的吊车，吊起用特殊钢材制作的贮料罐放进1.5米深的坑中已不可能。不得已，只好学着古代埃及人造金字塔时搬运大石头的方法，在贮料罐下放置滚木，利用杠杆原理运到坑中。可是，此时又遇到另一个难题：由于坑呈凹状，而且四周都已用水泥固定，庞大的贮料罐相当重，如果将它搬进凹坑中，势必无法放正。而宝贵的贮料罐子不允许撞坏，所以如何不偏不倚地将贮料罐安放在凹坑中，且不损伤，实在是

一个大难题。郭先生想尽办法却无法奏效。有一天别人劝他到外面走一走，看看有无新的办法。他便一个人外出走，在骄阳高照的马路上。一路上心里盘算着该如何减少因交货延迟而导致的罚款损失。猛抬头，刨冰小店的招牌赫然入目。“啊!对了，利用它!”忽从外部因素得出新思路的郭先生欣喜若狂，三步并作两步跑到制冰厂询问冰块性质和价钱。不久，郭先生将好几卡车的冰块满满地填在圆形凹坑内，再使贮料罐对准凹坑滑动至冰块上面。几个小时过后，冰完全溶解了，贮料罐正好安置在凹坑内，完全符合合同要求。最终郭先生和化工厂皆大欢喜。

（2）侧向外推。把一项发明或技术推广到其他领域，这种方法称为侧向外推。此法适用于一切技术推广的研究，包括一个产品、一种产品的属性、功能等。只要你认为它先进、新颖、有吸引力，你就可以动脑筋想一想它还能用到哪些方面。

自从微软技术发明以来，人们已经把它推广到了很多传统领域，使这些范围内的工作方式发生了根本变化，例如数控机床的出现，汽车电喷发动机的使用等，都是先进技术的侧向外推。

（3）意外关照。即把注意力从原定目标中移开的一种侧向思维方法。

美国贝尔电话实验室的扬斯基发明了射电天文望远镜。他在进行无线电通讯的干扰试验研究中，注意到一种别人不感兴趣的意外干扰信号。经过分析，证明这个信号不是来自地球，也不是来自太阳，而是来自更加遥远的天体。后来他想到，天线可以接收天体发出的无线电波，这同用望远镜去接收天体发来的光不是有相同的效果吗？由此诞生了射电天文望远镜。

五、逻辑思维类创造技法

逻辑思维类创造技法是根据概念、判断、推理等一套逻辑思维形式进行的创造技法，着力于事物的细节，以求精确的判断。主要包括：控制条件法、价值工程法、工程设计法、产品开发法、试验设计法、逻辑渐近法、发明 10 步法、ZK 法。下面主要介绍控制条件法、片方（ZK）法、价值工程法。

1. 控制条件法

控制条件法是指通过对条件因素的调节，控制事物的发展趋向，从而达到改变事物功能、特性的效果。因为任何事物都是在一定条件下才能成立的，条件因素的改变可以使有些事物产生完全相反的效果。

水在常温下才是液态的；飞机不保持一定的前进速度就会往下掉；小孩的陀螺只有在旋转状态下才能立起来。

2. 片方（ZK）法

此法是东京大学系统研究所片方善治提出来的，“ZK”是他的名和姓的英文缩写。指由已知信息出发加以发展溶进，以获得解题线索的方法。此法的主要特征就是设法在苦思冥想的发散思维之间形成一种转折点。

日本某电话公司曾用此法解决服务态度问题。该公司某科的一个话务室人员态度生硬冷漠，受到用户批评。新任科长用 ZK 法，首先由现场搜集信息，发现：服务态度确实生硬，科室内无花草，平均年龄大，同室话务员间闲谈内容多为身上的病痛和家务琐事，与外界很少交往；外界人士也畏避与该室的人交往。科长认为这构成了“封闭的小社会”，应予打破。于是考虑了人员调整的方法。但是，调入新人不但不能扭转风气，反而可能受到感染，也变得狭隘、生硬。应从根本上解决问题，制定和实施一些扭转这种风气的措施。最后通过组织郊游、娱乐和社交、参观、办进修班等活动以及种花草、装饰工作场所等措施，扭转了风气，使该室成为“开放的社会”，人们听到了笑声，服务态度大有改观。

3. 价值工程法

这里的“价值”与政治经济学中商品价值的概念完全不同，是一种通过对产品（或作业）进行功能分析，力图以最低的寿命周期成本来实现产品（或作业）的必要功能的办法。它的含义可用下面公式表示：

$$价值（V）=\frac{功能（F）}{成本（C）}$$

价值工程法的实施程序：① 选择对象产品。此法能否正确选择对象是关键。一般选择对企业经济效益影响大的产品。在选择零件对象时，可优先选择结构复杂的，体积或重量大的以及工艺性不好的零件。例如可以用 ABC 分析法计算出累计成本占总成本 80%左右（品种占 10%左右）的零件作为价值工程的对象。② 搜集情报资料。就是围绕所选择的对象产品，收集包括产品设计、工艺和销售等方面的情报以取得进行价值工程活动的依据、标准、对比对象，并得到有益的启示，开拓改进思路。③ 功能分析。价值工程要以功能分析为核心，因为任何产品都有满足用户某种需要的特定功能，是产品最本质的东西。功能分析工作一般包括功能定义、功能整理和功能评价三方面的工作。

（1）功能定义。就是对产品及其零部件的各种功能，用简明准确的语言进行描述。描述功能常常是用一个动词和一个名词组成的动宾词组，如传递扭矩，显示图像等。产品的功能可分为基本功能和辅助功能。基本功能是指产品所具备的基本的作用；辅助功能起次要的功能作用。基本功能和辅助功能都是产品的使用功能。除了使用功能外，还有美学功能（或称外观功能）。这两方面的功能根据不同产品而有所侧重。对于某些产品，它的美学功能就是它的使用功能，如艺术品。

功能分析要求对功能分得很细，分细了才能找出问题。如一台电冰箱，它的基本功能是保存食品。为了完成这个基本功能，就需要细分为四方面功能：储放食品、制冷、

隔绝保冷、控制温度。这四个功能中每一个功能还可以再细分。

（2）功能整理。就是对产品及每个零件所定义的功能进行分析，明确各个功能之间的关系，找出和排除不必要功能，如过剩功能，补充不足功能。并进一步明确和修正功能定义。

功能整理可使用功能分析系统技术。对于每一个功能，都要提出两个问题：实现这个功能的目的和实现这个功能的手段。目的功能就是所研究功能的上位功能；手段功能则是所研究功能的下位功能。通过这些分析，就可找出各功能之间的相互关系，然后绘制功能系统。

（3）功能评价。就是评定功能的价值。当功能定义明确了用户的功能以后，就要进一步找出实现功能的最低费用，作为功能的目标成本。这一目标成本也称为功能评价值（将实现功能的目标成本称为功能评价值，实际上是以成本数量化作为功能数量化的一种方法）。将功能评价值与实现功能的现实成本进行比较，求出两者的比值（称为功能价值）和两者的差异值（称为改善期望值）。评价方法有：① 经验估计法。当一种产品需要改进时，组织一些有经验的人初步设想几个实现功能的方案，并估计每个方案的成本，取最低成本为功能评价值。② 实际调查法。当一种产品需要改进时，先对企业内外完成同样或相似功能的产品进行调查，收集它们的功能完成程度和成本资料，然后找出各种不同功能完成程度的最低成本，以此为依据来确定本企业产品的功能评价值。③ 功能重要程度确定法。当确定了某一产品的总功能评价值后，还需要进一步确定该产品各组成部分的功能评价值。应按各功能的重要程度把产品总功能评价值加以分配，以此确定各组成部分的功能评价值。所用具体方法有直接打分法、强制确定法和倍数确定法等。现以强制确定法为例阐述功能评价值的确定方法。用强制确定法评定两个功能的重要性时，采用一对一的比较法。功能重要的得一分，相对不重要的为零分。表 5-1 是某一位评价者对某产品几种功能的评价结果。

表 5-1　某产品几种功能的评价结果

功能名称	ABCDEFGH	得分
A	×1101111	6
B	0×101111	5
C	00×01110	3
D	111×1111	7
E	0000×010	1
F	00001×10	2
G	000000×0	0
H	0010111×	4

将参加评定人员的评分值作综合统计后，可得出每个功能的系数并得出它的功能评价值。其计算过程见表 5-2。

表 5-2 功能评价计算表

功能名称	总评分值	平均评分值	系　数	功能评价值
①	②	③=② / 10	④=③/③的合计	⑤=④×目标成本
A	64	6.4	0.228	912
B	48	4.8	0.172	688
C	25	2.5	0.089	356
D	72	7.2	0.257	1028
E	8	0.8	0.029	116
F	18	1.8	0.064	256
G	2	0.2	0.007	28
H	43	4.3	0.154	616
合　计	280	28	1.0	4000 （目标成本）

注：总评分值为 10 名评定人员的评分总数。

计算功能的现实成本时，由于产品中一个零部件往往具有几种功能，而一种功能往往通过几个零部件才能实现，因此，需要把零部件的成本转移分配到功能成本上去。具体分配方法是：分析每个零部件具有几种功能，再根据零部件对这几种功能所起作用的比重来分摊该零部件的成本，将各零部件分摊到每一功能上的成本相加即得该功能的现实成本。

有了功能的目标成本和现实成本，便可借用计算价值的公式来计算功能价值，即

$$功能价值=\frac{目标成本}{现实成本}$$

还可以计算改善期望值，即成本降低幅度。

$$改善期望值=现实成本-目标成本$$

（4）功能改善对象的选择。功能评价的目的之一是进一步选择功能改善对象。功能价值计算结果的三种情况——功能价值大于 1、等于 1 或小于 1，可以作为选择对象的参考。与此同时，还要参考现实成本与目标成本的差异值。

功能价值等于 1，这种情况比较理想；功能价值小于 1，说明现实成本大于目标成本，应设法降低成本，提高功能价值，而且应优先选现实成本与目标成本差异值大者作为功能改善对象；当功能价值大于 1 时，要检查两种成本值的确定是否得当，如检查目标成本是否为最低成本，还要检查现实成本计算是否有误等。功能价值等于和大于 1 的一般不作为功能改善对象。

（5）提出改进方案和评价方案及组织实施。提出改进方案就是在有明确指导思想的前提下，组织有不同知识、不同经验的人参加，互相启发、交流思想，充分发挥每个人的智慧和创造精神，对确定的价值工程对象，提出提高其价值的设想方案。可以提出多种不同改进方案以备比较和筛选。

对多种方案进行评价时，如各比较方案的功能都相等，就只比较各方案的成本，取

成本最低的方案为最优方案。如果各方案成本相同，而功能不同，则取功能最大者为最优方案。当各方案的功能和成本都不同时，取功能与成本比值最大者为最优方案。如产品有多种功能，而各方案对各种功能的满足程度不等时，首先要确定各方案对产品功能的综合满足程度，再根据各方案的成本是否相同而用第二种或第三种方法来选取最优方案。现举例说明。

设某产品有五种功能，通过价值工程活动，提出五种改进方案。各方案对各功能的满足程度不等。为求各方案对产品功能综合的满足程度，首先将零件的各功能通过逐一对比的方法，确定其重要度系数，计算结果。五种功能的重要度系数分别为 a=0.37，b=0.30，c=0.20，d=0.11，e=0.02。然后在矩阵表上用百分制或十分制评定各方案对各功能的满足程度（满足程度的得分高低）。最后算出各方案的总得分，就是对功能的综合满足程度。

某一方案总得分=∑某一功能的评价系数×该方案在该功能的得分

表 5-3 为各方案评分计算示例。

表 5-3　方案评分计算表

功　能		a	b	c	d	e
重要度系数		0.37	0.30	0.20	0.11	0.02
方　案	功能满足程度 S					总得分∑∮S
Ⅰ	10	7	6	9	10	8．19
Ⅱ	10	8	4	8	8	7．94
Ⅲ	9	8	10	6	7	8，52
Ⅳ	9	7	5	3	6	7．38
Ⅴ	8	5	7	2	4	6．16

总分高的方案表示其对功能的满足程度高，从表中可以看出，方案Ⅲ的功能满足程度最高。如各方案的成本相等，则可优先选用方案Ⅲ；如成本不相等，则取功能满足程度的总得分与成本之比值最大之方案。

（6）选定之方案，经审查批准后，组织实施。

六、综合思维类创造技法

所谓综合思维，就是把创造对象的各个部分、各个方面和种种因素联系起来考虑的一种思维方法。当然不是主观地、任意地把对象的各部分捏合在一起，也不是各个部分的机械相加，不是各种因素的简单堆砌，而是抓住事物的本质和总体上相互联系的矛盾特殊性，按照各部分间的有机联系，从总体上把握事物。办法是利用卡片排列、整理。常用的有 KJ 法、NM 法、SKS 法、7X7 法。

1. KJ 法

这一名称是由日本川喜田二郎教授的英文名首字母缩写变化而来，是一种通过集体

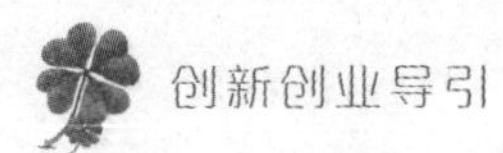

讨论或个人调查收集信息或设想，借助于卡片整理、发现信息或设想之间的有机联系，形成规律性的认识和系统方案的方法。此法可克服人脑思维的限度。实验证明，当一般人同时思维操作的信息元素超过 10 个时，要在脑内连续背诵着，同时操作加工这些信息显得很困难。借助于卡片整理资料发现其内在联系，具有直观、方便、灵活的特点，既可单人运用，也可集体进行，几乎可以应用到各个领域的创造活动中，亦可用于解决问题的各阶段中。

运用 KJ 法的程序如下：① 准备。主持人一名，与会者 3 ~ 7 人。准备好黑板、笔和卡片。② 搜集有关议题的信息或设想。宣布议题后，按智力激励法进行，以获得 30 ~ 50 条信息或设想，依次写到板上。③ 制作卡片。将搜集到的每条信息或设想缩成 2~3 行的短句，写到卡片上，每人写一套。这些卡片称为“基础卡片”。④ 分成小组。由与会者按自己的思路各自进行卡片分组，把内容在某点上相同的卡片归在一起，并拟一个适当的标题，写在一张卡片上，称为“小组标题卡”。不能归类的卡片每张自成一组。⑤ 并成中组。将每个人所写的小组标题卡和自成一级的卡片都放在一起，让与会者共同讨论。将内容相似的小组卡片归在一起。⑥ 归成大组。共同讨论，再把中组标题卡和自成一组的卡片放在一起，进一步把内容相似者归纳成大组，给一个适当的标题，写成“大组标题卡”。⑦ 将所有分门别类的卡片以其隶属关系，按适当的空间位置贴到事先准备好的大纸上，并用线条把彼此有联系者连接起来，即可形成综合方案或系统认识的图解。⑧ 按图解形成文字。在上述分组排列过程中，编排后如发现不了有力联系，可以重新分组和排列，直到找到联系。将卡片贴到大纸上时，各组间的空间位置应反映组间的联系，这样才能达到图解形成综合方案或系统认识的目的（如图 5-1 所示）。

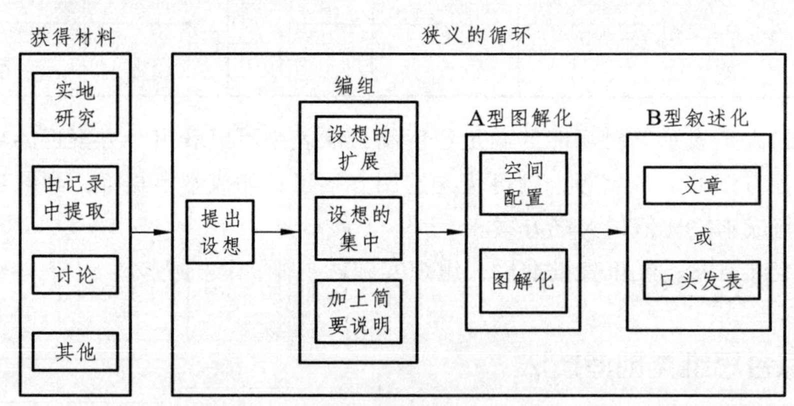

图 5-1　KJ 法程序图

日本某公司为让散布在全国各地的工厂的科长掌握接待工作的基本知识并做好来访工作，提出“您认为应该具备接待来访工作的基本知识吗？”这一问题。用卡片征询这些人的意见并由一个工作人员用 KJ 法对意见和看法进行整理集中。结果如图 5-2 所示（此例中只一个人整理卡片，故没有严格遵循上述程序）。图中标有 1、2、3 者为大组标题卡，A、B、C……G 者为中组标题卡，其余的为小组标题卡或自成一组的卡片。这里把基础卡片直接作为小组标题卡使用，因此在图中没有基础卡片这一层次。

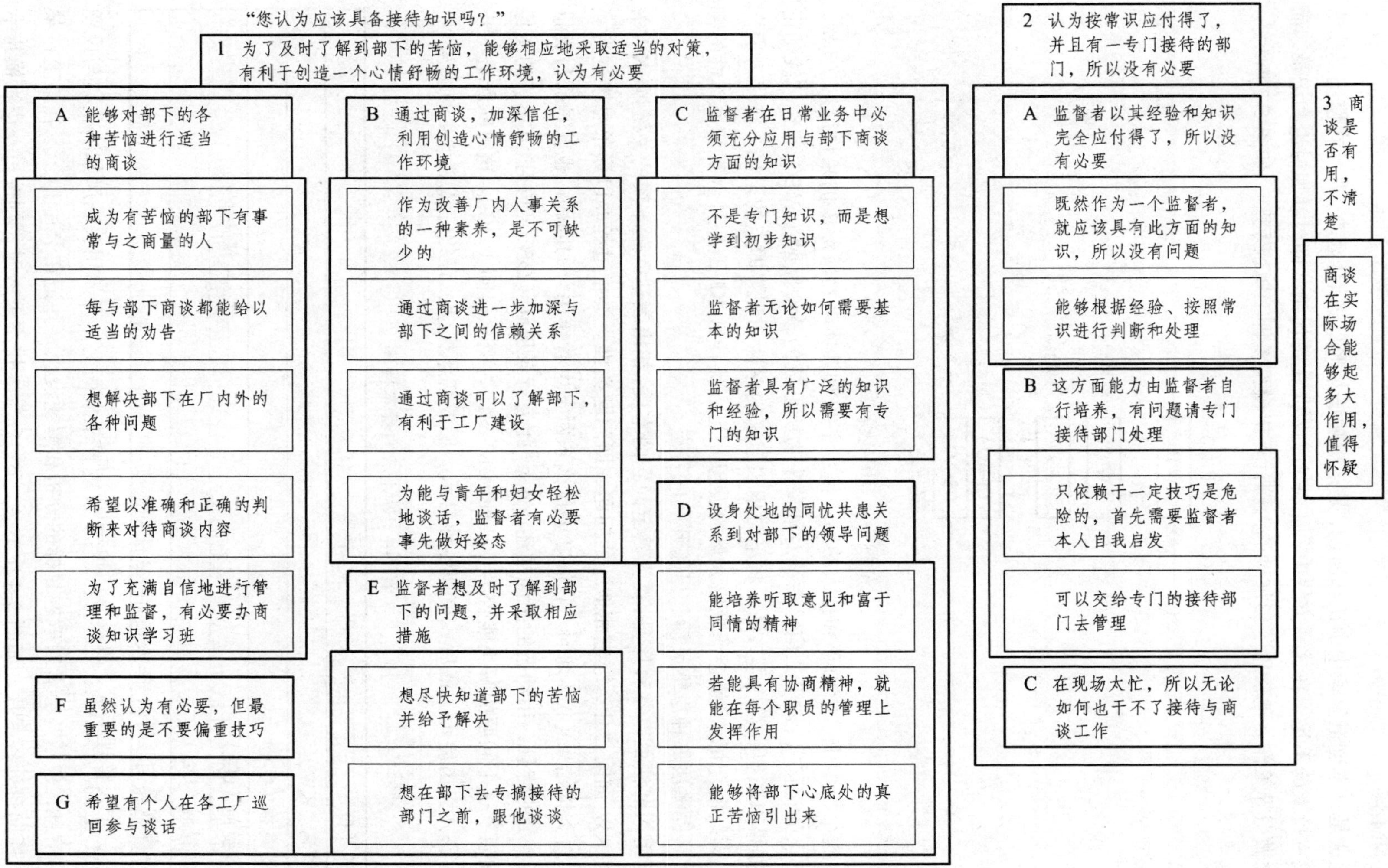

“您认为应该具备接待知识吗？”

1 为了及时了解到部下的苦恼，能够相应地采取适当的对策，有利于创造一个心情舒畅的工作环境，认为有必要

- **A 能够对部下的各种苦恼进行适当的商谈**
  - 成为有苦恼的部下有事常与之商量的人
  - 每与部下商谈都能给以适当的劝告
  - 想解决部下在厂内外的各种问题
  - 希望以准确和正确的判断来对待商谈内容
  - 为了充满自信地进行管理和监督，有必要办商谈知识学习班
- **B 通过商谈，加深信任，利用创造心情舒畅的工作环境**
  - 作为改善厂内人事关系的一种素养，是不可缺少的
  - 通过商谈进一步加深与部下之间的信赖关系
  - 通过商谈可以了解部下，有利于工厂建设
  - 为能与青年和妇女轻松地谈话，监督者有必要事先做好姿态
- **C 监督者在日常业务中必须充分应用与部下商谈方面的知识**
  - 不是专门知识，而是想学到初步知识
  - 监督者无论如何需要基本的知识
  - 监督者具有广泛的知识和经验，所以需要有专门的知识
- **D 设身处地的同忧共患关系到对部下的领导问题**
  - 能培养听取意见和富于同情的精神
  - 若能具有协商精神，就能在每个职员的管理上发挥作用
  - 能够将部下心底处的真正苦恼引出来
- **E 监督者想及时了解到部下的问题，并采取相应措施**
  - 想尽快知道部下的苦恼并给予解决
  - 想在部下去专搞接待的部门之前，跟他谈谈
- **F 虽然认为有必要，但最重要的是不要偏重技巧**
- **G 希望有个人在各工厂巡回参与谈话**

2 认为按常识应付得了，并且有一专门接待的部门，所以没有必要

- **A 监督者以其经验和知识完全应付得了，所以没有必要**
  - 既然作为一个监督者，就应该具有此方面的知识，所以没有问题
  - 能够根据经验、按照常识进行判断和处理
- **B 这方面能力由监督者自行培养，有问题请专门接待部门处理**
  - 只依赖于一定技巧是危险的，首先需要监督者本人自我启发
  - 可以交给专门的接待部门去管理
- **C 在现场太忙，所以无论如何也干不了接待与商谈工作**

3 商谈是否有用，不清楚

- 商谈在实际场合能够起多大作用，值得怀疑

图 5-2 KJ 法实例图

2. NM 法

此法是日本创造学家中山正和所创，是把提喻法与 KJ 法结合起来，弥补在使用提喻法时难找主持人的不足。在这一方法中，主持人主要是主持讨论，同时参加讨论和记录，而不需要做引导工作。他借用了彭加勒的人脑计算机模型（即 HBC 模型），如图 5-3 所示。

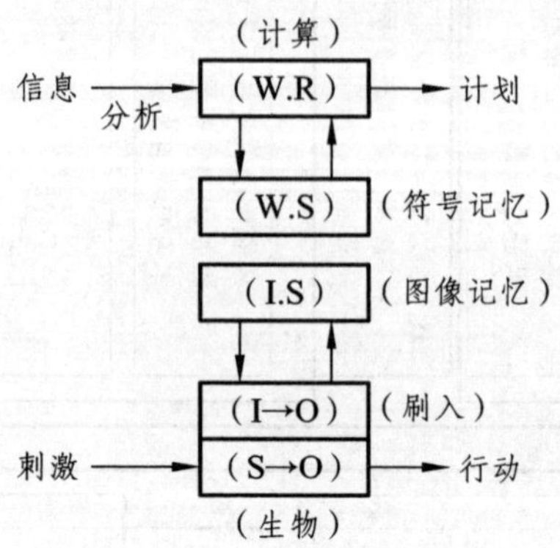

图 5-3　HBC 模型图

在这个模型中，中山正和把人的第一信号系统对具体事物所形成的条件反射（I.S）叫作“点的记忆”，把第二信号系统对抽象事物所形成的条件反射（W.S）叫作“线的记忆”。如果以联想、类比等方法，将平时积累起来的感性知识（即点的记忆）转化为理性知识（即线的记忆），就会涌现出大量的设想。此法既具有 KJ 法那种直观和逻辑性的特点，又具提喻法那种思维灵活、思路开阔的特点。

运用 NM 法的基本程序是：首先确定问题的本质，找出表达问题本质的关键词（KW），然后对 KW 询问“什么与它相似”的问题，即问题类推。类推过程要以形象思维进行。接着，对类推结果（A）询问“它们之中什么东西发生着作用”的问题。也就是探讨类推结果（A）的背景，用动态的图像描述（A），此为背景提问（QB）。再对（QB）的图像逐一询问“这个问题的解决能否给予某种启示”，此为概念提问（QC）。这意味着进一步熟悉对象并引出启示。最后，整理各种启示，形成解题概念，最终完成表 5-4 的填写。

表 5-4　NM 法的基本程序

问题（Q）
关键词（KW）
问题类推（QA）
背景提问（QB）
概念提问（QC）
形成解题概念

NM 法的具体步骤：① 主持人写下议题置于桌面上，开始用头脑风暴法收集与议题有关的信息，包括与会者对解题目标的分析和解题设想，并记在卡片上。② 在桌上按某一逻辑横向排列各卡片，如图 5-4 中的 A、B、C 等。排不下去时，则按另一逻辑横排卡

片。如图中的 B′、C′、D′等。以此类推，把所有的卡片排完。③ 将卡片逐张拿起，依卡片内容选取关键词，让与会者作提喻法讨论。与会者将用四种类比技巧得到的设想记入卡片，竖排于该关键词卡片之下，如图中 a、b、c 等。④ 待全部卡片均类比完成后，令与会者纵观全部卡片，找出设想间的联系。若找到联系或获得启示，就记录于空白卡片，并且将它们排放在相应的位置。如图四中的（Ⅰ）、（Ⅱ）等。⑤ 最后，将纵列的卡片按 KJ 法分组以获得新的启示，所有启示汇总即可形成较完整的设想方案，如图中的 X、Y、Z 等。

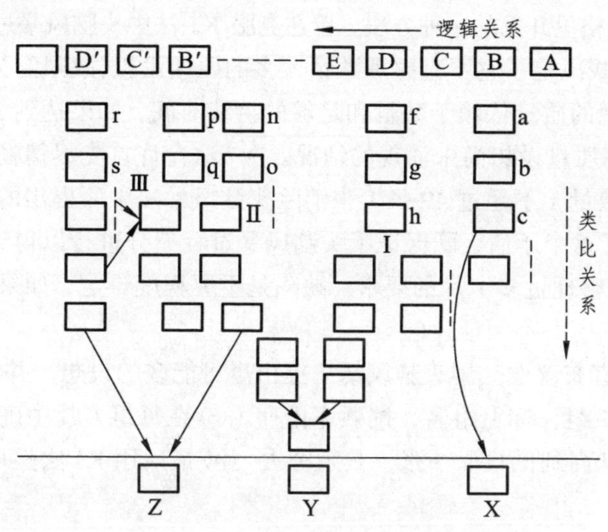

图 5-4　NM 法具体步骤图

NM 法的现代洗衣机方案设计创造性思维过程

第一步，确定目标和要求，找出诸如“洗”“清洁”“安全”“经济”“制造简单”“使用方便”“不损衣物”等若干目标词。填入卡片，按一定逻辑排列。第二步，从目标词中选 3～5 个关键词，逐个进行提喻法讨论。比如对“洗”词的讨论，可通过联想、类比提出搓洗、刷洗、冲洗、干洗、漂洗、浸洗、槌洗等多种洗涤方法。分别填入卡片，竖排于“洗”词之下。第三步，各词讨论完后，整理所列卡片，以获得可用设想。比如，从各种洗法中可归纳出加速水流冲去污物和通过摩擦使污物与衣物分离溶于水中这两种设想（联系），再与从其他目标词类比得来的各种设想结合、归纳，就可得到多种设计方案。第四步，经过比较，选出以加速水流冲击污物为原理的现代洗衣机设计方案。以后又加以改进，提出高速水流冲洗与内桶摩擦相结合的方案。

3. SKS 法

此法是从与问题有关的杂乱无章的现象或设想中找出主要矛盾，发现解决问题的线索和方法。由日本人小林末男发明。它与 KJ 法的不同是在整理汇总过程中，对每个卡片组加权，用百分比表示其重要程度，恰当地确定重要程度。

实施程序：① 准备。主持人 1 人，在会议一周前给与会的 5 ~ 7 人发出议题，于会前征集设想并制成卡片。② 召开会议。用头脑风暴法宣读设想，以征求联想和补充意见，填入新卡片，并使每个人理解全部设想的内容。③ 集体按 KJ 法整理卡片。对每张卡片（设想）统计赞成人数，并对各设想及其小组、中组、大组由表决作出重要程度的评价。④ 按重要程度排列，并形成总的设想方案。

此方法的缺点是时间长，重要程度的确定带有主观性。

4. 7×7 法

这是卡尔·古莱格里开发的一种方法。旨在克服 KJ 法中头脑风暴过程不充分的弱点。KJ 法整理卡片的方式决定了它不宜整理数量太多的原始设想，故限制为 30 ~ 50 条。但是，智力激励法所提设想的质量依赖于数量和足够的持续时间，如果达到 30 ~ 50 条时就停下来，这就可能造成高质量设想尚未涌现的情况。7×7 法允许首先尽情畅想，然后按重要程度分组和限制卡片数量（不超过 49 张）来消除头脑风暴法中所提出的那些初步、粗浅、抽象的设想。解决了这个矛盾，既保证了头脑风暴过程充分进行以得到质量较高的设想，又满足了 KJ 法不宜整理过多卡片的要求。缺陷是重要程度难定，如果主观性太大，则会影响质量。

实施程序：① 宣布议题。用头脑风暴法提出尽可能多的设想，并记入卡片。② 按内容把所有卡片分成 7 组，标上组名，按顺序排列。③ 在每组卡片中确定每张卡片的重要程度并按重要程度从高到低只取 7 张，其余舍去。④ 最后用 KJ 法整理所有卡片。

第六章　创业与创造

创业与创造有着密切的联系。离开创业，我们前面探讨的创造力的种种性质、关系、开发技巧等都失去了必要性和基础，也没有意义和目的；不弄清楚科学的创造力及其开发问题，创业就缺乏理论支持和灵魂。进入 21 世纪以来，创业行为已成为世界范围内规模空前、备受关注的“运动”，与国家、民族和个人息息相关。

第一节　需求与发展

大学生的创业热潮起源于 20 世纪 80 年代，美国硅谷的大批学生独立成功开创了以小型计算机为主的一批企业，对美国经济的刺激和推动大大出乎人们的预料。在我国，20 世纪 90 年代以来，北京的智力密集地中关村也开始出现了由在校或新毕业大学生创办企业的现象。例如清华大学在校生邱虹云创办的视美乐高科技发展有限公司，开始就获得上海一笔 2 500 万元风险投资，一跃成为中关村的一大热点。

我国全社会的创业高潮则起源于改革开放后的 20 世纪 80 年代。党的十一届三中全会后，国家走上了以经济建设为中心的道路，开启了现代化建设新高潮。其中一个显著的特征是一大批人“下海”经商办企业，各种形式的创业活动蓬勃兴起。不过从整个社会的创业活动看，这时的创业还是初期的，低层次的、探索性的、经过几十年的大浪淘沙，绝大部分归于沉寂、消亡，当然也有很少的创业走到了今天十分辉煌耀眼的地步，比如海尔、万达、新希望等。这合乎人类创业的正常规律。跨入 21 世纪以来，随着中国经济与世界的融合越来越深，在互联网等高科技的引领和冲击下，很多创业成功企业再一次面临第二次、第三次创业。也还有许多曾经失败的创业人士，仍然活跃在不断探索和拼搏的路上，鼓舞后继的创业者。

到当今的 21 世纪过了十多年的时候，作为创业十分成功的万达集团在中国真是无人不知，无人不晓。但是即使是作为世界 500 强之一的万达，仍然感到了行业竞争的激烈和生存路上的压力，正在谋求第二次创业（在中国，这种行为更多的被称为“企业转型”）。据载，这家以房地产起家的巨型集团公司正在谋求充当世界影视业的“票房霸主”。2012 年，万达就开始布局成为电影帝国，同年 5 月，花了 31 亿美元拿下美国第二大院线影院公司 AMC；2015 年 6 月收购澳洲第二大电影院线运营商 Hoyts 集团 100%的股权；2016 年 1 月，收购了处于资金困境中的《魔兽》出品方传奇影业；3 月，并购了美国第四大影院运营商卡麦克；7 月，它宣布花接近 120 亿人民币并购 ODENO&UCI 这家欧洲最大的院线运营商。这家院线在欧洲拥有 242 家影院，2 236 块银幕，其绝大多数影城位于各大城市的黄金地段，其情状就和万达在国内的万达广场差不多。这一动作一旦完成，它最终会获得中国近 15 亿票房的《魔兽》，成为全球最大的院线运营商。

据了解，当今的青年学生对创业有两种倾向，一是多数人有一种创业冲动，尚未毕业就去“深入社会”，时刻梦想着干一番大事业。另一种则十分被动和消沉，缺少拼劲，认为谋生难。其实这两种表现的本质是一样的：不能正确认识创业的难和易。这些人还没有把创新创业这样的问题和民族的需求结合起来，没有将这些活动升华到自己的信仰层次。马克思在《青年在选择职业时的考虑》一文中指出了青年人在进行职业选择时，怎样处理好与创业的关系。他说：“能给人以尊严的只有这样的职业，在从事这种职业时，我们不是作为奴隶般的工具，而是在自己的领域内独立地进行创造……”从打工妹起家的中国广东美思内衣集团总经理吴艳芬说得好：“所有人心中都有一个梦，不过有人喜欢在梦中流连忘返，有人在为实现梦想去拼命。把梦想变成现实，就叫成功。”如果把以下几个方面认识清楚，有了思想和行动上的准备，认为易者就会有破难的心理，认为难者早做求易的准备，二者归于统一。这样，就不是看着人家事业红火而羡慕，自己干不起来而发愁，自己便可以实实在在地成为事业有成之人。

一、人类发展的需要

其实，即使在美国，仅就大学生的创业活动看，也不局限于硅谷一地，著名的麻省理工学院的毕业生们，已经开办了 4 000 多家企业。若从人类历史上看，创业是从来都存在的，是一个十分古老的话题，人类的历史就是各种创业的历史，人类的现在，是不断创业的结果。人作为发展起来的高等动物，在很早以前就开始了创造和以创造行为为前提的创业活动，否则我们就继续在受冻、挨饿，也过不上固定的生活。粮食的生产、畜禽的饲养、服装房屋的出现等一切人类基本生存需要，都是创造和创业的结果。不过，这一切在以前的时代没有从理论上予以认识，全是人类自觉或不自觉的生存活动而已。可是到了近代社会，人类对创造已经由自发转为自觉，知道了利用创造促成创业，并成了人类继续进步、不断追求的必经之路，所以在创造理论指导下研究创业、总结创业、提倡创业就成为理所当然。

人类不断创业的结果是在社会上形成了众多的“业”，这些业的集合叫作行业，体现在每一个个体身上就是职业。当今社会，人人都从事一业或多业，从这个意义上说，社会由职业组成，没有职业不成社会。但是，人类不是完全被动地适应职业，如果那样，事业不会发展，社会难以进步。人类总是不断推出新的职业和行业，不断地提升各种职业到达新的高度，出现这种情况就必须靠创造。

从整体上看，创业催生着新职业的萌生，也淘汰了一些不合时宜的旧职业，因为职业具有时代性。人类的职业由简单的几种发展到现在的上万种，同时在漫长的历史过程中，有许多职业消失了。随着时代的发展，有许多新的职业会出现。今天的年轻人，你要谋求什么样的职业可以达到“长治久安”，你要开什么样的基业以保“千秋万代”，那就要看你对社会的估计了，但是决不要梦想创建永久不变的职业。

在古代，手工纺纱织布可是一个大而必需的职业，打猎捕捞也是强大的行业，但现在基本消失了。近代，修理手表、收音机，甚至修理钢笔、电筒等都是令人崇敬、羡慕的职业，现在也基本没有了。我国改革开放以来出现了大批新型职业，例如洗头、洗脸、洗脚、洗牙等。上海前一段时间又出现了一种洗眼的休闲新时尚，与滴眼药水很相似，目的是舒筋活血，消除疲劳。在美国，已经有了遛狗的职业，可是最近又有遛人的职业，你大概没有见过吧。那就是陪护一些特殊的人群，例如丧亲者、体弱者、孤独者等去“遛弯”。甚至还有专门从事给你讲笑话，逗你乐的人。

人的需求有物质的，有精神的。在物质需求中，有地域的差别，有文化的异同，有资源的限制，有社会性质的提倡或限制。同时，人类发展，科技进步，社会分工越来越细，带来的行业就越来越多，专业化的岗位也更多。每一个人都必须具有创造精神和创新能力，才能满足越来越新、越来越高的职业要求。这种状况，促使职业形式五花八门。

仅酒文化的职业中，就有酿造师、调酒师、品酒师等等。现在一个大的行业，要产生无数个不同性质的小行业，里面又有无数小岗位。例如发电业，第一步就要分出发电、配电、送电等几个小行业。发电里面又要分运煤工、粉煤工、炉前工、仪表工、架线工等等。

随着新科技的发展、推广和应用，以前的小行业和岗位还要不断地更新和改造，又会有新的小行业和岗位出现。过去没有的新职业不断产生，如文化经纪人出现了，心理医师已经很普遍，导游以前很少有。

随着人的素质的提高，人们的精神需求比物资需求更多，许多新的精神产品应运而生，精神产品的行业也会逐步开创出来，这个趋势已初见端倪。

例如美国的文化产业，其产值已占到国内生产总值的6%，从业人员达130多万，超过了矿产、林业等部门的人数。其音像产品出口已占美国出口的第二位，仅次于航空航天业。前些年，日本大阪市一个叫有本宪二的人别出心裁地创办了一个“爱爱服务公司”，以满足现代人的精神需求。其业务之一是帮顾客寻找初恋情人。该业务很受欢迎。不少人，特别是老年怀旧者、事业不顺者，都踊跃来公司登记，一天能收到上百封业务信件。每个业务收取5 000日元，一年下来收入可观。

到了现代，创造与创业对一个国家和民族比以往任何时候都显得重要，由开发创造力而得到的企业竞争力已经成为国家核心竞争力的核心组成部分。以创造创新为手段而兴建强大竞争力的企业，是一个国家由弱变强的重要道路，即所谓“实业兴国”。创业对于每个企业、每个国家都是议事日程上的事，无论是科技、产品、工艺、市场、经营、组织领导体制等，都有不断创业的问题。过去许多“皇帝女儿不愁嫁”的企业，面临着必须重新创业才能生存的问题。日本等一度辉煌的国家，在许多领域也得靠创业才能保住现有经济地位；大部分不发达国家，只有在这一轮世界竞争中，看准一些行业，加大创新创业的步伐，才能有机会赶上发达国家。站在整个人类的角度，我们生存发展中的许多问题，也与创造、创业有关，例如人口问题、环境问题、贫富问题、生活质量问题等，都留下了创造创业的巨大空间和机遇。

进入知识经济时代以来，产品的生命周期在不断缩短，企业必须不断开发新产品，创立新产业。计算机的发展道路是最好的例证：从上个世纪 70 年代以来，其产品的创新速度十分惊人，广大用户都感到难以追赶。美国等国因此而得到难以估量的高额利润。

其实，从创业与国家关系的角度分析，创业是处于先行位置的。马克思主义告诉我们，国家是阶级的产物，阶级是在生产力发展到人们有了剩余物资的时候出现的。当人类还在饥寒交迫中挣扎，还在为生存而奋斗，远远没有国家出现时创业行为就有了，由此我们得出结论：先有创业，而后才有国！那么，到了文明时代，创业与国家又是一个什么样的关系呢？从另一角度看，由于有了业，人群变得复杂了——业多了，产品要交换，生活的面扩大了，内容增加了，人与人之间的作用、地位等各种复杂关系产生了，于是需要统一的机构来管理，这样的人民和机构就组成了国，国应运而生。国家产生以后要办事，要养活一大批管理人员，这需要经费，于是产生了税，任何国家都是靠税收生存。税收从何而来？来自业也。如果没有创造任何职业，别说个体的人不能生存，国也根本维持不下去。这间接说明了国家与创业密不可分。

从第一、第二、第三产业等这样的产业划分标准来看，人类大的行业还要继续发展下去。有人已经提出，在第三产业服务业出现后，已经又有了第四产业——信息业。那么第五、第六产业是什么产业呢？这就要靠同学们今后去创立了。

总之，社会出现什么职业是由人的需求决定的，人类不断扩大及多样化的需求，就是我们创造和创业的舞台和天地。

二、个人生存的需要

创业的事随人类的产生而产生，随人类的发展而发展，概言之，有人必有业，人生必创业。这绝非人们有意而为之，是不以人们的意志而改变的，是人这种特殊动物带来的产物。

人必须生存延续，这就要有衣食住行，按世俗的说法，得“有钱”。有钱只有两个办法：一是创立自己的公司、企业什么的，这既有了钱，当然也创了业；二是依附别人生活，即为了生存、生活去谋求一个职位，在某种意义上也还是创业。总之，是为生存而创业。到了现代，创业需求更加强烈。一个人必须具有良好的创业本领才能适应当前的时代。特别在中国，人多资源少，经济不发达是一个长期的矛盾，现有的职业岗位不敷需求。这个问题谁给我们解决？得靠自己！已有的产品企业岗位有随时被淘汰的可能，怎么办？只有不断创造新的产品企业岗位。现在已经进入全球化时代，即使某企业、某人能够暂时偏安一隅，也绝不可能长久，这也是人类社会发展的必然。

人是社会动物。何为“社会”？社会就是人的一种特殊的共存关系。这种共存关系

第一体现为劳动分工。每一个人从事不同的劳动，为别人提供产品，同时也获得其他人提供的产品。没有人能不依靠其他人而得以生存。因此可以认为，创业既是个人生活的必需，也是社会的必需。社会发展了，人的需求也多了，于是创造的业就多了起来。

人的共存关系还体现在一种抽象的人的生存价值上。人类发展到高级阶段的时候，一个独立的人就不仅仅是为自己而活着，他（她）还需要为别人做点什么，这就是人的生存价值。绝大多数人把能否体现这种价值当成人生目的，自动去追求、去实践，是崇高精神的表现。这个价值的实现也是由进入一种行业来体现的。能发挥创造精神，自主创立事业，体现的人生价值更高，创的业越大，人生越辉煌。人是生生不息的，行业也就会伴随人们永远存在下去。

三、创业的概念

要弄清楚什么是创业，必须首先明白业是什么。

业的说法古已有之，《国语·周上》说："庶人工商，各守其业"；《荀子·王霸》有"百亩一守，事业穷，无所移之也"（这里的事业指"耕稼"）。这些业的概念是职业。《汉书七八·萧望传》："家世以田为业"，这个业指产业。《国语·楚上》说的"不谷不德，失先君之业"，指基业。在现代社会，尽管情况更为复杂，但是，业的内涵都还是超不过"职业""产业""基业"这样三个范畴。不过，在本书中，为了说清楚当代人创业的方方面面，不仅仅追求这个字面上的定义，主要想把它和创业紧密结合起来考察。因此，要以新的视觉界定什么是业，需要从不同的角度下定义。

从物质和精神的生产角度看，从事生产的某种行业里的"业"，是指某种已由别人创立出来的性质相同或相近的工作岗位或岗位群。这些岗位或岗位群，就是每一个占据它们的人的业。有了这个业，人们就开始了人生的奋斗历程。奋斗成功了，人们称之为"创了业"。世界上很多人，包括那些十分有成就的名人，往往都是从这样的业开始起步的。还有很少一部分人，他们的业尽管也是一种岗位或岗位群，但是并不是依赖他人创立的，而是从谋生开始，靠自己开创，走的是一条独立开业的路子，如开个小饭馆，小修理铺什么的，自己当老板。我们把这种情况称为"创业"。为讨论方便，我们把后者称为"自主创业"，把前者称为"依附创业"，有时也称"就业""从业"。

以从业人数或创造的产值而论，业有大小之分。对整个社会来说，每一个行业无疑是大业，如教育事业、建筑行业、服务业、养殖业等，无论在人数或产值方面，一般情况下它们都会大于个人从事的业。行业之间也有大小。以从业人数看，商贸行业大于制造业，教育行业大于律师业；从创造的产值而论，交通运输行业大于旅游业。对于个人，同样的业，目前比尔·盖茨的事业显然大于我国柳传志的联想集团。

业有广义狭义之别。社会上各种各样的行业是广义的业；一个包罗了许多岗位或岗位群的大型企业也应列入广义的业的范围。而对于个人，在这些广义的行业内选择的一个岗位，也是他的业，是狭义的业，对他们而言是"从业""就业"，大多数情况下称为"职业"。

职业是一种社会分工，是人类社会进化到一定时期后的产物。马克思主义历史唯物主义告诉我们，即使有了初期的人类社会，也不存在职业。只是随着人类的进化，生产力发展了，出现原始的社会分工，这时候职业才真正出现。

经过几千年的发展，人们从事的职业已经由最初的种植、养殖、打猎等几种发展到几千种。前几年有人做过统计，人们从事的职业分类越来越多，越来越细，越是发达的国家职业越多。我国在 20 世纪 80 年代以前有几百种职业，随着第三产业等的发展，现在已有 10 000 多种职业了，已远远不是过去的“七十二行”了。

职业的存在和发展有它的历史性和地域性。历史上，由于生产力水平低下或者人们的认识水平的局限，出现过现在人们难以理解的“业”。有一些人类历史上十分古老的职业，只在世界还十分原始的地区和人群中能够看到，大部分已不复存在。

我国历史上很有名的“炼丹”曾经是一个大“业”，风行几千年，现在已消亡；过去巫师也是一个十分普遍的行业，目前很多地方也绝迹了；几十年前还在我国广泛流行的用弓子（形状类似巨大的小提琴）弹棉花的弹花匠职业，也已经基本没有了。

同时，随着生产力的发展和文明程度的提高，一些新的“业”以惊人的速度出现然后消亡，几乎可以称为“昙花一现”。

现在人们称为“自来水笔”的书写工具，进入我国也就是几十年，曾经一度，修“钢笔”是“很俏”的业，现在街头上很难再现他们的影子。随着手机的应用，修手机是很赚钱的职业，但我们估计，要不了多久，当手机变得不再昂贵的时候，手机修理业也会消亡。

最使人回不过神来的一个产业的消亡是摄影胶片行业。从照相机发明以来，胶片就是摄影业的核心用品，全世界胶片业的从业人员曾一度达到近二十万。可是在数码相机发明后，胶片业以迅雷不及掩耳之势萎缩了。

既然业是一个从无到有，由少到多的发展变化过程，有人就会问，业是怎么来的呢？答案很清楚，业是创出来的！不是靠国家、靠政府，是那些有头脑、有创意、有资金、有勇气、有……甚至什么也没有，而是为生存逼迫的人创立的。所创的这个业，可能是一个大型企业，一个几十公顷的农庄，一个领导、指挥千军万马的统帅，一个终身为之奋斗的大型工程或科研项目等。越是远古时代，最初的创业成果越有可能仅仅是一个工作岗位。根据这种分析，我们可以给创业下一个定义，就是：凡是依靠自身的力量，开创了除能维持自己生存之外的岗位或岗位群的，就叫创业。

从古到今，买书要去书店，在那里的书架上查看、选取、开票……即使在家用电脑出现后，人们也只在上面读新闻、打游戏、发 E-mail。但是就有人独辟蹊径，利用网络优势办了世界上第一个“网上书店”。他就是美国的杰夫·贝索斯。

杰夫·贝索斯 1986 年大学毕业后，曾在一家信托公司作计算机系统的管理员，不久，又成了一家银行有史以来最年轻的高级副总裁，可谓前途无量。但是，他是一个富有创新精神的人，在一次网上冲浪时，他偶然进入一个网站，知道了网络用户的剧增情况，决定自己独立干一番事业。几周后，他决定在既有现成的技术人员，又离大的图书馆很近的西雅图的一栋破旧的小楼内成立了亚马逊书店，希望他的公司像世界上最大的河流之一的亚马逊河一样激浪滚滚，成为网络时代世界零售业的巨头。

杰夫·贝索斯之所以决定开办网络书店，是因为在当时，网上图书销售还是电子商务领域的一块空白，没有对手。同时，他一开始就注意网上书店的特色：让读者粘贴网上书评，请专家与读者聊天，储存读者的地址和信用卡，让读者方便、放心等。亚马逊网上书店为读者提供了 310 万个书目，比全球最大的书店提供的数目多 15 倍，而且不需要费巨资修建大楼，不用雇聘大量员工，减少了一般书店因长期库存而占用大量资金，还很方便地分析到顾客的购买信息和消费习惯与心理。几年来，其股票总市值已超过了拥有 2 万员工的美国最大的庞诺书店。

网上书店是我们以前没有听说过的，而杰夫·贝索斯慧眼识珠，有胆量毅然独立创业。他丢掉了一个岗位，却创造了无数个岗位，而且从此世界有了“网上书店”这个新事物。

从这个例子来看，通俗地讲，创业是人们通过一定手段，依赖一定形式的劳动，开创出一种实业。例如办企业、开门市、搞养殖、跑运输等。当代的大学生开始人生的道路要多得多，成才的方式和表现以及最后的结果绝不仅仅是从事某种实业，所涉及的创业概念要宽泛一些。大凡依靠知识的转化、其他能力的发挥以及所有生产要素的使用，达到了新行业、新部门的出现，产值的提高，事业的扩大等结果的，都是创业和创业成功的事例。

因为人的特殊性，决定了人类的创业一直没有停止过，以后也绝不会停下来。有一定知识和技能的青年学生，比其他社会人群更具有创业的资本和创业的冲动。他们的知识需要运用，需要转化为解决实际问题的能力，这一过程就是创业，只有创业才能实现。许多事实说明，在现在的教育制度下，你掌握的知识再多，记的公式、定律再准，在遇到实际问题时，往往束手无策，不知所措。只有在应用的过程中，才能检验知识的准确性、牢固性、灵活性，才能转化为实际产品。因此，创业是知识和人才的试金石。

第二节　创业与创造的关系

从本质上看，创业与创造的密切联系在于都有“开创”的意思，两者都是开创出新的事物。当然，从概念的内涵分析，创造是一个更加初始、广泛而又严格的概念，凡是你做了别人没有做过的事，就是创造，具有绝对性。而创业大多是指在实业领域（多数情况下）做出了别人没有做，有时即使是别人在彼时彼地做过但此时此地自己没有做过的事，具有创造的相对性。换言之，创业多是实业领域里的创造。创业涵盖在创造的范围内，是创造理论的果实，也是创造的目的。创业结果的状况是对人们创造能力的检验。创造统帅创业，促进创业；离开创造，便谈不上创业。许多事例说明，在创业问题上如果不发挥创造性，只是一味地跟风模仿，是不会有大作为的。所以我们说，创造能力是创业的基本能力。

在电尚未产生，冰箱没有出现的时候，你想过没有，热带地区的人们靠什么来消暑？18 世纪时，美国一个 20 多岁叫图多的人就创造了为热带地区的人们运送冰块的职业。他把产于英国等北半球地区的冰块，用轮船运到古巴、印度、新加坡等热带地区销售，这成了当时波士顿的主要商业活动之一，图多也取得了可观的利润。同时，为了使冰块在海上长距离的运输中不致融化，图多还发明了一套储藏、运输、隔热保鲜的物品和方法，发明了现在仍在使用的冷冻库的原型，建立了具有初步意义的物流系统。正是这种创造促创业，创业带创造的互动，才使图多以“冰块之王”的名声流传千古。

一、业是创出来的

如今我们很多人都在从事某一职业时，我们也对这一状况习以为常，好像从来就有这样的行业，进而自然形成一种思维：一个人长大了就要进入一个行业，在那里工作。进入的行业随自己的兴趣、知识、专业等情况而定。找了大钱，就认为这是好职业，否则认为是坏职业。其实，职业不是社会固有的，也不是国家为大家早已准备好了的，而是许多有头脑的前人“创”出来的，往往是第一个“敢于吃螃蟹的人”首先创立的，或者是这些人在某种情况下被“逼”出来的。

英国人霍布代尔是一所中学勤勤恳恳的清洁工，已经在那所学校工作了 25 年。一次偶然的机会，学校新来的校长发现霍布代尔是个文盲，连签到也不会。这位校长不能容忍自己的学校中有一个文盲，于是，将他解雇了。霍布代尔痛苦万分，因为对于他这样一个文盲，又没有多的钱财，无论到哪儿去工作都将面临困难。更要命的是这许多年除打扫垃圾外没有干过其他任何事情。痛苦中的霍布代尔几乎不想活了，把自己关在小屋里，望着墙壁发呆，直到晚上 10 点钟还颗粒未进。由于想吃东西，想起了香肠，因为他平常习惯于每天晚饭吃一小碟香肠。他曾经做过腊肠，还深受学校师生的欢迎。基于此，霍布代尔产生了做腊肠生意的念头。他做得很好，几年后，在英国有人不知道莎士比亚，不知道劳斯莱斯，但没有人不知道霍布代尔的腊肠。

由于习惯，现在更多的人想到的是到别人那里去就业而不是自主创业，这是一种错误的惯性思维，是十分被动的人生决策。尤其是现代社会，人们首先应该想到的是创业，主要是自主创业。即使从谋生的角度分析，就业也只能算是被动的谋生手段，创业才是积极的人生之路。创业不仅能比较稳定地解决自己的就业，还会给他人创造出无数个就业机会，给社会带来无穷的财富。

在世界范围内，当社会进入到18世纪以后，创业成了家常便饭。往往一种新的创造成果出现，很快就会有一个或多个新的行业诞生。18世纪的工业革命的显著特点就是有一大批新的行业随着新的动力的发明而产生。20世纪中叶以来，新的一轮科技革命又把人类的创业理念推向一个前所未有的高度。以美国为首的发达国家之所以发达，从这个角度讲就是在过去的几十年里大抓创业革命。他们把人类创造的新理论、新技术、新知识、新制度与创业精神相结合，作为法宝，以创业作为转化它们成为现实生产力的转化器，极大地开发了新的领域和行业。70年代，美国一年的创业投资仅5 000万到1亿美元，现在每年达到20亿；10年前，它每年只有2 600种新产品投放市场，现在翻了10倍。试想，有这样多的新业和新产品出现，能产生多少创业者，能为国家创造多少财富，解决多少人的就业呢？

二、职业不等于创业

在第一部分中我们说职业与创业有时是相同的，但是严格讲，职业与创业并不等值。在很大程度上，职业是个中性含义。一个人在某个岗位上可以待上几十年以至终身，不要求工资的变化，职位的升迁，这是其一；其二，从事职业的人总是大多数，绝对大于创业的人数；其三，也是最重要的一点区别，职业一般不包括创新的成分，而创业必须有创新。没有任何创新的创业是不存在的。我们可以打一个比喻：职业是一壶人人可用的纯净水，创业是具有治病功效的药液。

创业和职业又是有联系的。多数情况下，创业总是从依附于一个职业开始的。一开始就进入自主创业阶段的很少。我们可以说，创业的机遇隐藏在职业中，进入职业是创业的基础。相反，即使你一生中不自主创业，只要你在原有的事业中有所创造，有所发明，也能使你所从事的事业有量的发展或质的提高，你此时的职业就不再是彼时的职业了，广义上看也是创业。

三、创业大于职业

这里的创业特指独立创业，指创造一个独立的行业或岗位。这样的创业应该大于职业。原因有三：第一，人们依附的那个职业一般仅仅是一个岗位，而这里的创业是创造一个企业甚至行业，因此其岗位或人数都大于一个岗位；第二，它创造的效益大于职业岗位；第三，它的难度和深度大于职业岗位。

如果从创造的角度看，其“大”的含义更深刻。业要有人创，才能从无到有，从小到大。创业之后，仅从就业谋生角度看，它解决的不仅仅是一人一家的生计，而是为许多人提供就业岗位，谋取更多利益。到2003年为止，我国创业比较活跃的民营、个体和私营经济为全社会提供了1 500万个就业机会，相反，创业不活跃的国有经济受改革的影响，还减少了5 000万个就业岗位。其实质是，在它们的创业活动中，真正具有创造性的是少数，最明显的一个特点是 96%的创业没有创造新的市场，而仅仅是在现有市场中找机会。全球范围也大抵如此，93%的创业活动是不创造新市场的。这样的创业比仅仅谋求职业好不了多少。但是如果是开发新市场的新业，有时候对国家的安全、国家的地位，都有不可估量的重要意义。比尔·盖茨创办的微软业，对加快美国的经济发展、增强美国经济实力所作的贡献，是尽人皆知的。

西安翻译学院，早已在西安南郊迷幻般地耸立，它南依翠华仙境，中贯太乙长河，校园依山藏水，天空明亮湛蓝，是一个潜心读书的世外桃源。如今，它已经拥有30 000名住校生（本科生20 000余名），为社会输送了大量优质的毕业生，许多人以这里为起点，开始辉煌的人生事业。但是提供如此多创业机会的人当初却是一个几乎找不到创业起点的“落魄者”。

在1957年的一个夏夜，年方18岁的丁祖诒，是南京久负盛名的南大附中（原第十一中学）高材生，南京市中学生数学竞赛优胜者，以高考门门90分的优异成绩得到名牌大学的青睐，却因当年特有的“政审不合格”而落榜。

也是一个漆黑的夜晚，他徘徊在秦淮河边，他想到了死。同时另一个声音也徘徊在心中：“挺起胸脯，去迎接人生的挑战!为自己的价值活着，更要为别人的幸福活着!”

就从那个夜晚开始，他3年自学了4门外语，在一所业余大学用3年时间读完6年制本科课程。在经历了无情的“十年浩劫”之后，他当上了高中外语教师。从此，他人生的航程由狂热的爱因斯坦崇拜者转向神圣的教育殿堂。

不久，丁祖诒凭借他的执著和才华敲开了一所公办大学的大门，担任了外语教研室主任。一个从未进过正规大学校门的人，却登上了大学讲台。

30年后，他又不得不面对他所创办的西安翻译协会招录的几百名高考落榜生作出人生的第二次抉择。他无法兼顾他的大学本职工作和为落榜生深造的分外义务。他要与魂牵梦绕的落榜生同行，做一次光荣的殉道者。“高考落榜生就像烧了七八十度的水，如果给他们添上一把柴，让他们在民办大学里继续深造，他们就完全可能成为我国的高等技术人才，这应该是第二个‘希望工程’。因为他们同样是中华民族未来的希望。”丁祖诒如是说。

白手起家的丁祖诒在一无经费，二无后盾的情况下，租了一间教室、一间办公室。从这里起步，丁祖诒踏上了他社会办学新征程的“零公里”。丁祖诒的执著信念意外地得到省高教局成教处的青睐。终于，1987年9月，西安翻译培训学院成立了。

弹指一挥间，西安翻译学院已成为具有专科学历证书颁发资格的民办院校，

可以招录部分计划内统招生。到 2002 年，西安翻译学院办学 15 年，没花国家一分钱，没有任何人赞助，仅靠低廉的学费，发展成为占地 2 000 亩，校舍 52 万平方米，校产 6.5 亿元的超级大校。不但以全日制住校生 30 000 名的全住校规模雄居中国 1 300 所民办大学的王者之位。20 000 余名本科毕业生连续 15 年就业率均达 98%。

如果当年 18 岁的丁祖诒顺利通过了大学最后的“政审”，那么今天中国科研领域也许会出现一位“数学奇星”，他个人的事业当然不乏辉煌。但是，他今天的光辉，在于为千百万个求知若渴的失学青年架设了一条天梯，让他们走进实现理想的殿堂。

第三节　创业教育的方向及重点

创业教育在世界一部分国家已经进行多年，取得了很好的效果。从上个世纪末开始，市场经济和经济国际化浪潮席卷而来，世界范围内的发展实践对计划经济提出了严峻的挑战。在我国，各方面的情况也发生了相当大的变化：中国人口爆炸式增长的压力如泰山压顶，人们开始注重创业实际，学校也提出创业教育。目前我国的创业活动十分活跃。近十几年来也开始注意对青年人尤其是大中专学生、再就业职工开展这方面的教育。

一、培养创业意识和创业素质

在我国，创业教育的首要问题，是让人们树立起创业的观念和意识。对比分析古今中外的创业案例和历史，目前青年人的创业难点不是缺乏基本素质，也不是创新思维和技巧的落后，首先要解决的问题是创业观念的树立。

现在的许多年轻人，看见很多人都在从事某一职业时，会变得习以为常，好像从来就有这样的行业，进而自然地形成一种思维：一个人长大了就要进入一个行业，找个职业，在那里工作，似乎这很正常。进入的行业随自己的兴趣、知识、专业等情况而定。找了大钱，认为这是好职业，否则认为是坏职业。

形成这一状况是有一定历史原因的。在一段时期内，我国实行计划经济，大学生毕业后，国家“分配工作”。人们形成思维定势，依赖单位、组织，缺乏创业观念。

我们学习创业的知识和案例，首先就要打破这种思维定势，树立创业的观念！在树立创业观念、建立创业思想、学习创业方法、付诸创业行动这四个创业要素中，解决观念问题是首要的，其次是立即行动。无论创业个人或创业团体，如果没有牢固的观念，创业过程中可以红火一时，或者顺利时皆大欢喜，一遇困难，就作鸟兽散；观念不一样，明明是创业的大好机会，你会视而不见；换一个观念，你会觉得创业的机遇很多。观念正确，才会出现好的创业成果，而不再是过去那种有创业行动就会有好的结果。

首先应建立一个重要观念：职业不是社会固有的，也不是国家为大家早已准备好了的，而是许多有头脑的前人“创”出来的，往往是第一个“敢于吃螃蟹的人”首先创立的，或者是这些人在某种情况下被“逼”而创出来的。苯茨和戴姆勒不发明汽车，就不会有汽车驾驶这个行业。没有生活的艰难，黄道婆不会远去海南学习种棉织布进而传播开来。楞茨发现闭合线圈在磁场中移动能产生电，才有后来的很多人从事电力发送的工作岗位。

在人类发展的早期，肯定是没有任何职业的。低下的原始生产力不可能产生明确的与现在类似的职业。但是，我们可以设想，即使在一个原始人群的内部，也会有一些根据个体体力、能力、爱好的劳动分工，哪怕是自然形成的。例如女的能做什么，小孩能做什么，一些力气大的最适合做什么，有些人特别喜欢做什么，等等。这种情况取得了好的结果，就会得到他人的赞同和肯定，久而久之，在这个人群内就会成为一种习惯或约定俗成；相反，这样的赞同和约定俗成又会鼓励和支持这些人继续加强、巩固他们的分工，有意识地锻炼、学习有关的能力、技巧、技术等。有的男子因为他们身强力壮，奔跑特快，也喜欢捕猎，实践证明分工的效果非常好。一旦得到别人的肯定，他会在各方面强化自己，包括改进武器，创新办法，从而成为一名专业化的猎人。这就是人类职业的雏形。类似这样的分工扩大了，例如有了专事采摘、饲养、种植、烹煮等的人，人类的职业就正式诞生了，而且到一定的规模和时代，就出现了行业。

对现代人，我们当然不提倡个个都像原始人类那样，一开始就独立地去创造一个职业，也没有那么多新的职业需要创造。现在需要的是，要借依附性创业这个生存机会，学习知识技能，摸索创业经验，筹集创业资金，培养创业品格，伺机进行独立创业。因此说，在人生的起步阶段，对于绝大多数人来说，自主创业与依附创业是一回事。在一无经验，二无本钱阶段，先依附于别人找一份职业，解决自己的生存问题，是明智之举。经过一段时间的积累，自己各方面羽翼丰满了，再走出去独立创业，大干一番，成为社会栋梁之才。世界上无数企业精英，业界巨子，走的都是这条路。我们呼吁那些有能力、有机会、看准了的同学，大胆地迈开独立创业的步子。

那么一辈子就待在原岗位，能不能以此独立创业呢？我们认为也完全可以！这是一种以自己本岗位为基础，先做好、后做大、再做强，最后创出一片天地，拥有辉煌的事业。例如开始是助理工程师，之后成长为高级工程师；当初是一个秘书，十几年后做了局长、县长；等等。不过若从严格意义上讲，它与自主创立企业是有区别的。事实上，有一些人，由于一些基本素质的缺陷，要自主创立企业是有困难的。据上海商业职业技术学院对部分学生进行的创业培训情况看，要独立开展这种创业，只有 15%～20%的人能够通过第一阶段的培训。因此，对于青年大学生，第一步多数是以谋求职业为创业之始。

以上情况都是本书提倡的创业概念。不如此，在现代社会，任何就业就只能是被动的谋生手段。在充满竞争的市场经济条件下，被动的就业是时刻充满危险的。我们反对那种一提到前途，想的就是到国家行政事业单位工作，到别人那里去打工，进而怎样又拿高工资、又不费大力气，舒舒服服过一生；或者平平常常，既不创新，也不求进，保住“位置”就行。这是一种错误的惯性思维，是十分被动的人生决策。创业才是积极的人生之路。创业不仅能比较稳定地解决自己的就业，还会给他人创造出无数个就业机会，给社会带来无穷的财富。

马里蒙·斯通的创业步子

当今有名的美国联合保险公司是由保险推销一步步发展起来的。该公司的董事长马里蒙·斯通的母亲是搞保险推销的，16岁念中学时，他也学母亲出去推销保险。他相信：如果你做了，没有损失，还可能有大收获。

第一天他去一个办公室推销，但只有两个人买他的保险，第二天4份，第三天6份，他的事业便从此开始了。后来，他利用假期时间推销健康与意外保险，慢慢地份数越来越多。20岁的时候在芝加哥开了一家保险经纪社——联合登记保险公司，可是全社只有他一人。但开业的第一天，他居然售出了54份保险。开业大吉。然后又在其他地区发展，事业一天比一天兴旺，曾经创造了一天售出3 122份的纪录。

这时斯通开始想办法扩大业务，招收其他推销员，搞推销讲座，并利用一些推销术，到1938年年底他已是一名百万富翁。他还以160万美元把宾夕法尼亚州伤损公司买了下来。

任何创业都是由小到大的，关键是你要一步一步地做好，然后才能到大，这里面包含了多少创新精神！马里蒙·斯通由一般的保险推销到推销健康与意外保险，到办保险经纪社，到搞推销讲座，最后购买伤损公司，成立美国联合保险公司，事业就这样做大了。

“就业靠国家”是一个需要破除的根深蒂固的错误观念。国家当然有责任为人民提供就业机会，解决人民生计问题。但是国家解决就业岗位，只是通过政策调控，大力发展生产，提高生产规模和速度，而不是由国家直接去增加生产行业，多办工厂、公司等。否则，那就本末倒置了。

因此，我们不应等就业，不该靠国家就业，而是要靠自己的本事主动地去创一份业，这样既有利于个人，还有利于他人，更有利于国家。

远大总裁张跃先生不是一个校园里的创业家，但他的创业故事对广大创业学子同样有所启发。

远大创业之路

1999年12月6日晚，远大中央空调有限公司执行总裁张跃先生应“清华创业者协会”之邀，特意从长沙飞抵北京，在清华大学经济管理学院伟伦报告厅做了关于远大创业的报告，并回答了同学们的提问。下面是他的报告节选

非常感谢大家用业余时间来参加这个研讨会。我先用5分钟，你们可以做各种准备发问。

我首先介绍一下我自己和我们的公司。

我读的书很少，跟在座的不能比。1978年读了大专美术，1980年毕业，教

了3年中专，又在图书馆工作1年。1984年年底，我就辞去公职，下海创业。从那时开始，直到今天，整个心态是一样的，时时刻刻有这样的一种准备，就是一切都要靠自己。尤其是私营企业，更要靠自己。

从1984年到1987年，我从事的只是一般贸易，包括建筑装修、广告。那时的公司很小，两三个人、三五个人的样子。直到1988年，我和我弟弟创办"远大"空调时，几乎没什么资本，也就3万块左右，当时在一个比较小的专业范畴，做无压锅炉，事实上是供暖设备。1991年开始开发了用于供暖和制冷联合的中央空调主机，就是直燃机；1992年开发成功；1992年到1995年，又对产品进行了很多的改进，3年时间大约做了4代改进，1995年以后的产品就已经很成熟了，已经达到世界最高水平；1998年又对产品进行了一次大改进，这时，我们的新一代产品已经远远超出同行业原来的最高水平的国家——日本。

1998年开始创办远大时的资金只有3万元左右，到1992年也只有100万的资本，也就是开发直燃机时的资本。到1995年我们的资本就过亿了，以后节节高升，到现在，我们的资产已有13亿。

从3万到13个亿，我们的资本积累方式是滚雪球的方式，而且资本积累来源完全是依赖自己目前的这种产品，没有依赖资本运作，没有依赖任何额外的资助。甚至于从1995年以后，我们就没有贷过款，完全是运用自有的资本在运作。到1997、1998年，我们的资本就非常的多了，按照一般的意义来说，我们应该发展很多很多的行业了，因为长期有五六个亿的闲置资本放在银行里，但是我们还是按照以往的方式，在我们认为最擅长的领域发展。直到今天，公司方方面面的情况虽然没有太大的改变，但是每一天都在进步。今天的远大，在中央空调领域是全国最好的企业。规模最大，营业额最高，税收最高，后劲最强，在全球同行业的水平也是最高的。

与国内很多成功的、发展很快的私营企业相比，远大还有很多的不足。远大现在的员工才有1200人，规模不够大，所以远大在扩大企业规模方面还是有些保守的。今天论坛的题目不太好，题目不应该叫作"远大成功之路"，应该叫作"远大创业之路"。直到今天，远大仍然在创业，怎样进一步提高企业的竞争力，进一步为社会做贡献，这是远大很重要的任务，所以在这里，我除了向大家介绍远大的经验，还需要知道大家对远大的评价和宝贵意见。

在我国知名度很高的远大企业，是一个中专毕业生创立的。张跃本来有一个舒舒服服的图书馆工作，但他并不"安分"，非要去创业。他带来的结果大家都清楚：他起码为1 200人解决了工作。（这个数字肯定不包括各地远大空调的销售、维修人员。）

二、确立创业方向

要确立好创业方向，首先要从创业分类谈起。根据上面几个问题中我们对创业的分这样的公司提供点子，俗称“点子公司”“智囊团”，正式名称叫“咨询公司”。

在城市里经营商业被认为是最难成功的事情之一，因为现在商店太多，购买力不足。但是大连市一家“左撇子商店”靠了常人难以顾及的点子一举闻名。这家商店专门为左撇子设计和制作生活用品，吸引的顾客除了真正的左撇子外，许多“右派人士”因为好奇也纷纷前来光顾，开业一年多，成为当地最热门的商铺之一。

人力资源创业：是指依靠开发和利用人的劳动力作为资本而进行的创业。众所周知，人力在劳动力三大要素中是最活跃的因素，即使在知识经济时代，哪怕是没有受过任何学校教育的文盲，也仍然是可资利用的人力资源。这些年在国际经济结构大调整中，许多传统的劳动密集型产业仍然存在，只不过转移到了比较贫困的第三世界国家去了，由此出现了许多仅仅依靠人力资源创业成功的例子。

我国的双星集团就是一个劳动密集型企业，在重组时还背上了原国有企业的沉重包袱。但双星集团通过重组改造，加强培训管理，创出了名牌，成为国有制鞋企业的一枝独秀。现在还进入跨行业发展，涉足橡胶业、轮胎业，把市场做大做优，使双星轮胎奔向世界。

管理创业：党的十六大报告明确提出，管理也是一种生产要素，既然是生产要素，也是可以作为创业资本的。其实，越是管理得现代化和科学化，管理越是一种不可替代而且十分重要的资本，用于创业，往往能收获极其丰硕的成果。

1974 年世界石油危机，日立公司受到冲击。此时她采取了管理新招：一是让工人们回家待命，并不是为了节约工资，而是使他们有危机感，同时也能保持原来的工作习惯和热情，因为现在工作量并不饱满，只达到 70%~80%，勉强留在原岗位近乎“磨洋工”；二是出于同样目的，把管理层的工资也削减 5%~15%不等；三是让新近职工推迟 20 天上班，以使他们一开始就具有正规的纪律和作风。这三招的结果是，日立公司后来比其他公司恢复都快。

信誉创业：依靠创业者个人良好的信誉开创事业。谁都知道，在市场经济条件下，信誉已经成为一种无形资产，既然是资产，就可以用作创业的资本。这些年在我国出现的“代销”业务，其实质就是信誉创业的一种。

蒙哥马利·华德所经营的零售商店实在是太普通了，因此只能勉强度日。长期以来，他一直梦想着别出新招，扩大营业额。终于有了办法：现在顾客普遍担心的是商店信誉不足，怕买到假货。于是他提出了“信用担保”售货法，打出“本店商品如有质量问题，愿将货款如数奉还”的宣传广告。这一举动在顾客中引起了十分强烈的反响，从而门庭若市，生意红火。

深入分析了以上创业的大类别，你就可以根据自己的特长、浓厚的兴趣以及某些特殊优势，确定自己的创业大方向。将要在第八章里讲的创业目标，也是根据这里的大方向确定的。

三、创业实践的准备和模拟

同学们在接受了创业教育或培训之后，肯定产生了创业的理念和冲动，恨不得马上一试身手。但是这里还有一个创业教育环节没有进行，而且几乎是不可或缺的，那就是在学习期间开展以社会调查和实际模拟为主的准备。

简单易行的社会调查是访问自己身边的人和事。如果你有亲戚朋友已经创业，不管成功与否或成绩大小，都可以作为调查对象，从他们身上往往能学到非常具体可信而宝贵的经验（失败也是经验）。有可能时，其他的人和事也可作为对象。再不然，从图书、报纸、杂志上也能获益。凡是与创业有关的事，如素质的要求、资金的准备、登记、税收、营销、市场等都是调查的内容。

在此基础上，应该有意识地进行自身素质的准备。例如补充有关知识技能，查阅储存有关资料等。

关于模拟，即是利用周末、节假日，到需要去的地方实习或见习，亲身感受创业环境和创业要求，达到心理上的初步适应。国外的很多在校大学生都在进行这样的工作，即使是以获得经济利益为主要目的，客观上也达到了创业准备的效果。

析可以看出，尽管现代社会要创的业很多，但大类只有两个，一是自主性创业，二是依附性创业。所谓自主性创业，是指靠技术、资金或者人力资源等有形或无形资产，自主开创的除自身所需以外的岗位或岗位群。自主创业还可以分为两种情况，一是在职业生涯的一开始就自己独立创业，二是从找一个就业岗位起步，待条件成熟后或被形势所逼（例如被辞退或下岗），才出来独立创业。依附性创业就是在别人创立的岗位上主要靠无形资产，扩大自身所需要的岗位或岗位群。

如果从不同的方面和角度，以上的两大类创业又可以再次分出知本创业、技术创业、资金创业、人力资源创业等等子项目。

其中，知本创业指以知识作为一种生产要素进行创业。有人提出，在知识经济时代，资本的形态表现为知识资本。知识经济时代，各国的竞争是知识资本之争。传统的工业经济时代的产业，在知识经济时代已被新的高科技产业所代替。把美国和日本相比较，前者的有形资产投入比后者少（例如，日本的钢铁企业是美国的 4 倍，摩托车企业是 5 倍，汽车企业是 3 倍），但是其国内生产总值和经济增长率却远远大于后者。人们还提出了知本创业的 8 个要素，即专业知识、创新、洞察力、善于用人、筹融资能力、人格魅力、勇气和组织能力。

1923 年，福特公司有一台大型电机发生故障，全公司所有工程师会诊两三个月却仍然没有结果，特邀请德国电机专家斯泰因梅茨“诊断”。他检查了三天，在电机上面爬上爬下，仔细听电机发出的声音，反复进行计算，最后又测量了一番，然后在机器某处画了一条线。他对福特公司的经理说：“打开电机，把作记号地方的线圈减少 16 圈，故障即可排除。”工程师们半信半疑地照办了，结果电机正常运转了。众人为之一惊。事后，斯泰因梅茨向福特公司要了一万美金作为报酬，他说：“用粉笔画一条线，一美元；知道在哪里画线，9999 美元!”再后来，福特公司为了要斯泰因梅茨这个人，把斯泰因梅茨所在的公司一起买了进来，可见知识在那些具有远见的企业家眼里，早已成为创业资本了。

资金创业：以资金投入作为主要手段的创业。这是一种传统的创业方式，但在现在的社会状态下仍然具有积极的推动力。一般情况下，它主要指利用各种融资手段，巧妙地通过资金运作来创业。

世界著名的美国石油大王洛克菲勒集团是资金创业的典型。创业之初，洛克菲勒以较低利息贷款 1 000 万美元，与克拉克成立了洛克菲勒公司，搞农产品经营，不太长的时间里就赢利，年利润曾经高达 17 000 万美元。南北战争后，洛克菲勒看准无限商机，1863 年投资 4 000 万美元转开石油公司，从此大把的钱如流水一样滚进他的腰包，成了美国有史以来第一位亿万富翁，创下伟大基业。

点子创业：是以各种各样的创新的理论、观点、策略、建议、方案等开创事业。这些观念性的东西，一旦用于实际，就可以获得经济效益或社会效益。有人还专门成立了

第七章　创业的难与易

无产阶级革命家陈毅同志有一首著名的咏叹创业艰苦的诗歌，其中一句叹道：创业艰难百战多。陈毅同志当时所感慨的是他在江南创建新四军时的体会，百战主要指大大小小的枪林弹雨的战争。现在，在创业之中也有百战，有开始之时的攻坚之战，有过程之中的遭遇之战，还有成功之后的保卫之战。总之也是危机四伏，现象丛生。人们看到的，歌颂的，往往只是在创业成功之后的鲜花、美酒、英雄、明星。局外人，有时甚至是局内人，不身临其境，哪知其酸甜苦辣味！

第一节　创业难

任何人，只要立志创业，就是立志吃苦，可以说，创业与吃苦是同义语。正如一位创业成功人士说过的一句话：办企业有如推上坡车，必须不断往上使力，否则会被退下来的车轮轧死。所以，创业总与艰难相伴。看看成千上万的创业事例，没有一个不是充满着艰难困苦的。

太史公司马迁创写了《史记》这部千古不朽的著作，在为后人留下一笔十分珍贵的文化财富的同时，也创建了个人的伟业。但是他是一个受了奇耻大辱“宫刑”的人，完全是在忍辱负重的情况下完成该部著作。

许多古人的谋生经历，即使是种地的，经商的，建个小作坊搞加工的，都是实实在在的创业，都会历经千辛万苦。到了近代，即便是依附创业的就业，也不是轻而易举的，有知识、技能、道德品质、人际关系等各方面的激烈竞争。一句话：创业艰难！但是如果以哲学的眼光看问题，艰难意味着成功，艰难意味着发展，艰难意味着走向更大的辉煌。

一、万事开头难

我国有一句古话，万事开头难。正好，任何创业从普遍意义上说都是开头，因此它和难字有解不开的因缘。

开头，要确定创立什么样的业，哪怕是打算进入什么样的行业，就得费一番思量。青年人往往激情有余，理性不足，盲目跟风。创业的难度体现在许多方面，要看什么行业收入好，风险小，能长久，还有兴趣爱好问题、自己是否合适的问题。这些问题解决了，还有人才问题、资金问题、地点问题、场地问题、市场问题等等。必须告诉大家的是，不要认为自己上了大学，有了学士、硕士学位或其他学位，就业就容易了。在当下，谋求一份称心的职业并不是一件容易的事。王文良，北京大学毕业，创业成功人士，在回顾总结他的创业史的时候，写了一本书，叫《北大毕业等于零》，从中可窥学历、文凭、知识等优势对创业并未产生多大的影响。

二、创业总与艰难伴

整个的创业过程都是艰苦的，即使是从就业开始，要在强手林立的对手里面脱颖而出，也绝非易事。在创业失败时，你得勇敢地面对困难，反败为胜，这是更难的。这要求你必须一直保持旺盛的斗志，勇于牺牲，吃苦耐劳，勇挑重担，精益求精，精打细算，艰苦朴素，乐于奉献。创业初步成功以后也并不能高枕无忧，还得不断地提高管理水平，提高劳动效率，开发新的产品，否则，你将在瞬间就被激烈的竞争甩得老远，使辛苦的创业成果毁于一旦。

对于想要独立开创事业的人来说，困难会更多，有资金、技术、管理、对行业的预测等等诸多方面的困难。因此，进入 21 世纪以后，不管你在哪一方面求得一份职业，都比以往更难一些。

回顾历史，自从人类社会分工产生职业以来，几千年中，农业是第一大产业。其劳动对象广，从业人员多（这是以前的科技和生产力水平所决定的），对于个人，从事农业方面的就业相对比较简单，素质等各方面要求相对较低。即使以前没有从事过农业，要在农村创一份业，也比较容易。例如，你可以去某地承包一片荒山，一湾水域，或放牛，或养鱼，足以生存。即使是转包农民因各种原因搁荒的土地种粮食，哪怕暂时不懂技术，只要仿照别人去做，也不是一件很难的事。在工业化时代，许多工种的技术要求也不是很高，还有大量工作属于或基本属于体力、半体力劳动，这些就业对于大学生来说都不太难。可是，随着科技水平的提高，再也不需要这么多人从事农业就足以养活世界上的人口，于是许多从事农业的人要转移到其他行业；工业生产再也不过多地需求非技术工人或初级技术工人，动辄就要技术员、技师之类。技术员需要储备多种知识和技能，还会不断遇到新知识、新技术的挑战。即使是当一个旅店服务员，你还须受专门的训练，怎样叠被子，怎样洒扫，怎样消毒，怎样微笑服务，穿什么衣服，几点上下班，这些要求都比以前的农民和普通工人严格。

除以上提到的一些困难以外，也有创业者自身的问题，即知识技能结构不全面，突出表现在所有文理科学生都缺乏社会知识，特别是尚未毕业的大学生，长期住在校园内，纸上谈兵多，不清楚社会的真实情况，缺乏社会经验。还有社会服务体系方面的问题。尽管国家有关部门出台了一些优惠政策，但在许多地方并未落实或执行得不好。

树叶伴我创业路

1986 年是令我倍感失落伤心的一年，因为这年 7 月，我没能考上大学，成了众多落榜生中的一个。尽管没考上大学的人很多，但这年的 7 月对我来说，仍然是黑色的 7 月。令我心情灰灰的人也是灰灰的，一天到晚待在家里，无所事事，闲得发慌。

一个大小伙子，整天这样游手好闲好像也不像个事，为此我的父母亲头痛得不行，不知道该给我指一条什么样的路才好，思来想去没什么好办法。最后，在南召县云阳镇开镶牙店的父亲对我说："没事干，就跟我学镶牙吧。"

我一边跟着父亲学镶牙，一边想着自己的心事，不知不觉中一年就这么悄悄地过去了，本来以为这样的日子可能是这一生的基本色彩，却不料一场灾难降临到我们家中，同时，也改变了我一生的命运。

1987 年，我的父亲突然得了病，而且病得很重，怎么医都医不好，直至最后丢下我们一家，离开了这个世界。

父亲走了，家里边还有两个弟弟和一身病痛的母亲，沉重的生活担子，压在了我并不宽阔的肩上。

有一次，我和往常一样，在闲时拿了一本医学杂志随意翻阅。在翻阅的过程中，一则消息引起了我的注意。消息说日本人从来就具有非常强的环保意识，为了少造成塑料污染，起初他们花很多心思发明了一种纸质的包装袋，用来包装食品，后来他们又用一种天然的树叶来包装食品，并且很快流行起来成了时尚。

可能是天意，正应了那句老话，世上无难事，只怕有心人。自从上次看过那条关于树叶做食品包装的消息之后，我就一直记着这事，并不时在心里回味。我真的觉得这个事很有趣。谁知没多久，我无意间在报纸上又看到了一则类似的消息，说的是日本人喜欢用一种叫槲叶的天然树叶包装食品。这条信息先是在眼前一晃而过，之后，我又下意识地把目光收回来，把那个信息再看了一遍。

这一看我就感到心里边动了一下，眼前也好像亮了一下，因为立即想到了云阳的槲叶。因为我住的这个地方，到处都是槲叶，我们的祖祖辈辈都是靠烧树叶煮饭吃长大的，没有人会觉得槲叶珍贵，更不会想到这玩意儿在那个叫日本的地方竟然可以卖钱。

只是不知日本人用来包装食品的槲叶是不是跟我们家乡的这种槲叶一样的，如果是，那么，这些被家乡人当柴烧的树叶，岂不就是一张张的钱？

这么一想我就有些坐不住了。尽管这些年来我没有想过自己要改行做生意，可这条信息却令我突然产生了某种冲动。我想要是日本人用的槲叶就是家乡这种普通的树叶，那山里人烧掉的就不是柴，而是在烧钱了。天哪，家乡并不富裕，却守着这么好的资源不用，让它白白浪费掉……我越是这样想就越是激动。我想，我得去打听一下，说不定这还是一条绝好的生财之道呢！

说干就干，我抽了点时间，专门为这事去了一趟郑州，想先打听一下槲叶的销售市场再说。到了郑州之后，我跑了许多部门问了很多人，可没几个人能说得清槲叶这回事，甚至于有人见我打听用树叶卖钱的事，觉得很好笑，以为我想钱想疯了。

我不管别人怎么看我，反正已经来了，怎么着我也要问出个头绪来，也不

至于白跑一趟。我住在招待所里，把与树叶扯得上关系的各部门、各单位以及自己的各种熟人朋友，全都列出来梳理了一遍，然后有针对性地跑，比如农业部门什么的，就是我要去的地方。

费了老大老大的劲，跑了很多很多的路，功夫不负有心人，我终于在河南省外贸局打听到了类似的消息。那儿的同志告诉我，现在的日本，的的确确有用树叶包装食品的，因为日本人认为那样很环保，都乐意接受那样的包装，所以很多食品公司都用树叶来包装自己的产品。槲叶这种东西在树叶当中又是上品，含有很多对人体有益的元素，因此非常受厂家和消费者的欢迎。

这是真的吗？我抑制不住内心的激动和兴奋，立即跑回云阳，跑到山林去看那满山遍野的槲叶，如果这一切都是真的，那么，这些落在地上被我踩在脚下的普通树叶，可就全都是钱啊！

可是，怎么样才能把树叶变成钱呢？我知道，后边的功夫可不是我想的这么简单容易，我只不过刚刚捕捉到这么一个信息，做了一个发财的美梦，至于这个梦要怎么样才能实现，要走的路还长着呢！

万事开头难，我把自己上郑州打探有关信息当成了梦想的开头。也就是说，我已经开头了，我的开头难已经过去了，我只需接着往目标进发就行了。当然，前面的路会有很多困难和曲折，但那有什么呢，任何事都不是想做就能做得成的，都得付出很多努力……老实说，我对加工槲叶来卖给日本这事很有兴趣和信心。

为了自己的梦想，我到处打听和树叶有关的事儿，并且无数次到外贸企业，到科研单位，到大专院校拜老师学技艺，向那些懂科学的人了解槲叶的习性，学习槲叶的采摘和加工等技术。

我学得很认真，人家说的我全都用笔记本一一记下，并且带回来很多有关的书刊和资料，一点一点地学。

最让我信心十足的是，我在北京、上海等地寻找信息的过程中，发现植物叶子的采摘加工这一块，当时在我们国家根本就没人做过，也没有人意识到这可能是一个大好的商机。

这个商机被我注意到并开始着手了，我觉得自己成功的可能性很大。

可能是因为手上独家掌握了关于树叶的很多资料，我果断决定抽身出来搞一个加工树叶的工厂，然后把我们的产品卖到日本去，去赚日本人的钱。

有了这样的想法和决心，我急需解决的就是资金问题，然后是技术问题，再就是设备问题，这些问题都非常现实地摆在我面前。怎么样去一一解决这些问题呢？我为这些困难绞尽脑汁。但我并没因为这些困难灰心却步，因为我明白，要办一个工厂，那可不是说玩儿的，不容易也是很正常的。

我能过自己的心理素质这一关，却躲不过旁人的嘲笑和讥讽。那些人听说我要卖树叶，都以为我疯了，都说我整天想发财想到神经错乱。那一阵子，无论我走到哪里，明里暗里总有人对着我的后背指指点点，议论纷纷。

但我没有产生过放弃的念头。尽管卖树叶的事八字还没有一撇，而且国内根本就没有可供参照的工厂，甚至是这方面的技术也是我四处求专家，人家按植物叶子习性，临时总结一些讲给我听的，可我没有想过要罢手。越是这样，我越是认准了这是上天赐予我的一个机会。

我开始为筹钱投资而四处奔走。为了说服我那些亲戚朋友借点钱给我办厂，我真的是好话说尽脸色看尽。我努力了很久。一遍又一遍地奔走在可能会借到钱的每户人家，四处游说。

我相信任何努力都是不会白费的，我最后还是借到了 5 万块钱。有了钱之后，我立即租了几间房子当作厂房，为了省钱，我连开工用的那几口大锅和几口水缸都是向别人借来的。有了这些简单的东西，我的工厂很快就开工了。

我和几个亲戚没日没夜地干，很快就出了成品。我怀着无比兴奋的心情把自己生产的产品运到外贸公司，不料人家看了货之后说我们生产的槲叶根本就不符合出口的要求，一张叶子也不愿留下。

那一刻，我就像遭了晴天霹雳五雷轰顶，人家一张叶子都不要意味着什么？意味着我借来的 5 万块钱打了水漂！5 万块钱，在我们那儿，差不多就是一个天文数字！

一捆一捆的槲叶摆在那儿，那可是一捆捆的血汗哪，那可是我投进去的借款哪，可为什么它们竟没有一张合格？

那一次，我哭了，哭得很伤心，我和我的几个穷亲戚的心像被刀割一样，痛得放声大哭。

然而哭有什么用，不想亏都亏了，哭死了也没有用，相反还会引得他人耻笑。我决定不哭了，因为我知道这样哭下去，不但解决不了实际问题，也追不回那些亏进去的钱。我还不如把泪水擦干，好好地想想补救的办法。

这么一想我就不哭了。我开始冷静地、认真地总结经验教训。我为什么会失败呢？而且失败得这么惨！思前想后，一点一滴地检讨自己是不是太急于求成，太急功近利？最后，我发现自己这一个大跟斗是栽在了技术上。是的，我所掌握的技术太有限了，我只不过是弄了几口水缸几口大锅，就想煮出花花绿绿人见人爱的票子，这未免也太过乐观了。实际上，我根本就不懂槲叶的采摘和加工应当怎么做才算是技术。

在哪里跌倒就从哪里站起来，我找老婆准备了一点出门的盘缠，只身一人，再一次前往北京，怀着虔诚的心态第二次拜师学艺。

这一次，我的心里时时因那不见踪影的 5 万块钱而痛，所以我学得非常刻苦认真。因为欠了一屁股债，我对钱这个东西特别过敏，一想到要花钱我就心里发紧，我真的是能省一分是一分，省下钱来，就去多买一些相关资料。住不起旅店我就睡在街檐下，肚子饿得受不了的时候，我翻出从家乡背到北京来的冷馍馍，和着不要钱的自来水啃上几口……

这一回，我在北京学了一个多月，虽说生活上吃了不少苦头，但却学有所

成。学完后我又跑遍了北京我能找到的图书馆，大海捞针一般查阅这方面的资料，一看到有点关系的资料我就把它抄下来。我抄啊抄啊，抄到手指都僵直了。后来算了一下，单抄资料我都抄了30多万字。

我感觉到自己有点把握了，从北京回到家乡，又开始着手办工厂的事。我的举动把全家人都惹火了，都反对我再干这个事。我知道，我亏那几万块已经把家里人拖进了欠债的泥潭，他们怕我把这个家搞垮了。

只是我顾不了这么多，我对自己说，无论困难有多大压力有多大，都不能退缩。我就像棋盘上打仗的士兵，只准进不能退。亲人反对我办厂，却不能阻止我为办厂到处借钱。我厚着脸皮找遍亲戚朋友，希望他们再次支持我创业，却不曾想这一回没有一个人愿意借钱给我，说难听话的有，叫我还钱的有，就是没人借钱给我。

我自信这回有了技术，成功的希望很大，但我却被钱给难住了。我四处求人八方碰壁，急得吃不下睡不着，整个人憔悴得脱了原形。

怎么办，怎么办，怎么办？

情急之中，我想到了政府，我抱着试一下的心态，把我加工树叶的设想全部写出来，写了一万多字。我在这篇报告中详尽地论述了加工槲叶的可能性和市场前景。我把报告装进信封，把它寄给了南召县委。我想要是某个领导认真看了，没准还能帮我一把。

果然，没多久，我就接到了有关部门的通知，说经过研究，县委决定给我解决启动资金问题：由县二轻局拆借一万元资金给我，用于工厂开工。

真是雪中送炭，柳暗花明，一万块钱虽说不多，可就是靠着这笔钱，我那关闭多时的工厂又开工了。

这一万块在我看来比上次那5万块还要重要得多。正因为它少，所以每一分的使用我都不能掉以轻心。上次，我因技术不过关而失败，这一次，我决不允许自己摔倒。

因此，我首先把好原料这一关。通过学习，我知道，生产加工槲叶，十分重要的一环就是把握什么时候采摘槲叶，又怎么样采摘才好。我紧紧抓住这些关键环节，在采摘槲叶的最佳时节——也就是这年夏天刚刚开始的时候，带着一袋子干粮跑到山上去。每天，我顶着烈日爬坡上坎，翻山过岭，亲自动手按要求采摘槲叶。那一片片对称的、完好无损的槲叶被我轻轻地采摘下来，小心地装好，再一篓子一篓子地背下山。

采摘到槲叶进了厂，接下来就有煮沸、挑选、包装等工序，这些工序的工艺技术要求都很高，稍不小心，就可能出问题，所以从头到尾我都是亲力亲为。

经过多少个日日夜夜精心料理和劳作，我第二次创业的产品又做出来了。望着那些浸泡着自己心血的树叶产品，我心里还是没有多少底。真的，我真的很不安，我怕这些东西还是不合格，如果那样，我该怎么办？我还能借到钱吗？我真的能完全掌握相关技术吗？

怀着这样的担心，我把我的那些树叶产品全都用车拉到郑州，请省商检部门检查验收，看看情况怎么样。看着那些专业人士忙前忙后，我的心忐忑不安。最后结果出来了：天哪，真的是一个天大的好消息，这批树叶产品的合格率出乎意料，高达80%！

这么说我的产品可以卖钱了？钱，是啊，钱，这个时候，我是多么的需要钱啊！

得知产品合格后，我赶紧跑到河南省外贸局，和他们联系有关事宜。听说我生产出了合格的树叶产品，外贸局的有关工作人员很好奇也很支持，他们看了产品并验收了产品后，立即将生产的这批树叶产品运往日本。我怀着惶恐的心情等待市场的反应。老实说，我对自己的这些产品没有多少信心。它真的能卖掉吗？它真的可以进入日本市场赚那些外国人的钱吗？

然而我的担心是多余的，因为我的那些树叶到了日本之后很快脱手，一下子就给我赚回来了5000多元钱！

得到消息那天我高兴坏了，那种高兴绝对是言语无法形容的。那一刻，我真的有一种跑进山林放声高歌的冲动，虽然我最终没有那样做，但是，对那满地都是的槲叶，我的心充满了说不出的感激之情。

激动总会成为过去，当我从成功的喜悦中冷静下来，首先想到的就是我该怎么样把产品做得更好。眼下我的产品只有八成的合格率，还有两成不合格，那也是我的血汗哪，它们为什么就不合格呢？我苦苦地思索着这个问题。

我决定搞清楚那不合格的20%到底为什么不合格。刚开始，听说有八成合格我高兴得想跑起来，可现在，我发觉两成不合格好像太多了点，两成，这个比例真的不小。

我开始钻研，从采摘到包装，一环紧扣一环。我留心每一个环节，想看看问题到底出在哪里。

我一边生产一边总结经验。有一次，我发现有的槲叶还没开始加工就出现了黑黑的斑点。这种东西加工出来就是次品甚至废品，我想搞清楚为什么槲叶采摘下来后会出现黑斑，可我研究了很久也没有答案。

我在自己搞不懂的情况下，带上这些次品跑到郑州去找专家，向他们请教。我找了好多人，最后找到了河南省植物研究院。专家看了我带来的东西后，说是原叶绿素遭到了破坏，因为叶子从树上摘下来，会出现营养跟不上等因素，于是其叶绿素含量就自然流失，就会出现黑斑或色泽不匀的情况。

原因找到了，可我应当怎么办呢？怎么样才能保住原叶绿素的含量？我想到了水果保鲜剂，可专家说不行，因为性质不同，水果保鲜剂对树叶是没有用的。

那么，就这样眼睁睁地看着那些树叶不合格？

不行，我想，得拿出一个办法来。于是我又找专家帮忙，在他们的悉心帮助和认真指导下，一个月后，一个用非铜离子保护原叶绿素的技术研究出来了。这项技术也许对别人一点用都没有，可对我的工厂却是大有可能性。它的运用

立即就让我的产品质量合格率上升到了90%。想想看，这得为我创造多少效益，赚多少钱回来？

因为肯动脑子，肯下苦功，我们厂的树叶加工技术越来越好，生产的树叶产品一批一批销往日本，并且慢慢地引起了一些日本商人的注意，他们对从中国来的这种产品感兴趣了，主动向我们订货。从此时开始，我们的产品算是打开了日本市场的一扇小门，销量越来越看好。到了1990年，我们的订货量已经达到发1.2万箱。次年销往日本的产品达到了2万箱，销售额超过了1 000万元。

我发财了！发财之后回头去看自己走过的路，所有的苦和艰难好像都算不得什么。可这在当初却是很要命的，稍微一松劲，就可能从此完蛋。好在我咬住一个信念不放松，硬是这么挺过来了。

从起念头办厂到走向成功，我前前后后一共花了3年的时间。3年在人的一生当中不算长也不算短，因为追求和思变，我在当地甚至是全国创造了一个神话——靠卖树叶发了财。家乡那满山遍野的槲叶，从来都是被家乡人当柴禾烧的，而我却把它变成了钱，变成了钞票，变成了外汇，变成了金叶子。

因为卖树叶赚了钱，我这个昔日的镶牙匠摇身一变，成了我们那儿有名的企业家，成了我们那儿的第一个百万富翁。

发了财，也许我可以过舒心的好生活了，可是，我不满足，就像当初我喜欢看书了解各种信息一样，发了财的我还是对信息这玩意着迷！我留意一切信息，因为我很清楚，在这样那样的信息当中，很可能就隐藏着种种机会。

果然，1991年7月，我了解到一个令我激动万分的信息：日本的一个什么植物叶包装材料经营企业要到中国来考察有关情况。据说这个植物叶包装材料经营企业在日本同类企业中是最大最有实力的，这次到中国来的商团，由这家名叫上野忠株式会社的社长上野忠雄先生率队，主要是想看看中国的供货商在生产方面的情况。

我感到这是一个绝好的时机，如果把握得好，我很有可能与这家大企业建立合作关系，没准就能引进外资，在家乡建起现代化的大工厂。

这次机会不能白白失去，我拿出当初学技术的劲儿，拼命查找跟树叶有关的资料，争取把准备工作做足，把外商有可能要问的问题全都想到，然后用笔一一记下，再把那些东西全部背几遍直到背熟，只等那帮日本人过来。

7月29日那天上午，上野忠雄真的就带着一帮商人过来了。在当地有关人士的陪同下，他们到我的树叶加工厂参观来了。机不可失时不再来，我抓住机会，拿出自己的产品，非常诚恳地请上野忠雄提意见，并和他聊了很多非常专业的知识。上野忠雄可能没料到会在这么一个小山村里遇到一个懂行的人。他对我很友好很热情。我们两个对树叶感兴趣的人仅仅见了这一面，就有一种可能会成为生意伙伴的预感。

1990年，《中华人民共和国中外合资经营企业法》修正颁布；1991年颁布《中华人民共和国外商投资企业和外国企业所得税法》；1992年颁布《中华人民共和国外商投资企业财务管理规定》《中华人民共和国外商投资企业会计制度》等法律法规。上野忠雄得知这个消息，打算到中国来办工厂。为了找一家合适的植物叶生产商合作，他还费了不少心思。当我得知这个消息，立即着手和他取得联系。我不能让这样的机会因为自己的怠慢而白白丢掉。我告诉自己，这次一定要抓住它。

可是，那个时候的我和很多人一样，对中外合资这种刚刚开始的东西该怎么搞还很不了解，特别是那些和外贸有关的知识，基本上是个门外汉，而我的公司里也没有这方面的人才。我有点苦恼，就像抱着一个圆圆的西瓜无从下口一样。

怎么办呢？想不出什么好办法的我，坐在沙发上一边想事一边按电视遥控器，不断地调台。我没想到这无意识的动作会给我一个提示，让我找到解决问题的办法。

那时候，中央电视台正在播放动画片，是《三国演义》中的《草船借箭》。可能是动画片看上去挺好玩，我没有立即换台，没想到看着看着，我突然心里一动：诸葛亮向人家借箭，我为什么不学他，去借人？

这个念头在脑子里一闪，差点就让我跳了起来：对啊，我为什么不去借个懂行的人来帮我搞这些我摸不着头脑的事？

这个晚上，我差点失眠。我被自己的这个想法弄得很急切。我躺在床上翻来覆去，恨不得天马上就亮了。就这么辗转来辗转去，终于，天亮了，我翻身起来什么也顾不上，抬腿就往县二轻局跑。

我在局长办公室门口等了好久，局长才来上班，我跟随他进门，把自己的难处说了，希望二轻局能帮我搞一个合资项目的临时班子，专门负责和日本商人搞这个合资项目。本来我以为局长会像以前那样大力支持我，却没想到这一回我的想当然却碰了一鼻子灰。

局长说二轻局才多少人，才二十来个人，那么多事要做，怎么可能为你这个事给建一个班子？

局长的话说得我心都凉了。不过局长又说他非常支持搞合资，让我在他手下选一个懂行的人过去帮我，我看上谁就选谁。

我想了想，选了田文通过去帮我。田文通是县二轻局的技术骨干，我对搞技术的人一向非常尊敬，选他当我的助手也可能是因为这个原因。

我们的合资小组就这样成立了，全组就我和田文通“两条枪”。因为急着想把这事办下来，我和田文通当天就着手制订相关工作计划，一步一步搞得非常详细。我们两个人既分工又合作，没日没夜查资料看文件，写意向书，把搞不懂的东西全都集中起来，专门去郑州、上海等地请教有关行家。我们那种拼命三郎的精神现在想起来，连自己都禁不住要佩服自己，真的高效率啊！那些相关手续本来按正常方式，一般都要两个月时间，可我们只用了10天时间。

正应了那句老话：功夫不负有心人。看到我们这么高的工作效率，上野忠

雄几乎不敢相信这是真的，他觉得自己找到了非常好的合作伙伴，马上就决定和我的工厂合作，组建合资厂。因为对我这个合作伙伴相当满意，他还特别提前一个月，把 10 万美元的参股资金汇到了我的账上，以示对我的欣赏和他的诚意。

合资厂的组建，从小处着眼，它使我的工厂一下子扩大了规模，增强了实力；从长远看，则更具有开天辟地的文化意义，因为他把日本先进的管理模式和企业的先进理念带进了我们那个封闭落后而且还很守旧的小山村，冲击着山村的僵化和顽固。

从此，我生产的槲叶因为有了合资伙伴在日本方面广开渠道，根本就不用愁卖不出去。很多时候，我们的产品都出现供不应求的局面。日本市场上，到处都有我们生产的产品。我们唯一要做的就是努力提高产品质量，做到更好。

因为合作得非常愉快，1993 年，当上野忠雄打算在山东威海搞一间专营叶类包装物的独资企业时，他想到了我。他诚恳地请我到威海他的新公司去帮他，给他当主管，条件相当优惠——给我 30%的股权。

我知道，日方之所以想在威海投资搞公司，主要是嫌南召交通运输不便。那个时候，南召只有一条焦枝铁路可供利用，没有飞机也没有别的交通方式。而山东威海离日本近，投资环境比南召好，于是日方就想到山东去发展。

了解了日方的意思后，我没怎么想就谢绝了。没有别的，就是我一下子就觉得这样不行。你想想，我创业时多苦啊，我们这种地方，上哪儿找到这么一条致富路啊？我开了工厂，乡亲们多多少少都会因此挣上一些钱，生活得宽裕点。要是我丢下自己的事业去帮日本人干活去了，我的这些乡亲还指望谁去？不行，我不能为钱就这么无情无义。

但我知道，仅仅自己不走还不够，真想为家乡出点力，就得想办法把上野忠雄留住，让他在我们家乡投资。为了留住日商，我专门带他去周围的风景名胜区游玩，向他介绍和展示我们家乡的美景与优势。

我们到了南阳市参观游览，南阳的美丽景色和各种人文景观，都给上野忠雄留下了很深的印象。特别是当他看到南阳国际机场正加快修建时，不觉有点动心。我看准机会，建议他到南阳投资，继续搞我们的合资企业。我极力游说他从南阳到南召形成集团化优势，开创更辉煌的事业。

上野忠雄觉得这样搞也有很多优势，终于答应坐下来好好探讨。我高兴坏了，赶紧趁热打铁，把这个事定了下来。这年 7 月份，我们在南阳成立了一个合资企业——南阳上野忠轻工有限公司，我出任该公司董事长。

既然合作伙伴为我们做出了让步，最后没有离开我们，我自然是加倍努力地促成这件好事，力争早日上马。于是，我几乎天天头顶火毒的太阳，到工地上指挥施工。没日没夜的奋战后，我们的新工厂很快就进入了试产阶段，比日方要求的时间整整提前了 20 天！

俗话说，天有不测风云。人生是这样，事业也是这样。本来，这么多年来，我通过努力，事业已经步入正轨，并且越做越好。可是，由我出任董事长的南阳上野忠公司，却在1994年遇到了大麻烦：先前，日方原是要到山东投资建厂的，在我的挽留下，好不容易才被说服，在南阳开了公司，公司的主业，当然也是经营树叶；可是，这一年的槲叶遭受了非常严重的病虫灾害，可以说，在我的记忆中，还从来没见过这样惨烈的场景，几乎是成片成片的槲林被虫子毁了。这种状况令人措手不及，给我们带来的直接后果就是公司的十多个分厂，因为主要原料出了问题而无法正常生产，产品产量锐减。

本来，按相关合同规定，像这种由不可抗力发生的灾害，我们可以免除不供货的责任。可我是董事长啊，我能眼睁睁地看着自己呕心沥血倾情投入的事业也跟着遭受自然灾害吗？我不能。

一个人，一个企业，甚至一个国家，信誉都是非常重要的，甚至超过生命。我能走到今天这个样子，实际上也是信誉在起作用。比如当年我借钱办厂，如果没有信誉成吗？没有信誉人家会把血汗钱借给我吗？回答当然是不成。

因此，我没有因为这是自然灾害，是不可抗力，追责任追究不到我头上来这些原因就坐在那儿看着产量下降，而是积极寻求自救的方法。自救的方法不多，唯有找到原料来源才能自救。我非常明白这一点。为了找到原料来源，我想了很多办法，通过各种关系四处打听，都没什么结果。后来，我突然想到了网络，这个神奇的东西，说不定就可以帮我一把。于是，我通过相关的信息网，了解到我国东北、西南等地区的槲叶遭遇的虫害没有那么严重。我二话不说，马上组织人马赶到贵州、辽宁等省，请求当地政府大力帮助，很快就发动农民为我们采摘到了合格的槲叶。没多久，我们解决了槲叶原料的问题，生产又进入正常状态。在原定时间内，从质到量，都很好地完成了有关供贷任务。

实际上，这一次的收获不单只是解决了原料问题。因为我们的努力，日方人员非常感动，他们认为，有我们这样的合作伙伴是他们最大的荣幸！因为感动，他们还专门组织他们日本公司的全体员工，分批千里迢迢来到中国，参观南阳的公司，学习我们的精神。

这一次意外的困难早就度过去了，却让我陷入了深深的沉思。过去，我一直认为我们家乡槲树叶子到处都是，根本就不会存在原料告急的问题，可现实告诉我，我太乐观了，一场天灾让我没米下锅，狠狠地将了我一军，差点令我损兵折将。那么，怎么样才能避免类似的情况再次发生呢？我认真分析了自己看到的一切，比如这一次天灾，以我一己之力肯定是没法避免的，就算没有天灾，那些自生自灭的树叶子也不是每一片都可以用来生产的。比如尺寸不合格、形状不合要求等问题，都可能让我们公司的生产陷入困境。我想我不能端着一碗水盼天干了，我得想办法拓宽原料来源范围，以保证不会出现类似的情况。

经过思考，我决定到附近的地区和省份建立一些原料收购点，以确保不会出现原料告急的情况再次发生。于是，1995年春节刚过，我就调兵遣将，到湖北、四川、安徽和陕西等省，考察相关情况和组建收购网点。我们印制了很多

宣传单到处张贴或发给当地群众，将槲叶可以卖钱的信息传到千家万户。我们还亲自动手教那些人采摘槲叶和进行初期加工。可能是从来没有听说树叶子能赚钱的原因，有些人不大相信我们，但大部分群众对我们表示欢迎。

有付出就会有收获。在组建原料收购网点上，我们花了四年多的时间，付出了大量的心血和汗水。但我们的努力是有成效的，经过这几年的努力，我们已经在河南、安徽、湖北、四川、陕西等省份建成了 120 多个植物叶加工点，从而保证了公司的原料来源，同时也在很大程度上增强了企业抵抗风险的能力。其实这个办法不单我们受益，也让那些收购点的部分山区人民有了一些改善生活的条件。

如果回头去看，我的事业还是很顺的。从开始到成功，也就是那么几年，我就有了 5 000 多万元的资产。在别人眼里，我肯定是成功人士，但我没有因此就忘乎所以。拿着那一把钱，我想得更多的是怎么样拓宽生产领域。我是搞树叶起家的，我想我们国家有那么多种类的树木，不可能只有槲叶才能做食品的包装袋，我完全可以再找一些别的、对人体有益的树叶，来做成可以卖钱的产品。

和以前一样，我还是那种一想到了就要动手干的性子。我开始着手研究开发新产品，并且通过研究，很快开发出了卷竹产品。算一下，单这个产品每年就能为公司增加效益 200 万元。这一来，我干劲更大了，紧接着又开发出了能保存奇特的自然香味的罐装新产品。这些产品都在很短的时间内进入日本市场，并打开了销路。

1999 年，我又开始着手加工柿叶。那时正值三伏天，天气热得不行，室内温度好像不大适合加工柿叶产品。每次加工出来的产品的叶面颜色都不光亮，就像被火烤熟了一样，总是灰灰的很难看。这样的东西当然不合格，更是卖不了钱。

会不会是因为天气太热了呢？我这样假设。

为了把这个难关攻下来，我决定把加工程序放到冷库中去试验。我在大热天穿上大棉袄，钻到冷库里边去试验。我一连几天猫在冷库里，一次一次地试，从一度开始做，不行，那就把温度调到二度，二度不行再调到三度……如此一步一步地，可谓费尽心思。最后，我找到了加工柿叶的最佳温度点——5 摄氏度，在这个温度下加工出来的产品，看起来非常鲜艳，效果相当理想。

看到自己劳心费力得来的结果，我的心里充满了成功的喜悦。

日本人喜欢樱花是众所周知的，但我却通过和日本人的合作，对这方面了解得更深切。我知道日本人还爱屋及乌，也很喜欢用樱花叶包装的食品。而当时，也就是 1996 年以前，在日本市场上，那些用来包装食品的樱花叶，全都是日本产的。

我可以引进樱花来种植吗？我萌生了这样的想法，并且得到了日方的支持。1996 年，我大胆引进日本樱花，并且在南阳开了试种基地。这个事费了我不少神。开始那会儿，几乎种一次失败一次，弄得很多人对我这个项目都失去了信心。但我不放弃，同在一个地球上，我就不相信中国开不出像样的樱花！

在这种不信邪不服输的信念支撑下，我花了两年多的时间，为使樱花适应当地气候、土壤等自然条件费尽了心思。最后，我再一次成功了：我引进的日本樱花长出来了，适应了我们南阳的水土！

但这只是头关，接下来的更加困难，因为我得把中国产的樱花种成和日本一样高的质量，甚至于要比日本本土的更好，所以我就得做很多很多的实验，直到中国樱花得到日本用户的接受和欢迎。经过不知多少次的实验，我最后还是成功了。2001 年，我把樱花种植面积扩大了数倍，使当年产量就达到了 1 万箱，单这一项就卖了 800 万元。

一个人在没钱的时候，最想的就是有一天能赚到钱，而当有一天你赚到钱之后，你就会对赚钱失去兴趣。这个时候，你想得更多的不是如何赚更多的钱，而是如何在事业上取得更大的成绩。事业，其概念当然要比钱来得更广泛。

就这样，我赚下的钱我这一辈子肯定是花不完的了，但是，我的事业却刚刚开始。为了事业，我花了大量的时间和精力搞研究。2002 年，我研制的“植物叶盐藏方法”和“野生植物叶保鲜技术的研究与应用”分别荣获国家经贸部、河南省政府重大进步成果二等奖。不要小看这两项奖啊，它可是填补了我们国家在植物研究领域的一项空白！就连日本专家，也对此夸赞不已，说我的发明是 21 世纪高档食品包装材料生产的新技术。

十多年的风风雨雨过去了，我也从欠一屁股债的穷光蛋变成了拥有资产过亿的富翁。

这是一个完整的创业故事，把一个“创业难”体现得淋漓尽致——从开始到中途，由资金到技术，被讥笑到惨败，这个一心想创业的山里娃都尝遍了，可是就一条没有被难倒——意志。

三、创业容易守业难

假如创业过程中的一切问题都解决好了，事业有成了，那守业也难。在经济进入全球化的阶段，决定一个企业（事业）生存与否的变数太多，有资金原因、人才原因、管理原因、发展方向原因等等。即使是十分红火的企业，弄不好马上就“死”。这样的例子很多。美国的企业平均生存年限只有 3 年多，可见社会考察时要“看准”也很难。即便一时走上了良性发展的轨道，同行之间的竞争也是异常激烈的。竞争取胜的因素不少，有创新问题、人才问题、管理运作问题等。事业的持续发展还受社会需求意识不断变化的威胁。前些年，人们锻炼身体，喜欢上了一种叫呼啦圈的器具。眼看赚大钱，许多厂家一哄而上，可过不了多久，人们就不屑一顾，制造生产也就寿终正寝。这些年在饮食、衣着、玩具以至于一些必需工业品的外形上，都是三十年河东，三十年河西。人们赶潮流，图新鲜，厂家无所适从。你说守业难不？

“太阳神”这个品牌在相当一部分有一定年纪的人中不但不陌生，而且十分了得。1988 年创建之初，广告铺天盖地，经营十分火爆。1993 年，它的营业额高达 13 亿元，市场份额最高时达到 63%。要知道，它的前身在几年前的 1987 年仅仅是一个保健品厂。但是，成功之后，由于它忽视强势项目，盲目地搞了房地产、石油、边贸、酒店、化妆品、电脑等多项发展，1997 年就进入亏损期，亏损额高达 1.59 亿元，接着导致人才外流，企业辉煌不再。

一位朋友在南方做生意，事业大有成功，据说是几百万几百万的账目往来，让人羡慕得很。他每年春节前回来，所有朋友总要问长问短，大家在一起欢欢乐乐地凑几天热闹，当然花费都由他出。今年就很特殊了，时令还没到腊月，他就回来了，而且躲着不见人，只有我和另外一位朋友知道他回来了。那些天他整天一个人待在屋里，给他打电话也不接，去家里找他，他老婆神神秘秘地只说“别理他”。一时弄得大伙儿不知咋办才好。直到过了祭灶节，突然他风风火火来找我，要我通知大家，明早九点钟九州宾馆集合，要高高兴兴玩几天，还说准备花十来万玩玩。这倒把我给弄糊涂了。再三追问他，他才讲了实情。原来下半年他的生意在一个很不应该出问题的地方栽了跟头，而且一赔就是四百多万，把他给弄惨了。他给公司的员工放了半年假，回来“调整调整”。他说：“我思前想后，十几天没睡一个囫囵觉，满脑子折腾的都是白花花的票子，我恨自己太粗心、太大意，要是不赔这么一家伙，我明年还准备在北方搞个分公司，这一来一切都‘砸’了。……我想了很多很多，就是没想着要跳出苦恼。有一天，我突然发现，我不能再做毫无意义的瞎想，我必须振作起来，因为过罢年还有许多生意要做，和非洲的数千万的大买卖还等我去安排……”他觉得他渡过了“难关”，他现在精神饱满，雄心勃勃，准备过罢年大干一番，他已经发了通知，要求公司员工过了正月十五上班。

他的确是变了一个人，变得积极乐观，更加豪爽，更加雄心勃发——朋友们都有一致的感觉。看起来，能否勇敢承认、欣然接受失败果然是大不一样。而失败后，能够跳出“苦海”，升华境界，竟然如此使其前后判若两人。

创业的难处各种各样，联合国国际劳工组织高级项目官员邓宝山指出，对于大多数创办微型和小型企业的人来说（一般情况下创业不会从大企业起步），必须具备三个要素——知识技能、资金和社会化服务体系。即使有时候资金问题不存在，另两个问题也是多数青年会遇到的。还有工作环境问题，与领导、同事的相处问题，等等。总之，一个难字了得。

但是，积极求得一份职业，或者自主地开创新的事业，努力发展壮大我国的各个行业特别是高科技产业，又是十分必要和重要的。因此，我们鼓励支持青年人克服一切困难，勇敢地投入到就业大军中去，以职业为基础，开始自己的创业之路。如果仅仅满足一般的就业，特别是在有一个认为是很好的工作后，就满足现状，不求进取，那又错了。

社会发展的进程一再昭示：人类社会发展史可以说是一部因屡屡失败而致缓慢发展的历史。这一历史进程是由极长时间的量的积累与极短时间的质的飞跃构成的。量的积累是业的扩大，质的飞跃是业的创新。量的积累在时间上远远超过了质的飞跃，以致我们在回顾历史的巡视中所看到的不能不是大量的失败。

这里有一个闪耀着辩证法光芒的深刻哲理：顺境中难以造就人才，逆境中却往往英才辈出，无穷的困难才能造就一个个成功的创业者。正基于此，我们的先民们才无可奈何地以自我解嘲的口吻归结了这样一句深刻的格言：失败是成功之母。美国企业界巨子汽车大王福特公司总裁，以后又做了美国汽车业第三把交椅的克莱斯勒公司总裁艾科卡也说过："人类中最伟大者和最优秀者，皆孕育于贫困这所学校中，这是催人奋发的学校，是唯一能出伟人和天才的学校。"

四、脚踏实地也不难

常言道，空谈误国，实干兴邦，对待创业也是一个道理。不少的青年人，往往心中早有雄兵百万，事来却急忙退到旁边，缺乏实干精神。也有一些人，在看到别人创业成功后，激起一腔热血，又是招兵买马，又是锣鼓鞭炮。热闹一阵子之后，难免就是具体的坡坡坎坎，不久就闹一场烟雾大散。这是创业的大忌。

要想创业，最需要的是脚踏实地，少说多做，一步一个脚印。心中有个远大目标是可以的，但是起步必须从小事做起，而且说干就干，干就是经验，干就有成果。一些人认为做事失败了谈何成果，其实，仔细一想，辩证地看，失败为成功缩短了距离，何尝不是成果？有一副对联告诉大家：站得高些，看得远些，做得实些，少说空话，不说假话，要说行话。这应该成为创业者的座右铭。

打工仔高军的公司如今拥有五六百家客户，年产值过亿元，成为深圳市服务行业的一霸。一般人很难想象他的公司仅仅是搞蔬菜配送的。在深圳这个以高科技门类众多而闻名的城市，高军没有什么特殊的技术，但是他分析，深圳人生活节奏快，买菜吃饭有困难，于是在1995年搞了一个"万家欢"送菜公司，经过几年的奋斗，终于成了大气候。

第二节 创业易

如果我们仅仅看到创业难的一面，那又错了。从另外的角度分析，现代的创业，也有比古代更容易的地方。如前文所述，虽然当今人多了，可业也多了，从（就）业的方式也多了。因此，现代的国际社会，包括中国，出现了创业的空前活跃期。国际权威杂

志《全球创业观察》(GEM)提出了“创业指数”即TEA指标(指100人中创业的人数)。据该杂志2002年对全球37个国家创业情况进行的评估，TEA最高的是泰国，为19%；最差的是日本，为2%。我国是12.3%，而且女性也一改过去闭门不出的现象，积极投入到创业大军中来。我国男女的比例是1.24∶1，国际为1.8∶1。其中生存型的占60%，机会型的占40%，而在全球创业活动中，生存型的只占30%，机会型的占60%。我们可以说，在这个大千世界里，出门在外可以创业，待在家里也能挣钱；靠技术肯定成功，出点子也能发财。在一定的情况下，不要知识技能，仅仅有非智力条件，例如诚实、吃亏、漂亮甚至微笑等，也可以起步求生，发财致富。

微笑创业

某广告公司在东北滨城招收两个广告设计师，优厚的待遇吸引了不少人前来报考，其中大多数是广告设计制作方面的各种专门人才，且手握相当级别的文凭，也有一些人虽有志于广告设计，但是缺乏文凭，资历浅薄。在招考面试前的半个小时里，应聘者全部静静地坐在走廊的排椅上，为这两个名额而惴惴不安，个个都想在这次面试中一举成功，因而表情不免过于严肃和紧张。总经理与人事部长此时正站在办公室的百叶窗前注视着他们。他们的目光巡视一遍之后，停留在一位面带微笑、神态自信的姑娘身上。总经理和人事部长不约而同地对视了一下。面试开始后，首先问问叫什么名字、年龄、工作单位以及工作经验等常规问题。前面的应聘人员都神情紧张、行为拘谨地回答了所提出的问题，明显地表现出乏味。轮到这位女青年出现在面前时，她还是带着一种既自然、纯洁，又神秘的微笑。总经理首先问：“你觉得你能被录取吗？”

“肯定能。”这位姑娘回答。

“你有文凭吗？”

“没有。”

“你有这方面的经验吗？”

“有，但是很短，只有一年。”

总经理又问：“你知道他们都是什么学位吗？”

“知道!硕士和学士。”

“那么你怎么知道你会战胜他们呢？”

姑娘回答道：“我想如果你们不要我是会后悔的。”

最后，这位姑娘被录用了，在诸多面试者中，唯有她没有谈及年龄、工作单位等常规问题。

我们不难看出，这位姑娘求职成功的原因便是微笑。是微笑使公司负责人注意到了她，是微笑使她在面试中有别于其他竞争对手，是微笑使总经理对她产生了信任感。其实，微笑是一种良好的心理素质的表现。在困难的条件中，能有良好的心理素质也是特长。

一、扬长避短

由于每一个人从小所处的环境不同，接受的教育有异，与生俱来的性格、气质各有偏好，在创业时的选择肯定不一致，也应该不一致。即使是同一个学校，一样的专业，创业之时也必须注意从个人的综合条件进行分析，扬其所长，避其所短。

一般说来，首先应该考虑自己的特长。因为，既然是特长，就不是人人都具备的，这就等于把你自己的创业成功几率提高了若干倍。同时，特长是创业时的一个先机，有先机等于抢占了制高点。再者，特长意味着你有技术优势，在创业过程中，尤其是开始一段时间，能在熟悉产品生产、了解营销行情、改进管理与技术等方面比别人更有竞争力。

篾匠陈云华的创业故事

陈云华是四川省青神县一个地地道道的农民，有着祖传下来的篾活手艺。他的蔑活是他祖父一手一脚教的。他在六七岁时，“手艺”就已超过了祖父——编出的东西能卖更多的钱。他出生于1947年，到1962年，他还在社会上飘荡，做过铁匠、补鞋匠、盖瓦匠等等，唯独他很精通并十分喜欢的蔑活没有干下去。在那个特殊年代，农民哪有许多钱买竹器呢？何况，在四川农村，几乎家家户户都可以自己制作粗糙的竹制用品，好不容易挣来几个钱，只能用到急需用钱的地方。经过一段时间的闯荡，他仍然留恋他十分拿手的蔑活手艺，于是在1968年邀约30多个村民办起第一个竹编作坊。

这时的陈云华如果就满足于编编粗重器具、生活用品，那他绝对成不了当今的国际竹藤组织命名的“中国竹编工艺大师”。他的心思就是一定要利用自己的特长，充分发展特长，在普通的蔑活技术上创新，做出别人做不了的竹器。别人一片竹块只起五六层蔑，他将一片竹块剥成24层“竹纱”；他汲取竹编精华，借鉴木刻、国画的艺术表现手法，把名人书画、风景名胜、图案花纹等移植到平面竹编上；他创造了竹编的扇面、餐席、中堂、对联等艺术作品，编制品上的花鸟鱼虫、飞禽走兽、山川水色，无不惟妙惟肖，栩栩如生。他的一幅《八骏图》，1985年就卖到了1000元。《中国百帝图》卖到48 000美元。他的一幅长385厘米，宽38厘米，重量不足300克的由100万根细如发丝的竹丝编成的《清明上河图》，上面编有810个人物，200多头牲畜，近百所房屋，无一不须眉可见，栩栩如生。一位日本人看了爱不释手，毫不犹豫以14.6万元人民币买走。他出访过十几个国家和地区，接待过30多位外国首脑和政要。他的竹编在国内外出尽了风头。在1996年浙江省举办的全国“民间艺术之乡命名大会”上，文化部正式授予他所在乡为“中国竹编艺术之乡”称号。

由陈云华先生创建的中国竹编艺术城，占地90余亩。城里小桥流水，林木葱翠，曲径通幽。城内栽有50多个品种的竹子，陈列有全国各地不同种类的竹编艺术品。艺术城已成为一个名副其实的集文化、旅游、博览、观光、研发、加工于一体的现代园林。从1984—2014年，他带领16名优秀弟子，承办了300

多期国内外培训班，向学员传授“云华竹编”艺术的奇、绝技艺。在他的精湛技艺的征服下，2001 年 12 月，国际竹编组织正式把青神县定为“国际竹编培训基地”，他就是这个基地的学术带头人，是名副其实的技术权威。

农民陈云华的成功在于，经过一段时间并不成功的闯荡，认识到了还是依靠特长创业好，果断地回过头来；创业初步成功后，又进一步大力发挥特长，勇于创新，把事业推上顶峰。

二、从小做起

任何事物都有一个从无到有，由小到大，从不成熟到成熟的过程，创业更需要从基层做起，以小起步，这个过程是绝对少不了的，因为创业需要各方面的积累。千万不要“勿以小利而不为”。很多时候小事业中可以淘到大学问，小事业中就有大商机。资助祖国教育事业超过 1 亿元的香港大亨曾宪梓的辉煌事业也不过是一条小小的“金利来”领带；如果没有当年卖鹌鹑蛋的刘永好，不可能有今天名震四方的希望集团；你今天不去开一个汽车修理的路边店，肯定不会有你以后的汽车维修联合体。当年几乎百分之百的美国人去阿拉斯加都是要做利益丰厚的淘金梦，而一个 14 岁的少年仅摊上卖泉水的活，不但当时赚了大笔美元，尔后还回去办了一家大的“卖水公司”，最终成了矿泉水大王，而那些热衷于挖金的人，却鲜有成功者。

外国的成功学家要求学员每次“进步 10%”，就是基于对成功是日积月累、循序渐进的认识。理想的大目标是落实在若干个小事情之中的。

娃哈哈是这样长大的

2016 年，娃哈哈集团董事长宗庆后参加了在我国杭州举行的 20 国集团峰会，可谓是真资格的世界级知名企业家。但是很少有人知道在创业之初，宗庆后只是一个卖冰棒的下海者。

上世纪 80 年代初，宗庆后和两名退休教师贷款 14 万元开始创业。最初的业务是帮人代销 4 分钱一支的冰糕。常常是顶风冒雨为顾客送一箱两箱冰糕，营业额仅仅几元钱。后来还代销过保健品什么的。就在这一过程中，他积累了经验，学会了观察市场等经营之道，发现了儿童营养保健品的巨大市场空白，于是开发出第一个娃哈哈儿童营养液。即使在 2016 年经济增长放缓，市场不景气的情况下，仅上半年，娃哈哈集团就上缴利税 31 亿元，利润也有 30 多亿元。

农村诊所变成大医院

郦某，1992 年陕西医科大毕业，在海南工作了一年多回到陕西，去西安各大医院找工作，但均不予接纳，后来到了距西安 40 公里的农村一老中医所开的小诊所上班。但是郦某并不为此而消沉，而是不断好学上进，加强自己的医术，加之她对就医病人非常关心，很快成为当地颇有名气的年轻女大夫。

会再亏一大截。摩根将咖啡的品质进行了一番调查，觉得还不错，认为收购下来是能够有钱赚的。可是他一时没有足够的钱，又觉得机不可失，在他父亲的支持下最后把这批货买了下来。

谁知没过多久，咖啡主产国巴西受到严寒袭击，咖啡产量大减，价格暴涨好几倍，这时摩根果断地抛出货物，大大地赚了一笔钱，奠定了以后事业的坚实基础。

凡事都怕有心人，只要你能时刻注意，机遇就在你身边。谁也不会想到，这两次接踵而来的机遇，成就了摩根辉煌的事业的开端。

机遇成就了模特冠军

王×是上天偏爱的幸运儿，漂亮的脸蛋，五官搭配得是再适合不过了，柳叶眉、大眼、双眼皮、长睫毛、高挺的鼻梁，身材苗条，而且她的身高达到 1.80 米，是公认的“美人胚子”。中学时，她是“校花”，上师范时她是化学系的“系花”，也是有独特气质的女孩，聪明、活泼，而且她虽是化学系的尖子，但她同时还喜欢文学、艺术表演。她的交际特别广，尤其在文艺圈中也有几个朋友。她感到上天赐给她的东西真的很多，她很满意，感到很幸福，而且她想利用自己的优势去做点什么。

一次偶然的机会，王×看到一则关于选模特的启事，便在几个文艺圈朋友的帮忙下，从服饰到动作、化妆，进行了认真的学习和细心的准备。果然，她的出场风采亮丽，赢得了全场经久不断的掌声。最后她拿到了模特冠军。之后她又参加过省的、全国的名模及选美活动，她如今已是全国知名的模特了。

王×感到今天的自己是千百倍的幸运，化学系的尖子生却成了名模，她的成功是峰回路转之后的一大转折。万事不是一成不变的，也许一次偶然的机会就会改变你一生的命运。

王×的成功事业得益于她在各方面条件都具备的时候，毫不犹豫地抓好了机会。如果仅仅有与生俱来的丽质，她不过就是一个“漂亮的化学教师”。机遇让她成为名模。

第三节　人人都能创业

仔细分析，其实创业并不神秘，也不难于成功。大千世界，古今中外，创业活动是普遍存在、不断发展的，是社会生活中每时每刻都会发生的事情。而且人生应该不断地追求创业，创大业。18 世纪以前，当蒸汽机尚未发明之时，人类的社会化大生产没有出现，这时的“就业”绝大部分是创业。开个路边小店，当铁匠、木匠，都是一人一家的小作坊，雇工绝少。仅仅从这一点看，过去人们的创业比较普遍。

大量的事例说明，如果创造不是少部分天才的专利的话，创业就更不属于个别人。

只要具备基本条件，人人都可以创业，哪怕是那些能力弱小、身体残疾的人，也是可以创业成功的。下面将介绍一些具体的创业实例，使大家从中受到启发，感受出其中的酸甜苦辣，也体会别人创业成功后的喜悦心情与成就感。

一、中国人的创业

中国几千年的历史留下了许多可歌可泣的创业故事，神农尝百草而创中草药，伯牙抚琴而有高山流水似的古典音乐。中国人向来重视基业的开创，对开创者推崇备至，褒奖有嘉：把那些带领农民起义打下江山者尊为“开国皇帝”“开国元勋”；谁在学问方面首开先河，谁就是“开山鼻祖”；谁在技术上独创一派，就会被誉为“祖师爷”。中国民间历来提倡创业，歌颂创业，创业的辉煌历史受到广泛称颂，效仿的后继者层出不穷。

希望集团的创业

大凡想过当大老板或亿万富翁的中国人，都知道中国最大的私营企业——希望集团，集团的首创者和技术骨干是刘永言、刘永行、刘永美和刘永好四兄弟。

本来四兄弟都握有大学文凭，捧着硬邦邦的“铁饭碗”，然而，一种施展才华、追求富裕的强烈冲动不断在四兄弟胸中激荡，难以平息。刘永好满脑子的猪仔鸡娃、化肥农药，他认定农业技术一定可以使人致富，他准备真刀真枪地大干一番。

说干就干，在哥哥刘永美的带领和策划下，四兄弟于1982年秋创办了育新良种场，开设并主持了科研小组，培育出产蛋率高达80%的良种，配制出系列饲料。1986年，刘永美和他的兄弟们养鹌鹑15万只，新津县三分之一的农民在他的技术指导下，也成了养殖专业户。全县高峰时期养上千万只，饲养量比号称世界养鹌大国的德、法、日还要大，刘永美很快成为拥资千万元的“鹌鹑大王”，还获得了国家星火科技成果二等奖，着实为自己露了一把脸。

当了千万富翁之后，雄心勃勃的刘永好兄弟还想当亿万富翁!这时，他把眼光瞄准了饲料开发业。他知道传统的巴蜀养猪业太落后了，饲料营养成分太少，把仔猪养肥一般要一两年的时间。刘永好以其农业技术的特有慧眼看到，养猪业要向现代化飞跃，必须以发展饲料工业为突破口。他当机立断，毅然成立了希望饲料公司，高薪聘请了30多位在国内外有影响的农业技术专家，与美国农业部的饲料谷物协会开展学术交流，同派到国外研究动物营养的博士生建立联系。经过近两年的反复试验、筛选，从33个配方中优选出“1号乳猪饲料”。“1号”一面世，立即在四川农村引起了轰动效应。农民用这种带饼干味儿的黄色小颗粒喂乳猪，猪儿爱吃，长得快，长得油光水滑，卖相也好。从此，希望公司深入全国千千万万农户家中。目前，希望集团已经发展成为多种经营的企业集团，年产值几十亿元。

赫赫有名的希望集团的创业并不神秘，就是从人们每天都要做的七件事——油盐柴米酱醋茶的吃开始。当初养鹌鹑，有多大的技术、资金、关系？不过小事一桩。不是么？农民们不也很快养起来了吗？刘氏兄弟靠的是有创业之心，当然还有会分析的头脑。

吴士宏，一个小护士的创业之路

吴士宏，一个涮洗针管、打扫卫生的小护士，一个跑腿打杂的勤杂工，靠边工作边学习的方式，一步步奋斗成为今天赫赫有名的“打工皇后”。她没有读过 MBA，没有进过一天正规大学，却能有今天这样的高强本领——从微软辞职后四个星期内有 19 家大企业邀请，并且都是请她担纲统帅，不管她做什么人们都愿意投钱。

吴士宏的起点并不高，从底层奋斗，从勤杂员做起，从基层销售员到销售经理，到华南区总经理，再到 IBM 销售渠道总经理，再到微软（中国）总经理，一路冲杀过来，创业一步一个脚印，全力奋斗。在 IBM 做全国销售总经理，“接手时已是 5 月底，才做了全年指标的 23%，又拼上 7 个月的命，到年底交出来将近 130%，7 个月做完全年的指标，顺带学会了管理渠道运营的精髓”。在微软，业绩从“差到良再到优+”的同时，又“高密度地综合实践了职业经理的几重角色”。在微软 15 个月的收获，比她原先准备到美国读 EMBA 所学的本领还要多得多。她说：“十几个月在微软‘胜读十年书’，我已拥有我的‘EMBA’。”

一个女性，以一个小护士的身份，从涮洗针管、打扫卫生的小事做起，她的创业起步并不显耀吧？但实现了宏大的创业梦。她的特点是把工作业绩与个人修炼高度地结合在一起，往往业绩越做越大，越做越漂亮，自身的本领也修炼得越来越强大，越来越厉害。不仅完全靠自己的努力冲破了“透明的天花板”，职务从底层冲到最高位，同时本领也升到最高位。这种成长模式就是“学业共事业一色，本领与业绩齐飞”的最佳模式。

二、外国人的创业

外国人，尤其是一些西方人，因为宗教信仰、文化背景以及制度等等的不同，对创业的重视比中国有过之而无不及。他们的人伦关系和制度尽人皆知：子女 18 岁以后生活必须自立；父母子女团聚吃饭实行 AA 制；父母有遗产未必留给子女；很多国家没有严格意义上的退休养老金，等等。加之，西方是一个主张个性解放、个人奋斗的社会，崇尚以创业来体现个人的价值，因此，他们的创业经历、创业经验、创业领域以及创业成就，与我国相比更有突出的地方。

辛泰尔是出生在密苏里河边的一个农村孩子，三岁时母亲就去世了，好不容易靠祖母养大成人。当时的美国乡村也是很“土”的，一次，村里来了一位穿着时髦的医生，使小辛泰尔“开了眼界”，他立志要成为有作为的人。辛泰尔第一次走出农村是在一家旅馆里值夜班，这时他才从南来北往的客人中知道有纽约，有百老汇，知道外面还有更精彩的世界。于是他决定要走出去。

其中，她给某村支部书记的母亲治好了久治不愈的疾病，由感冒引起的血压高、咳嗽、不能进食、夜不能寐等症状，在西安、咸阳各地大医院均未获确切疗效。来诊所就诊后，郦某认真为其检查病情，对症下药，一周未到，老人痊愈了。此事产生了不小的影响。支部书记回村后与几个大款商讨，凑够60万元，在本村盖了一所小医院，承包给了郦某，实际上是给了她，只要几年中还本稍加付息即可。

1995年底，医院开张了。年轻的郦某还请了几位不同专业的小姐妹来帮忙，并与陕西医大老师及附属医院建立了业务关系。很多人来医院看病，大都是慕名而来。1998年医院便还清了本息。1998年年底，该村支书为拴住郦大夫的心真正为父老乡亲办点好事，也为了送人情给郦大夫，遂倡议以20万元的低价将医院所有权转让于郦大夫名下。郦大夫在附近二三十里以内，名声大震，并得到县医院的大力支持。她还在医院隔壁另租三亩干坑地，平整后办起了敬老院，并为老人们免费提供医疗服务。

以前的小医院现已拥有较先进的医疗条件，盖起了医院大楼，总面积1万3千多平方米，有了自己的面包车用于出诊、购置药品器材和接送老年病号。

对于医科大学毕业的大学生，一个农村小诊所绝对是不足挂齿的“小儿科”，但是郦大夫并不嫌弃，一样把它作为事业来办，果然不出几年，事业初创。可以预见，只要继续发扬这个精神，郦大夫的事业一定会更加辉煌！

三、抓住机遇

创业活动中，机遇很重要。在其他前提条件都具备时，机遇就成为关键。机遇说到底就是机会。机遇在很多时候来源于自身对它的分析、认识、准备和把握。一个人一生中的机会是很多的，例如到商场买到一样称心如意的好东西，在交往中碰到一些知心朋友，等等。但是，有的机会恐怕一生之中只有一次、两次，也许一次都没有；有的机会对别人是机遇，对你可能什么也不是。

人们常说平凡是真。平凡的岁月，平凡的人，对于普通人来说，一切生活似乎都被平凡笼罩着。但是，偶然中也常常有富于戏剧性的机遇。上个世纪20—30年代，美国大名鼎鼎的金融界第一号人物摩根抓好了人生的两次机遇，使他的事业得到了强势发展，如日中天，好生了得。到1929年，摩根财团的总资产达到了740亿美元，占了美国当时的国有企业总资本的四分之一。

1857年，摩根从大学毕业后，和现在的大学毕业生一样，谋得一份普通的工作——当了纽约一家商行的小职员，特不起眼。有一次，在去古巴采购货物的回途中路经新奥尔良港，一位巴西船长主动和他搭话，摆谈中问他要不要一批咖啡，用现金交易可以半价出售。原来，这位船长是给美国商人运的一船咖啡来这里，可是货到以后接手的美国商人却破产了，又不好往回运，那样的话就尽管辛泰尔很穷，但他有着火一般的雄心和远大的奋斗目标，于是他开始大量地读书，凡是能找到的，他都读。功夫不负有心人，不久，他在报馆找到了更好的工作，一干就是七年。随后，又到波顿杂志社任职。可是好景不长，因为该杂志社倒闭，辛泰尔也失业了。这时的辛泰尔只好打算卖文度日。但是，尽管他每天写一篇见闻，却没有地方发表，似乎一切都是白费力气。但是辛泰尔是一个十分倔犟的人，他始终觉得，世界上不存在白干的事情，只要努力了，就会有收获，只要自己再加一把劲，既定的目标一定能实现。这些努力没有白费，后来辛泰尔成为纽约极负盛名的人物，他仍然每天写一篇评论，有近 500 家报刊会同时发表，一天的读者达 2 000 多万，其收入超过了总统。有一年，31 家电台同时邀请他制作节目。有一家电台甚至表示，只要他在自己的写字台上装上播音机，每播一分钟，就可拿到 500 美元酬金，这些都被他婉言谢绝了，因为他一心要干自己既定的事业。

三、女人创业与男人创业

在中国传统观念里，创业多属于男人的事。现在情况发生了很大变化。和西方国家一样，女人，特别是城市妇女和知识女性，越来越多地走出家庭谋求自立，创业成功的事例多了起来。在西方，有资料显示，主要发达国家男女每周工作时间已经很接近，美国是 47.5∶36.3，英国是 43.4∶40.1，法国是 44.9∶40.1。我国的情况大体相似，据 2004 年国务院发布的就业白皮书统计，2003 年我国有 3.37 亿妇女就业，其中城镇有 4 156 万人，占城镇总人口的 38%。妇女们以经济独立达到人格独立，她们的创业也一样的受到整个人类的广泛尊重。居里夫人、撒切尔夫人、袁家骝、林巧稚等就是她们中的佼佼者。

由于性别和社会情况的差异，女性创业所受到的艰辛与压力比男子有过之而无不及。别的不说，很多妇女为创业主动推迟了婚育年龄。据 1993 年统计，发达国家大部分妇女初婚年龄在 20 ~ 27 岁，我国城市妇女初婚年龄已升至 23 岁，并继续呈上升趋势。

刘菲是 1993 年毕业于北京某大学计算机专业的硕士研究生。带着美好的梦想，去海南尝试做“凤凰”的感觉。因为她毕竟实力太弱，又没有人赏识她，她在海南想闯电脑事业是不可能的。“识时务者为俊杰”，经过深思，刘菲决定“走为上策”，回本市搞电脑事业，从头做起。1994 年 2 月，刘菲离开海南。

回到本市，刘菲很容易就进了一家电脑公司做软件处理工作，当然这家公司也仅有一般的基础设备。但刘菲却认为，自己只要尽力就可以做得很好。由于公司人员有限，经理什么事都和她商量，经常采纳她的建议。当她分析过市场的电脑行情与人们对电脑知识的需求后，向公司经理建议，在公司内部办电脑培训基地，对外招收学生。经理考虑到这个办法的可行性后采纳了。很快，电脑培训开始，刘菲担任主要的辅导工作。半年后，来培训的学员已达几百人。刘菲又捕捉到中国软件经营新商机，吃掉了附近几个县的电脑业务，并把她原来电脑培训基地的人员派往各县。公司的规模一天天壮大起来，刘菲也已出任公司副经理。现今，在本市她电脑女强人的名声大震。积蓄与实力已远不是几年前初出茅庐时可比，但她仍觉得该在这个公司把基础打得再牢固些。她决定，明年再下海南，相信再次踏上海南闯电脑事业的她不仅有自信与勇气，更有实力，这次她会赢的。

刘菲虽小小地碰了一下壁，但及时转换思路与策略，再坚持下去，并把好有关环节，最终成为创业典型。

10 年前，靠听一次广播，一个叫姜云燕的河北女子就大胆地西行万里，独闯昆仑。10 年后，她居然成了部队医疗站的护士长，五次得到嘉奖，一次荣立二等功，被授予“昆仑卫士”“学雷锋先进个人”和“全国三八红旗手”等称号。前不久，又光荣地获得国际护理界最高荣誉奖——南丁格尔奖，成为世界上这一奖项最年轻的获得者。

1993 年的一个中午，刚从中学毕业的姜云燕在吃饭时听到一则广播，说是部队的一群白衣天使在遥远的喀喇昆仑奉献成才的事迹。这可能多少带一些浪漫色彩，她便执意要到那里去当白衣天使。8 月，她几经周折懵懵懂懂来到了一个地方——青海格尔木。可是这里离她要去的喀喇昆仑还有数千公里。失败和困难考验着她。这个倔犟的姑娘并没有被吓倒，又经过 12 个昼夜的转辗，才来到她心目中的目的地——一个叫“三十里营房”的地方。她见到部队护士，就叫着“我要当兵”。大家都知道，当兵不是自由交易，哪有这样容易的？在她的苦苦哀求下，部队首长被她的勇气和执着精神感动，答应她做一个“编外女兵”。

姜云燕真不愧是一个心灵手巧的姑娘，不久，护士的那些活她全学会了，加之她吃苦耐劳的精神感动了大家，11 月军区特批她成为一名正式的军人。

尽管只是一名护士，姜云燕却把它当成一项崇高的事业，把为那些在第一线站岗放哨的军人服好务作为自己事业成功的足印。她第一次执行任务，就到海拔 5 300 多米的哨卡接送病员。为了不使昏迷中的战士头部受振，不顾姑娘的羞涩，把战士的头放到自己怀里抱着，9 个小时下来，自己的腿早已麻木难动了。一次，一位高原肺水肿合并脑水肿战士右心室失去功能，大量痰液从口鼻中流出，若不及时清理，就有生命危险。为了挽救战友的生命，姜云燕顾不上找吸痰器，用嘴一口一口地把痰液吸出来，病人终于转危为安。为了满足那些长年在 5 000 多米哨卡上执勤的同志的文娱需要，本不是文艺兵的她喘着粗气练习唱歌。为了一辈子都能给高原战士服好务，姜云燕在个人问题上也是立下“特殊”标准——男方必须是喀喇昆仑的兵，许多军地青年，包括一些大城市的人找她，一一被她拒绝。现在她的夫君是一名常年驰骋在高原上的汽车兵。他们下定决心，一辈子追寻在喀喇昆仑的事业上。

姜云燕的创业靠的是另外一种精神，由“编外女兵”到赢得世界大奖，从另一个角度创造了自己的事业。

四、好人创业与“坏人”创业

先要说明，我们这里所说的“坏人”，特指身体上带残疾的人，进而推到犯过各种错误甚至犯过罪服过刑的人。前者是命运与他们作对，后者是对自己人生某一段把握不好而走过弯路。他们与一般人不一样，获得相同的结果，却要付出多几倍甚至无数倍的努力。考察一下社会，恰恰有许多创业成功人士是这样的“坏人”。大音乐家贝多芬双耳失聪，张海迪是一个小儿麻痹症患者，我国的残疾人指挥家舟舟也是一般意义上的低能儿。这些人的一个共同特点是对待生命十分乐观，对待困难特别顽强，对待命运从不服输。为了成功，他们比常人付出的多得多、难得多。他们的创业精神，除了对残疾人和失足者有借鉴之外，更对所有“好人”有莫大的鞭策和教育。

震撼世界的盲人艺术家

华彦均俗称“瞎子阿炳”，是我国乃至世界著名的民间音乐家。他一生创作了几百首二胡独奏曲，其中最著名的是《二泉映月》《听松》等。《二泉映月》被列为世界民间乐曲的经典，用日本著名指挥家小泽征尔的话说，听他的《二泉映月》要跪着听。为什么呢？因为他在乐曲中，通过对自身所经历的苦难的描写，把悲剧化成了伟大的音乐，他的乐声会使每一个聆听的人发生心灵的震撼。然而，阿炳却是一个盲人，而且从小到庙里当了道人。加之他的卑微身世，一生中苦难与贫寒都伴随着他，靠卖唱为生。可是他并没有因此自暴自弃，放弃抗争。他下决心拜师学艺，刻苦钻研民间音乐，为民众演奏。他靠音乐震撼了世界，靠音乐使自己生活了下来，还让无数个弹奏他乐曲的演奏者谋得了工作岗位。

失足人士创大业

前些年红极一时的章光 101 毛发再生精谁都知道，该产品的日本总代理是一个叫李小华的人。此人的显赫名声远不止此：他是中国第一个拥有法拉利跑车的人，连续数年被美国《福布斯》杂志列为中国富豪排行榜前几名，1993 年就拥有 20 亿元人民币的个人资产。他却是一个因触犯刑律被劳教过 3 年的刑满释放人员，又被单位除了名。他出身贫寒，只有初中文化，在走投无路之际才从倒腾小生意起步，成为中国第一批个体户。

所谓“坏人创业”更难，难就难在比常人有更多的限制，这就看你怎样充分发挥自己的长处了。阿炳利用的是他的音乐天赋。近年来，国家十分重视残疾人的就业问题。2004 年，我国的残疾人口已达到 8 000 多万，约占总人口的 6%，其中处于劳动年龄阶段的有 2 400 万。在各级政府的关怀下，2014 年全国城镇就业人数 436 万。

五、钱多创业与钱少创业

乍一看，似乎创业总和钱联系在一起。做生意要本钱，办企业要贷款，开一个小饭

馆不谈门面、餐具要具备，就说油盐柴米总得先支出。的确，要办事，投入是少不了的。但是，一个雄心勃勃的创业者，一个面临机遇的开拓者，一个各方面都具备了条件的优秀分子，如果仅仅被钱卡住，“一分钱难倒英雄汉”，那就成了钱的奴隶。

要办事，钱是少不了的。但是，“唯钱”是创肯定是不对的。创业的因素多种多样，钱只是一个方面。聪明人可以利用一时一地的特殊情况，越过金钱的障碍，发挥其他方面的有利因素，走上创业之路。他们可以把花大钱才能办到的事变成只花小钱，花小钱的事干脆利用卖专利、技术入股、合伙经营，或者代销等办法使它不花钱。

金钱难不倒的味精大王

吴蕴初是20世纪20年代毕业的专科生，有些化学天才。他看到当时日本生产的味精（那时还不叫味精，名为“味之素”）风靡一时，几乎占据所有中国市场，爱国之心油然而起，“为什么不造中国自己的味之素？”吴蕴初下决心要搞出中国味精。经过一年多的反复试制终于成功，但是一个大问题把他拦住了——他一点资金都没有，在当时的情况下根本不可能投入生产。经过反复思考，他想出一个“找钱”的好主意。他开始频频进饭馆，而且一定到客人多的桌面坐下来，接着极为夸张地当着其他用餐者的面取出一个小瓶往汤里倒东西，然后得意地津津有味地喝起来。一次、两次、好几次，他都重复做着这样的动作，终于有一天一个客人按捺不住，问他放的是什么，是否可以尝尝。吴蕴初当然在他的汤里加了不少，客人一喝，大加赞赏不说，听说因无钱不能生产，马上将他介绍给一位张姓巨商。张出资5 000大洋，让吴蕴初立即投入生产，最终造就了赫赫有名的中国“味精大王”。

这个故事中解决资金的办法当然具有喜剧性，也是迫不得已而为之，可是吴蕴初先生为了给国家争气，扬民族之威，在情急之下发挥了创新性思维，值得借鉴。

广州企业家×××创业之初几乎一贫如洗，吃饭都十分困难。可是他又是一个具有雄心壮志的人，决不安于清贫。但他有了创业的计划之后，就一心想着怎样筹到起步资金。一天办法来了，他想到，一个邻居有几个儿子在香港做生意，家里十分富有，可以向他借钱。第一次他借了1000元，保证一个星期即还。果然，第七天他准时把钱还了；第二次他又借2000元，说好一月还钱，并且附加利息，到时也是如期履约。后来又有第三次、第四次，都是说一不二。其实，这位聪明的企业家几次借款都不动分毫，目的是能够建立起如期归还的信誉。终于，到他一切准备就绪，企业要真正起步时，再次开口借钱，这下不是三千五千，而是好几万元。此时邻居反而乐呵呵地说：没问题，你借钱，我放心。

当然，现实中最常见的是银行贷款创业，这是筹集资金的有效办法。但是贷款也不容易，要抵押、担保等等。私人企业要在银行贷款，是十分困难的。即使贷得到，也颇有风险。

李书福的吉利集团是我国民营企业跨入汽车行业的第一家。创业之初，也想用上市或贷款的办法解决资金困难问题，但是私人老板不像国企那样轻易会得到这样的好处，于是他发明了一个“老板工程”的办法集资：请资金持有者入股，合伙创办子公司或分厂，让他们当老板。他也把车间租给配套厂家，设备则由配套厂投入，原料由公司提供。请有才无钱的技术人员加盟，凭技术或管理成为吉利的股东。这些人工资并不高，就大大节约了资金。

六、正道创业与“歪道”创业

创业之路千万条，就看你怎么走。所谓正道，指在创业上人们一贯使用的一种线性思维，认为创业总是离不开专业，创业应该从众，端上铁饭碗，等等。其实，用创造的逆向思维考虑，走所谓的“歪道”又何尝不可。别人认为不赚钱的行业我偏要去干，有时反倒可成大气候；别人都干的行业，我就不去追风，以后可能因祸得福。因为表面看上去是“歪道”的行业，往往隐藏着一些成功的机遇，或者于无路处找到芝麻之门。

有一位金融业人士，一心要考研究生，可是数试不中，心灰意冷。这时，一些朋友老向他请教古钱币的问题，他索性就编了一本《中国古代钱币说明》以解口舌之苦。不料，这本书却被书商看中，赚了一笔大钱。

在这个问题上我们曾经进入过误区。在计划经济年代，人们喜欢去国有单位、大单位工作；大学生毕业了，先“分配”，获得个“铁饭碗”。现在，这两方面都有大的突破。但是对大中专学生来说，仍然有误区存在，那就是在创业时过分依靠和迷信自己所学的专业。我们承认，学过专业肯定很好，但大量实践证明，综合素质比专业知识更重要，情商比智商更重要。现代社会的发展速度非常快，会使我们之前掌握的一些学科领域的知识技能很快过时，而素质和情商能够持久，不然我们不能充分解释为什么人群中总有那么多文化很低，没有甚至根本没有受过专业技能训练的人成了大企业家。另外，目前我国已经步入市场经济轨道，人们的生产生活多元化，需求也是多元化，行业比以往多得多。除已有行业的方方面面外，还有许多“旁门左道”需要我们去开发，创造新的行业。这种创业行为，本质上就是创新。

找准正道创业快

小刘家住河南的某个小县城，他从小顽皮好动，但对画画特别感兴趣。高考时以优异的成绩考入了北京林业大学园艺系，凭着他特有的天赋，专业成绩相当不错，大学毕业后他留在了北京市某公司工作。一次假期回家，几个好友约他在一块吃饭，大家谈天说地，大讲生意经，在谈到如今的装潢热时，小刘脑中产生了办装潢公司的念头。

回北京辞去了现有的工作，回到家乡开始招兵买马办公司。他首先成立了一个由十几个下岗职工组成的装修队，由于他脑子活，办事认真，因此很受客

户信任。他的队员们干劲十足，又有一定的工作经验，很快便在小刘的带领下办起了一家装潢公司，又招聘了一些技术人员。慢慢地小刘的经验多了起来。几年后，他开始进行装饰材料的批发买卖，在某市成立了装饰材料公司，净资产几百万元，他的员工由原来的十几个人发展到上百号人，大都是有经验的下岗职工，小刘也成了行业中知名度很高的大老板。不久，他又以 15 万元的价格买下了一家歌厅（房租在外），花五六万元装修后，他挂出了招租广告：每月租金 10 万元。现在，小刘光租金一项收入一年就 120 万元。

城里不住去农村

1992 年，冯子云以优异的成绩从海南大学园林系毕业，分配到当时人们普遍认为是琼山市最好的国有企业——市信托贸易总公司。当时，这是许多人梦寐以求的去处。然而，冯子云却毫不犹豫地放弃了。

当时，早已从农村搬到海口的冯子云父母，对他的选择很不理解，因为独生子的选择意味着重返农村，大学不是白上了吗？但冯子云不这么想。他说："留在农村还是城市并不重要，重要的是充分发挥自己的长处，体现自己的价值。"

当然，实现"田园梦"并非那么容易，除了知识和技术外，还需要资金。一方面，他要对自己开发的农业项目进行调研，另一方面，又要进行艰难的原始积累。通过当公园园林绿化主管、技术指导……几年折腾下来，终于有了一笔不算太少的积蓄。1998 年 6 月，他拿出自己的全部家当，又向亲戚朋友借钱凑了 20 来万，回到了自己的老家——三江镇罗梧村。

对于该不该拿出全部家产，他再三犹豫过。当时他已在海口成家，妻子单位效益不好，生活压力较大。但对于自己多年的梦想，他最终没有放弃。在家人的支持下，他义无反顾地回到了农村，开始了他的"农民生涯"。

冯子云向村里提出承包 60 多亩土地，刚开始，一些人对他抱着不信任的态度，怕他拖欠租金——毕竟从 14 岁开始，他就随家人离开了这里。于是他就挨家挨户去劝说。一个月后，他终于和村里签订了承包合同，而且一签就是 30 年。

接下来，他花了两个来月的时间平整土地、挖坑、种树苗。为了节省开支，他只雇了一个人，大部分工作自己一个人做。刚开始，他每天要干十几个小时的活，有时候凌晨 4 点多起床，晚上 12 点才收工。他记不清双手磨脱了多少层皮、起了多少层茧。在这片果园里，他完全放下了知识分子的架子，挑粪施肥再脏再累的活都干。

辛劳没有白费。由于能吃苦，加上有技术，40 多亩番荔枝和 10 多亩的毛叶枣长得生机勃勃。冯子云告诉记者，明年（2000 年），他种的 5 000 多株果树就结果了。他算了一笔账：番荔枝每株可结 10 来斤果，每斤 6 元左右，一年结两季果，如果收成好，仅此一项，一年就有 40 多万元的收入。"当然，如果反过来，全部赔进去也有可能。"

当记者问冯子云，冒那么大的风险，加上一般人无法承受的辛苦，他有没有后悔过当初的选择时，他没有正面回答，只是对着苍翠的果园说：“明年五六月结果的时候，你来这里，我请你吃最大最甜的果。”

小刘从小喜欢美术，大学上的也是与美术密切联系的园艺系，转到装潢，当然是准确的正道了，所以创业快。这种情况是我们首先要鼓励的。

冯子云放着上好的职业（信托贸易总公司）不干，偏要去当农民，此路可谓“歪”矣。你可曾想过，有很大的可能，他一辈子待在信托公司，到头来大不了就是高级职员一个，现在则可能成为农场主，何况还是他喜欢的园林专业。

如果说冯子云的创业选择还有专业的局限的话，那么下面这位女生的创业就是不折不扣的“歪道”了。

她放弃了……

于×出生于南方某省，大学里学的是艺术系。江南秀美的风土给了她一张漂亮的脸蛋，一个娇美的身材。本来，依她本身所具备的条件，要在她的专业中取得较大的成功，应该说是比较容易的，可是，一个很偶然的机会，却改变了她的命运。一次，一位朋友告诉她，市里有一场模特选拔赛，建议她去试试。于×也很重视这次机会，好好准备了一番，报名参加了比赛。没想到，竟然得了二等奖。

有了这次经历，于×对自己又有了新的认识，她认真审视了一下自己的优缺点，知道面前有两条路，一是老老实实地当好自己的艺术系学生；二是下决心去当一名优秀的模特。经过一番认真的思考，她决定选择对自己来说比较有潜在优势的模特之路。

于×选定了自己要走的路，可她也知道，要想把优势从潜在的变为明显的，还需要刻苦锻炼。于×体态上有优势，可要做国家级甚至国际的名模，也绝非易事。那不仅要有好的容貌、体态等外表形态，而且要有良好的知识、能力等内在素质。

所以，在接下去的时间里，一方面，她努力进行体育锻炼、体态训练，塑造更加健美、高挑的身材，从言谈举止上注意培养自己，以使自己的优势更加突出；另一方面，她更加勤奋地学习，学习英语、政治、经济、法律、哲学、文学、历史等等知识，培养自己丰富的内在底蕴和自信的气质。

在大学的三年中，她不断地培养自己，提高自己，在各类各级的模特赛中崭露头角。大学毕业后她走上了专业模特之路，获得多次模特比赛大奖，现在，终于成为国家级优秀模特。

凭于×自身的条件，终身从事艺术事业也许会有所发展，但在强手如林的艺术界，未必能出类拔萃，模特行业尽管许多学界人士褒贬不一，却是一个新兴行业，颇有发展空间。果然，于×歪打正着，事业成功了。

七、劳心创业与劳力创业

“劳心”与“劳力”是两个古老的用语。孔子说：劳心者治人，劳力者治于人。这话如果从另外的方向去理解，至今尤不过时。改用现在的话来说，劳心指用脑力，劳力指费体力。现在的创业，应提倡多用脑力。

似乎，从古至今，创业都是更多的与劳力有关，即花费体力多。随着时代的变迁，这个法则不灵了。在科学技术高度发达的今天，以体力劳动开始创业的事尽管还不少，但只有靠各种各样的劳心才能开创大业是显而易见的。翻开创业事例，凭借灵活的脑子，从无到有，规模从小到大，甚至空手套白狼的不在少数。研究表明，伴随着知识经济的到来，即使是一个最好的工人，也只比一个普通工人多生产 20%～30%的产品，而一个使用脑力的软件开发技术员，其效率是一般人员的 500%～1000%。所以在开始创业之时，应该多用智用脑。

当今的“脑力”远不是仅指书本知识，技能、管理、策略、点子、胆识等，都在“脑力”范围之列。

刘×的“脑筋急转弯”

刘×，女，出生于南方某镇。身段高挑，容貌动人。大学毕业后，她在内地 A 市的一国有商店当营业员。那时正值 20 世纪 90 年代初，改革开放的大潮席卷中国南方，优越的地理位置及开放的政策环境，吸引了大批国内外的创业者、投资家。刘×很早就开始关注国内的经济、政治状况，面对改革的巨大浪潮，此时的刘×已看准了南方的巨大机遇，毅然做出决定，辞去营业员之职，闯入深圳。

在深圳，刘×凭其形象和实力，在一家私人企业任职，由于她工作努力，成绩突出，很快得到总经理的信任和赏识，被聘为经理秘书。而此时的刘×，眼光已盯上了股票。她已认识到，在当时大好的经济形势下，投资股市得到高回报的机会很大。为此，她在工作之余努力学习与炒股有关的金融知识，并用她出色的口才，终于说服总经理为其提供 10 万元资金，以总经理的名义去炒股。在股票交易所，刘×的眼光并没有盯在上市股票上，而是一直在股民中搜寻，她需要一位专业人士来帮助她。终于，刘×以其特有的敏锐眼光物色了一位人物。她认定自己没看错人，大胆地用自己的资金作资本，两人共同投资运作。

后来的事实证明，刘×没看错人，那人在三个月内帮她赚到了 50 万元。在给了此人 10 万元后，刘×带着 40 万元回到公司，给了老板 20 万元后，她又有了自己新的目标，因为她已察觉到一个更稳而机遇也更大的行业——房地产业。

这一次刘×把目光转向了我国香港。她意识到在香港有着更大的成功概率。为此，她离开深圳，独闯香港。

在香港，刘×注册办了一家公司。那几年，内地的众多国有及私有企业一心想与港台和国外的企业合作办合资企业，以获得政府的政策优惠。刘×看中的正是这一点，她以香港企业的名义，与内地的企业办合资公司，在短短的两年内，她的公司资产已飞升至五百万元。现在，刘×所创立的实业公司扩展为集团公司，公司规模仍在继续扩大。

刘×如果仅停留在做营业员的工作上，则是依靠体力做简单的劳动，这样便不会有太大的发展。后来她凭借其经济、政治知识和准确判断的头脑，两次创业，两次成功。这就是劳心者创业，以劳心而创大业。

上面我们看到了许多创业成功的事例，应该不同程度受到了鼓励。但是我们不能就此以为这就是创业的全部，还有一个道理要清楚，创业成功人士并非一辈子就高枕无忧了，在竞争激烈的现代社会，谁都可能中途失业，于是不得不面临第二次、第三次……创业。所谓“再就业”，就是再创业。

我在一家公司工作，工作时间长达16年半。最初我是以低级员工的身份被雇用，之后我便一路攀升到副总裁的职位。虽然这是一家大型的跨国企业，但是员工之间却有家人般信任、亲近与融洽的感情，主雇双方也存在难得的互信互赖。事实上，这家公司向来就不遗余力地培养“家庭”的气氛。我对自己的工作也感到十分自在与安全。然而事情发生了，另一家公司买下了这家公司。公司内部弥漫着不安的情绪。仓库关闭，大举裁员，产品分销网重新整顿，员工心中充塞了许多疑问困惑，然而我们却得不到确切的回答。上级表示我所在的部门不会受到波及，不会有任何变动，我相信了。因为即使再过100万年，我也不会想到自己会是裁员行动下的受害者。

然后在1990年10月15日星期一下午4点30分（也就是公司被收购之后的7个月），我被召唤到总裁的办公室。而我的直属上司，执行副总裁也在那里。他们关上了门，在我尚未来得及坐下之前就宣布：“我们有一些坏消息要告诉你。我们今天终止了对你的聘用。目前我们正进行改组，很遗憾，你不是计划中的一部分。我们为你准备了一套离职补偿，希望你仔细阅读，请教律师的意见，然后再拿回来给我们。如果你觉得可以接受的话，我们就按照文件上的条件签署。很抱歉，但是我们不得不如此。”就是这样！他们如此冷漠快速地宣布了这项残酷的事实。整件事发生的时间不超过5分钟！我震惊地拿着他们交给我的信封袋走了出去，神情恍惚地步入我的办公室。然后我坐了下来，开始我刚才未完成的工作。又过了几分钟，我才完全明白发生了什么事。我拿起话筒拨了电话回家，告诉妻子这个消息，之后便拿起夹克步出公司。

我的妻子感到十分震惊、愤怒、难过，她所受的伤害不在我之下。然而她表现出非常支持的态度。仍然未从震惊中平复过来的我，打开了信封袋，一起和妻子检查公司所提供的离职补偿。上面言明我可以拿到相当于一年薪水的金额，公司会一次付清。隔天我便带着这份文件前去找我的律师。他对这方面并不在行，但是他立即打电话给一名专精离职补偿的同行，他们在电话上逐一地对这份文件中的条件加以讨论。之后律师给我的建议是接受它，因为它的条件

称得上十分优厚，如果我决定再争取更多的话，只会浪费我的金钱与时间，而且并没有必要这么做。我应该在文件上签字，把钱拿到手，将这一不愉快抛到脑后，继续向前走下去。我采纳了他的意见。随后我又和我的会计师见面，讨论如何处理这笔钱才不会被征太高的税。接下来我又回去原公司将一切说定。在我回到公司拿我个人的东西时，我发现另外两名副总裁也在稍后步上我的后尘。这个发现让我的心里舒缓了一些，因为我了解到自己并不是此事件唯一的牺牲者。我同时发现办公室许多同仁对我的离去感到十分生气(我很高兴这么说)!

我的3个子女分别是10岁、9岁与一个月大。我和妻子告诉他们我休假，会有一段时间不必上班。此时我真的没有准备好，我还不能接受自己失业的事实，因此我不知如何告诉孩子们实情。几天过去之后，我慢慢了解到我不能对孩子撒谎。于是我和妻子俩人坐了下来，对他们说因为公司被收购，所以事情有了改变，许多员工失去了工作，而我就是其中之一。我们告诉他们不必惊慌，因为我们身边还有许多钱可用。我很紧张不知他们会有何反应，但是他们却说："太好了，我们现在可以常常看到你了!"他们觉得很高兴，我也因此松了一口气。

接下来一个星期，我的情绪陷入低潮，难过地不能自已。我在家中哀悼自己的挫折。我也接到许多朋友的电话，从中得到了一些支持与帮助。我原先预期会打电话来的一些朋友，却都没有打来。他们或许不知道要说什么，就干脆不打了。我告诉你，你在这个时候最能发现谁才是你的朋友，以及每一个朋友的本性。日子一天天过去了，我体会到我不能一直坐在这里自艾自怜，我需要养家糊口，我还有很长的事业生涯道路要走。我静下心来好好想一想我要做什么。我想到改行，但是我又想："我已在这一行这么久了，我表现优异，受人敬重，这是我最熟悉且做得最好的工作。"我喜爱我所从事的工作，所以我决定留在这个行业。

不久到了岁暮时分，我以前的同事邀请我参加他所举办的圣诞派对。当时我还是没有找到工作。我知道所有以前的同事都会出现在派对上。对我而言，是否参加这个派对真是艰难的抉择。但是我还是把心一横决定赴约去。我不是到那里让他们看笑话的。我知道去和这个行业的人聊聊天、攀攀交情，对我来说只有好处没有坏处。我的前任上司很惊讶地发现我也在那里，他对我表现出的热情只会让人觉得恶心与虚伪。我的妻子不断地作呕，差点没将吃进的食物吐出来。

我们终于安然度过那个夜晚。事实上，虽然我们在派对中受到身心的煎熬，但是我还是和同事进行了宝贵的谈话。

我的离职补偿并不包括新职介绍咨询服务，然而，我很幸运地有一个曾在人事部门工作过的妻子。从那些来来去去的人身上，她学习到什么才算份好的履历表。她协助我撰写履历表(我甚至不记得上一次我写履历表是什么时候)。因为我知道最好的工作不会刊登广告求才，因此我尽量从朋友处找线索，打一些自我推销的电话，写一些毛遂自荐的信函，因而获得了一些面试机会。我和很多人见面谈话，努力循着别人给我的线索，花很长时间深入研究每一个信息。找工作真是非常困难的事，有时候真难以坚持下去，但是我的妻子帮了我许多忙，她知道何时我需要喘一口气，也知道何时应该在背后推我一把。

然后我接到了一个同行打来的电话，他在美国有一家公司，正准备在加拿大成立新的办公室。他曾四处打电话寻找适当的人选，之后我的名字不时地以潜在候选人出现，于是我便成为管理加拿大办公室的候选人之一。我清楚如果我没有持续地致电给每一个我认识的人，我的名字就不会出现在别人的脑海中，我也就不可能获得这个机会。我狠狠地下了一番功夫，努力研究这家公司，包括经营者、公司的产品、公司的信誉、公司的竞争力以及他们做生意的方式。之后该公司总裁请我飞去与他会晤。我在美国待了两天，会见了公司所有重要成员，然后又飞回加拿大。两周之后，我被告知获得了这份工作。

就在那个“黑色星期一”之后的 4 个多月，我找到了一份更棒的工作。现在我是该公司加拿大分处的总经理。我从无到有一手创立了这个办公室，从寻找办公室用地到与人交涉，全部由我一手包办。我承担了这个加拿大分处的所有事情。这份工作带给我更大的挑战、更大的成就感，以及更大的快乐。我的上司的风格与我极为相称，他给予我更大的发展空间。我赚的钱更多，挫折感更少，我真正全心地享受自我!

失业真是令人难以承受的事，特别是你在同一家公司待了很长的时间。你觉得生命中重要的一大部分消失无踪，你就像失去了一条胳膊一般，没有了它，你就不完整了。但是外面的世界如此广阔，你必须跨出脚步好好探索，你必须将发生在身上的每一件事情的黑暗面，扭转成一个个机会。对自己说：“好了，我自由了，我现在可以追求真正有趣、真正对我有利的不同事物了。”然后你放手一搏，做自己必须做的事以实现目标（当然不要伤害到任何人)。你可能不会立刻达成，你可能会经历许多挫折才抵达，但是只要你坚持下去，你终将获得你想要的。

所以，持续不断扩充你的人际网络。任何地方你碰到的任何人都可能知道某人（这个某人也会知道另一个人）可以帮助你。在与人沟通时切记保持正面自信的态度。人际网络给予你和许多有趣的人碰面的机会，这使你忙得没时间自艾自怜。它当然也给你发掘工作线索的机会。这里有另一种版本的人际网络，因为它十分有效，目前已是愈来愈普遍。我们可以称它为寻求忠告或资讯的会面。

第四节　创业道路怎么走

严格地说，创业是有一些基本法则和路子的，一旦违背，难有成就。很多人担心的是智力、能力、资金等问题，但无数成功的创业者的事实显示，这些都不是最重要的，

最重要的只有一条：按正确的方式行事！由于缺乏经验，青年人在创业时往往容易犯一些常见错误，造成不必要的损失，甚至一失足成千古恨。为使大家走好创业第一步，有必要将这些主要原则告诉大家。

一、创业切勿齐步走

职业、行业体现着时代的特点，也受着时代的制约。一个时代有其时髦的职业和行业，也有多数人不太看好的职业和行业，即“热门”和“冷门”。所谓热门，无外两方面，一是挣钱多，使你过上优裕的生活；二是地位显赫，受人尊重。对时髦行业，人们趋之若鹜，这无可厚非。可是对创业者来说是一大忌。马云的体会是：“如果一个方案有 90% 的人说好的话，我一定要把它扔到垃圾桶里去。”为什么是这样？显然，热门职业和行业必然各方面竞争很大，初创者成功的可能性很小。至于“冷门”，正好相反，同时，“冷”也不一定是绝对的。仔细研究，成为冷门有许多原因，有时代局限、科技制约、习惯影响、年龄区别等等，因此，我们提倡创业者发扬创造精神，用科学、环保、健康等新的观念，引领时代潮流，创立新的职业、行业。新的行业有新的高度、新的空间、新的商机，会给青年们带来意想不到的创业前景。

科学家做过试验，人有从众心理，而且是不自觉的。创业上的从众，主要表现在别人干什么赚了钱或成了名，就一哄而上，不分析人家的有利条件和自己的不足。如十多年前的房地产开发，IT 行业的兴起，许多人是盲从，到头来坏事的不少。

美国的淘金热时代，有一位本来干得不错的农场主也把自己的农场卖掉，兴冲冲地加入到淘金热中去。他带着家人四处寻金，漂泊了几十年，仅仅小有所获。可能是抱着一种怀旧心理，一天他回到以前的农场，发现那里已经变成一个大的采矿场，原来他的农场就是一个大金矿。

独树一帜，摒弃从众行为，也许创业之路就在你的身边。

面对“冷门”销售一空的情况，要有冷静的分析。“冷门”是指冷门行业、冷门公司、冷门企业、冷门产品以及冷门的职业岗位。社会对冷门关注较少，一般人易于忽略，或压根儿瞧不起。抓冷门，须有眼光，有高瞻远瞩的战略头脑，要“见人所未见，发人所未发”，看到冷门行业的光辉前景。

比如改革开放前，城市环卫行业谁都看不起，又脏又臭的。可是改革以后，观念一变，环境治理、垃圾处理逐渐被重视起来，就有人不惜贷款投资，搞起了垃圾处理场、再生处理厂等，数十年之后，企业实力雄厚，具有远大前景。后来，又有少数“先知先觉者”看好农业畜牧业投资。事实上，目前的现实情况是在全国各地，已有一批具有相当规模的农牧经济集团，而且是大学生和大款儿们联合搞起来的。

属于“冷门”的行业、企业、产品所需岗位并不在少数，只要你静下心来切实去关注它，去调查研究，你终究会找到最佳的切入点。

服装制作可以说是最一般的行业了，技术含量不是很高，款式也是变化不大。可是广东冼××敢于打破当时风起云涌的服装潮流，别开生面，在业内找冷门，很快使产品打入上海、深圳等畅销市场，还远销澳大利亚、加拿大等国，使100多人的小厂年销售额达到1 000多万元。她的办法是，在20世纪80年代末化纤、混纺等还比较走俏的时候，大力制作纯棉制品；在童装方面，别人做公主服，她就做公子装，别人做衣服，她就做裤子，总之，“追求冷门”。事实说明她成功了。

张女士毕业于郑州纺织工学院，1994年毕业后，她没有在分配的工作面前庆幸自己有了工作，反而有一种平淡的失落感。她思考着，下一步如何走，是一辈子平平稳稳拿工资吗？太平淡了。她想起艰难生活，又想起了一句最喜欢的歌词“走过去，前面是个天”，最后，她放下派遣证，带着假期打工的几百元，开始南下闯荡。

来到繁华都市深圳，张女士知道这几百元钱只能维持几天生活，她开始拼命奔波，边在餐馆打工，边在大街小巷寻找机遇。一次她从街市经过时被一张“招聘启事”吸引，上写“招聘纺织厂经理，条件面议”。她兴奋了，觉得上帝在向她微笑，她毫不犹豫地走了进去。接待人员疑惑的目光足足审视了她三分钟，她脸上写满的仍是自信。接待人员让她看了一下机器的设备状况，又把厂里的积压产品、布匹及负债数额告诉了她。这下，她的眉头微皱了一下，但她的心头又立刻跳出了那句歌词，她浅浅一笑，“好，我接下了。”

话说出去，如泼出去的水，再也收不回来，张女士开始背水一战。她计算了一下工厂的抵押资金数，写出报告，向银行提出贷款。当经过转折，贷款汇到单位账上时，她在心中告诫自己，“这次是真的没有退路了”。她开始全力以赴，定出严格的厂规，改换先进设备机器，派厂里的人员出外请技术人员指导，又把积压的产品进行加工，再次推出去。她提出厂里的布匹要“质优价廉”，同时又积极搜寻市场信息，紧随市场发展。她要求产品质量与经济质量同步增长，实行三质三保。张女士的苦心没有白费，她的昼夜思考最终在年底以盈利而给了她欣慰的回报，但她一年的能力也仅够还贷款，所负债务她答应第二年还清。她迎接着一个又一个的挑战，还清债务让她感到了一点轻松，马上又投入到高质量的发展中。

如今的张女士，已是纺织厂的厂长，她的生意依旧蒸蒸日上，纺织厂现已拥有上千万资产。社会上的下岗人数日增，她却凭着技术过硬效益好，站得越来越稳。

张女士所走的冷门之路是一条接着一条：不要稳稳当当的派遣证而要自己闯荡；不找好的工作，偏偏要接手一个濒于破产的烂摊子。但是，现在的一个上千万资产的纺织

厂不就是对她事业很好的回报吗？

二、勿“唯利是创”

一些人创业只看眼前利益，只往“钱眼里钻”。据上海市对大学生的调查，有 84% 的人很在乎“收入”，即使是会冒随时“下岗”的危险也在所不顾。他们锁定的行业往往是外资企业、金融证券业、商业等。其实，置业也就如太阳一样，如日中天时往往预示着“偏西”的开始，再走一步就是“日落西山”。有头脑者应该不去跟风而是独辟蹊径。

珠宝行业一向被认为是为富人服务的行业，开珠宝店的老板几乎个个都想一本万利。可是一位叫拉特纳的英国人却不这样，反而赚了大钱。

最初，当拉特纳从他父亲手中接过一个规模很大的珠宝商店时，他没有学他的父亲那样，也把价格定得高高的，而是把有些珠宝大幅度降价，使一般人都能买得起。这使他鹤立鸡群，也拦了同街其他珠宝商的生意，受到他们的围攻。可是拉特纳坚持自己的经营思想，走自己的路，最后成了力压群芳的亿万珠宝商。

不唯利是创业的另一个重要原则，其表现是以诚创业，这也是当前创业最重要的一点。通常认为的是，在商场上没有诚心只能是所谓的“一锤子买卖”。其实，一个人如果不诚，没有诚信，远远不是“一锤子买卖”，其创业可能是一辈子都不会有戏。

茅台为什么在酿造行业经久不衰？靠的就是一个“诚”字。他们的座右铭是“诚信为本，厚德载物”。在其生产过程中，每一步都不容掺假：原料生产中不用化肥农药和其他有害物质，酿造中不许有丝毫投机取巧和偷工减料，勾兑之中更是小心翼翼，秘不示人，目的是以防假冒，影响信誉。所以直到现在，它都是世界上极少不含任何添加剂的纯天然饮品，深受消费者欢迎。

三、把握方向、目标和起点

从创业伊始就找准方向、目标和起点是正确的创业道路之一，也是保证至少在一段时间内创业能够顺利健康发展的关键。不要别人当了经理、厂长、老总，我也一心要混一个官帽子；不要别人在何处发展，我就在那里起步。方向要根据自己的个性气质而定，目标要有阶段性，也得量力而行。起点有两个含义，一是瞄准行业，二是选好外部环境。你是在农村起步还是从城市创业？城市有大、中、小之分，农村有山区、平原、丘陵之别。在东部沿海看好的事业，不一定适合西部；各方面条件都不好，在上海是一条虫的人，到西藏去发展可能就是条龙。现在部分青年人起步只看重天（津）、南（京）、（上）海、北（京），不愿去中小城市（镇），尤其不愿意去农村，这是创业的一大误区。

原来这里才是我的起点

我出来工作已经有几年的时间了，这当中我换了好几份工作。我总是在一段不长的时间之后离职，投入另一家公司的怀抱，原因是任何工作都不能带给我快乐自在的感觉，我心灵空虚。(这种模式丝毫不能帮助我建立自己的事业生涯！)当我辞去一家金融机构的工作时，我再次迷惑，不知道自己要做什么。我决定到临时雇员经纪公司登记，尝试各种工作。其中一份临时工作是一家大型包装公司会计部门的职位。在那里有另一名职员与我共事，他真的是工作的好伙伴。他打理公司上下一切活动，包括确定在公司的派对中啤酒是否足够，并且经常在下班后和同仁出去喝一杯。每一个人都喜欢他。然而，有趣的是他的工作表现不佳。公司经常因为他的粗心大意而损失惨重。在我进来之后，我很有效率地将一切摆平，公司于是延长了我的聘雇期。然而在 6 个月之后，我竟然被革职了。

我无法相信！我之所以被革职的原因竟然是因为我无法与别人相互配合。虽然我知道这份工作不过是暂时的，它也不是我后半辈子想做的，我还是无法停止那种受创的痛苦感。接下来的一周里我只能躺在床上，无法起身。我不断地想：我怎么会被革职？他们怎么敢这样对我？这个强烈震撼让我一直无法平复心情，但是我后来才发现这真是一次宝贵的经验，因为我从中认清了自己。

这起革职事件迫使我明白一点，公司宁愿雇用效率奇差，但适应奇佳的员工，也不愿让一名效率高超却与别人显得格格不入的员工进驻其内。我同时也了解了为何之前的工作都不能让我快乐的原因，因为必定有某些体制与环境和我这个人不相配，所以导致我的不满足。我坐了下来静静思索我是怎样的人，在工作及工作环境上我需要什么，我可以付出什么，我真正喜欢做什么，哪里才是真正适合我的地方。然后，基于这份新的体会与新的洞悉，我列出一张我想要工作的公司名称。我不再找报纸看求才广告，我直接就从那些我想进入的公司下手。

结果我获得一家电视台的青睐，在这里我已经快乐地工作了 6 年。最初我只是自己在心中锁定这个目标，可是有趣的是当时这家电视台真的有两个空缺。我同时应征这两个职位，但是都被刷了下来。但是我不死心(我真的清楚自己想要到这家电台工作)。当我不气馁地试第三次时，我终于被录取了！我现在负责的是这家电台的所有娱乐节目，这也正是我个人最热衷的兴趣所在。我的薪资优厚，肩负重大责任，更重要的是，我的确适合这个工作环境。

看来，这里的“我”一开始频频调换工作，是没把自己分析准，导致创业目标不明。果然一找准，情况就变了。

方向准　创业快

小吴出生在山东阳谷县的一个小村庄里，他从小表现不一般，人小鬼大，常常表现出与别的孩子不一般的思维判断能力。

后来他对法律特别感兴趣，高中毕业时因三分之差上了某市电大。在校期间他攻读法律专业，他下决心在法律方面干出点成绩。两年的刻苦学习之后，他顺利地通过了律师资格考试，拿到了律师资格证书。

这之后他留在了某市，开始为工作四处奔波。他决定到大的环境中锻炼一下，以便迎接大的挑战。他选择了一家律师事务所，毛遂自荐，推销自己。毕竟是第一次，他心里没谱，但很自信。后来终究还是因为别人嫌他没经验，很客气地把他拒之门外。

机会总是有的。夏季的一天，由于找工作回来晚了，在路过一法院门口时，看到一个人蜷缩在角落里，身上瑟瑟发抖，一副很痛苦的样子。他猜想，这人肯定是来打官司的，就主动走过去和那人聊。

原来，那人是来自某县城的一个小伙子，是为其弟的官司而来申诉的。原来他的弟弟被公安局当作杀人嫌疑犯抓了起来，原因是他弟弟的女友被杀害了，现场勘察发现了他弟弟的脚印和一支曾用过的打火机，但他有充足的证据证明他的弟弟当时根本不在作案现场，然而，由于他不善表达，难以让法官相信他的证词，甚至认为他提供的是伪证。为了救他的弟弟，家里的钱都花光了，但事情还是没有结果。看那人伤心落魄的样子，小吴觉得他的话是可信的，他决定接这个案子，找出有力的证据，还其弟弟一个清白。自己这一阵子正好没什么事儿，可以借机历练历练。

小吴拿出父母辛苦积攒下来给自己结婚用的钱，为已经穷困潦倒的原告拿出诉讼费，替他打官司。他克服重重困难去寻找证据，尽管遭到同行们很多白眼，但他不在乎。到农村去调查取证，往复下来也赔进不少钱，但他初衷不改，不达目的决不罢休。在调查中他认识了一位老律师，对他的举动表示理解和支持，并给了他很大的帮助。小吴在掌握了有力的证据之后，又申请开庭辩论。

在经过长时间的唇枪舌剑和多次的开庭、休庭之后，小吴终于获得了胜利。

小吴以自己刻苦求实的精神和机敏干练的作风赢得了这场官司，他既为别人申雪冤屈，又为自己打出好名声。从此，他在某市司法战线闯出了名声，他自己的律师事务所也在那场官司结束后的第二个月便注册开张了。

小吴创业有成的诀窍在于他选准了目标——决心在法律方面干出点成绩，就一头扎下去，死不回头。别人的嫌弃也好，初出茅庐就挑战法官权威也罢，他都不在乎，他相信自己的能力和选准的方向。

郭某，1995 年毕业于名牌大学化学系，分配回到老家温县某重点中学教化学。据说郭某一肚子“墨水”，可他口讷不能言，别人说他是“茶壶里煮饺子”，学生们上课起哄，别的教师暗地里也瞧他不起，他自己就更加苦恼。他恨自己没口才，恨学生不理解他，恨当初教授们为什么不强调语言表达的重要意义，恨……1997 年春节，他听从中学老师和大学同学们的劝告，去广州“玩”了半个月，没想到真的被人介绍给海南的一个外资生化研究所，他同研究所的老总一谈，把老总高兴得差点背过气去。1997年春节后开学，他回校办理了调动手续，海南那边“一切都好办”。前后不到两个月的时间，他由河南“跳槽”到海南去了，并且是这边欢送，那边欢迎。郭某到海南去没多久，在给他中学老师写信谈感受时说：“我早该想到我应当离开学校到海南或其他的地方去，可不知为什么，在学校里待着的时候，就怎么也没去想：天下大得很哪!”

如果前面一个故事说明一开始小吴创业就选准了目标，那么小郭的亲身经历正好说明他的起步目标不准。让一个口讷的人去当教师，无异于把老黄牛训练成短跑冠军，是万万不行的！不过选错了也不难改，那就是选择跳槽。

四、由小到大到优

常言道，不积跬步，无以至千里，不汇小溪，无以成江海。事物的发展都是由小到大，由弱到强的。创业亦然。由中国农业大学动物营养学博士邵根伙创办的大北农集团，1993年12月创办之初只有两个人，两万元的启动经费。该企业从高科技含量并不很大的农畜饲料入手，向农机、种子、农业信息、教育等领域全面辐射。现在在全国已有40多家生产企业、分公司和1000多个县级科普服务站，拥有近5000名员工，企业的最终目标是创建世界一流的农业科技企业。腾讯公司的创始人马化腾在2016年10月接受记者采访时也再次提醒创业者，在创业初期“你想小一点，解决一个问题。比如说能不能用手机解决停车问题……或者其他一些小问题，比如考勤、学校的作业安排，等等……当你这个想法能够通过互联网来验证，再逐渐扩大。我觉得这是一个方向。”

但是由小到大，由弱到强的转化有一个十分重要的中间过程和不可代替的外界条件。中间过程就是把小的做优，外界条件就是主观努力。这也是创业道路上不可或缺的两个重要环节。一般情况下，起步比较容易，做优就难；顺利时没有压力，遇到困难，特别是很棘手的事，主观上容易打退堂鼓。因此，这两个因素必须引起充分注意。

半米柜台创大业

出生在广东贫困农村的杨克明才是一个十几岁的孩子时就立志要创大业，果不出所料，刚20多一点，就在全国创出了一个新品牌，在国内几十个大城市开起了专卖店，年销售产值过亿元，在广州的生产基地有600多名生产工人，广东境内共有100多家门店。说他创业成功，真是名不虚传。

杨克明1988年初中毕业没能继续升学，带着梦想去广州打工。但是，每月几百元的工资，使他很快失去信心。他认为这样永远也摘不掉贫困的帽子，于是立志另寻商机。一天，他得知一个小商品市场剩了一个半米的柜台，可以去租。有朋友提醒他，由于柜台太小，要想赚钱，必须经营得好。当时，他还没有任何经验，更没有老本可赔，却还是硬着头皮租下了。至此，他卖过珠宝首饰，出售过围巾丝袜，最后办起女性内衣加工厂，吃了各种大大小小的苦头。他经过了两次创业，每走一步，他都小心翼翼，稳扎稳打，终于如愿以偿。

五、有闯劲、有拼劲、有韧劲

大而言之，闯劲、拼劲和韧劲这三劲是毅力的综合体现，对干好任何事都是适用的，对于创业，更不可缺少。柯文·古利奇曾经说过：“在这个世界上没有什么可以取代毅力。才能不行，有才能却没有成功的人多如过江之鲫。天才不行，毫无成就的天才不足为奇。教育也不行，这个世界充塞了受过高等教育的庸碌之辈。只有坚持和决心才能到达成功的彼岸。”马云从自己的创业中总结道：“小聪明不如傻坚持”，“今天很残酷，明天更加残酷，后天很美好。但大多数人会死在明天晚上，看不到后天的太阳”。前面谈过，创业的整个过程都充满了艰难困苦，而创业之始更是困难重重，具备这三劲，你才会去尝试。敢于尝试就是成功的第一步。

1993 年 7 月，26 岁的王利背着简单的行囊，走出了陕西师范大学的校门。她外表普通，却是毕业生中最优秀的。在别人羡慕的目光中，她把市重点高中的聘书折了起来，决定独闯海南去寻儿时的作家梦。她内心一直装着执着，尽管海南举目无亲，可她仍坚信自己可以闯出一番天下。

来到海南，王利先开始了临时性的打工生活，同时也关注着报纸的招聘启事及有关信息。然而，在她翻看大量报纸的时候，意外发现海南的《蛇口日报》是当地最畅销的报纸。思虑再三，她最后决定，毛遂自荐。

她充满自信地站在主编面前时，主编有点意外，这长相一般，个头也不高的女孩却敢独自一人前来我们蛇口日报社毛遂自荐，她到底是怎么想的？于是，主编开口了：“小姐，请问你来此的目的？”王利答道：“主编先生，我想在贵报社谋到一份职业。”“为什么你偏要来报社呢？难道你现在没工作？再说我们报社又没登招聘启事。”王利笑了：“的确，主编先生，你们报社没有登启事，我现在也有工作。但我来海南就是为了寻找文字方面的工作，来丰富一下我的社会生活。”她稍停了一下，看主编认真听她讲话，就又一笑：“主编先生，《蛇口日报》的订购量很大，而且它的版面内容及其栏目也相对来说适合读者需求，但我觉得还可以采纳读者更多的建议，这样它就可能更完善。正因为我喜欢文学与写作，我来这儿是为了追求梦想，我想，任何人都会有这种勇气的。”主编更吃惊了，这女孩可是搞过调查才来的呀，看来……他又审视了一下这普通得不能再普通的女孩，说：“这样吧，你先回去，我们研究一下。”

一周后，王利接到了试用通知。

就这样，王利开始了试用期的工作。她被安排到校对部门搞校对工作，每天数万字从她面前通过，她很累，但她要求自己尽力做好。同时，她利用业余时间拼命“爬格子”，一刻也不曾放弃。不久她的认真得到了每个编辑的肯定，她的月工资已达到 1 200 元，她也开始向各市报社发稿。两年后，她已是蛇口市有名的优秀作家。这时她的积蓄也已达 15 万元，她又外借了 10 万元，开始推出她“爬格子”的长篇小说，一部反映时代变迁的人与人之间的感情、心态的 43 万字的小说。意料不到的是，书畅销得很，她还了借款后，盈利 18 万元。

她的梦想实现了，在当时可以算得上是富翁，她却仍在努力。这时，她采访了本地港口的一家大型造船厂，了解到厂家改革正缺资金。想到这是很好的投资之路，她动心了，唯一令她犹豫的是，参与这项改革最少得投资 100 万元，而她现今没有这么多的资本。干不干呢？王利思考着再贷款，如果收不上效益如何是好呢？她决定再去调查一番后作决定，她第二次来到这一造船厂。之后，她决定了，借钱，干一场!抛出 100 万元后，她觉得她该破釜沉舟了。从此，她对造船厂引进先进技术及拉客户、利用报纸做广告等业务做了很多的努力。

王利就这样努力着，她的个人股份第二年就分红 230 万元。33 岁时她已是报社的副主编，同时也是造船厂很有影响力的年轻的董事。然而，她依旧是普通的她。

刘治国，从小聪明可爱，上学后，对数学特别感兴趣。高中毕业后考入河南师范大学数学系，考研究生没有考上，到武陟县北郭高中教数学，一年后又去圪当店高中。在中学执教期间教学出色，受到师生一致好评。中学里虽然教学任务很重，刘老师仍抽出时间来钻研数学。后来由同学向新乡市教育学院的副校长推荐，到新乡市教育学院担任数学老师。此时他便有了更充分的时间搞自己的数学理论研究，并已经初露锋芒。但数学理论并不是一个简单的容易明白的东西，正像爱因斯坦的相对论曾一度被否定一样，当刘把自己研究的关于拉马努金（Ramanujan）恒等式方面的有关理论寄往北京的数学杂志刊物要求发表时，却被别人的一句“意义不大”驳了回来。然而刘并不气馁，他不要求别人承认什么，只想做自己喜欢做的事，并要求自己做好，无论怎样困难，都应坚持下去，以超人的意志去完成想做的事情。

内心的执著驱使他把稿件写成英文寄往国外，哪怕有一线希望，他也要争取。事实往往出乎意料，他的文章在国际上引起不小的影响，一些专家学者纷纷来信对其表示充分的肯定，认为刘是个数学天才。紧接着美国佛罗里达大学、英国 Sussex 大学等高校邀请刘去作报告，一些专家、教授纷纷与刘在一起交流经验。取得成绩后，刘老师仍积极进取，去英国剑桥大学学习了一年，回国后，应北大、南开的邀请前去作报告，搞学术研究。

当时刘老师只有 32 岁，真是年轻有为，前途无量。

日本著名的松下电器公司总裁松下幸之助现在已是全世界著名的大实业家了，但他年轻的时候却曾一度失业，找不到工作。当时他家庭生活贫困，靠他一人养家糊口，于是到一家大电器工厂去谋职。瘦弱矮小的松下走进这家工厂的人事部，说明了来意，请求给他安排一个哪怕是最低下的工作。这家工厂

人事部门的负责人看到松下衣着肮脏，又瘦又小，觉得很不理想，但又不能直说，于是找了一个理由说："我们现在暂不缺人，你一个月后再来，看看吧!"这本来是一个推托，但没想到一个月后松下真的来了，这人又推说此刻有事，过几天再说。隔了几天松下又来了。如此反复多次，这位负责人干脆说出了真正的理由："你这样脏兮兮的是进不了我们工厂的。"于是，松下幸之助回去借了一些钱，买回一件整齐的衣服穿上来了。这人一看实在没办法，便告诉松下："关于电的知识你知道得太少了，我们不能要你。"两个月后，松下幸之助又来了，说："我已经学了不少电方面的知识，您看哪方面还有差距，我一项项来弥补。"

这位人事主管盯着他看了半天，才说："我干这一行几十年了，今天是头一次见到你这样来找工作的，我真佩服你的耐心和毅力。"结果松下幸之助的毅力打动了那位主管，终于如愿以偿地进到那家工厂工作，以后又以其超人的努力逐渐发展成为一个非凡的人物。

从松下幸之助的求职过程中我们不难看出，他的成功并没有什么技巧，甚至可以说有些笨拙，他完全是靠自己的耐心与韧性取得了胜利。这也算是一个不是技巧的技巧吧!

孙樵，在2000年时30来岁，做了豫北农牧投资公司经理，手下50多号人，为中日合资江西天意公司宣传经销生物制剂。公司每天门庭若市，车水马龙，一片热气腾腾的大发景象。

从1993年起，他们就东跑西奔搞营销。那年他刚大学毕业，被分配到市水利局下属单位水厂上班，那可是个只挣不赔旱涝保收的单位，可他只报了个到，挂上粮户关系，而后就"自动脱钩"，下海独自经商去了。起初他从家中拿出3万元去经营皮鞋，两年下来赔个精光。

1995年下半年，小孙筹到20万元，找计算机专业的老师帮他搞电脑生意。详细情况说不准当，半年时间，20万元变成了5万元，赔了15万，原因是销不出货物，冤枉钱就花了近10万。小孙倒是很有骨气，他说："失败就是失败了，没啥不得了的。但做下去，就有翻身的希望。不做，那就只有死路一条。"

1996年上半年，他开始做"分割鸡"和"分割牛羊肉"的生意。他四处找人借钱，为了找县农业银行的一位朋友解决10万元贷款，他一个月里就跑去七八次。那时小孙又黑又瘦，但两只眼睛什么时候都炯炯闪光。

年底结账基本持平。小孙觉得这是个好兆头，没有赔就意味着快要有转机了。他下了大功夫，疏通货源与销售渠道，提高工人操作技能，加强卫生管理，开春时加大投资力度（又投入16万元左右），争取把成本降下来。初夏，正当小孙看到希望，事业也的确稍有转机的时候，突然印尼、菲律宾的客户取消订单，电传上说"暂停发货"，没有提什么时候再磋商发货的事儿。因为是现交货现兑付，允许随时叫停，没有像期货那样的严格合同或协议。那一阵儿小孙发动全体员工上大街处理“转内销”的分割肉食品，又派人到附近几个市县去“处理”。到了盛夏，除留在小冷库中的不到 5 吨现货外，总共损失了近 30 万元。小孙又背了一身债。

有人问小孙：“还干不干？”小孙只说：“想考验我的意志，想看看我的能力，我会叫你看到的!”

1998 年年底，小孙联系到江西的一家中日合资公司，替他们小批量推销一种复合有益菌类的生物制剂用于农牧业生产。出人意料的是一下子打开了销路，2000 年 2 月春节前他偿还了全部债务，还有十来万结余。他打算从豫北地区扩展到全省，尽最大努力将晋冀鲁陕几个省都“吃”过来。如果计划能付诸实施，则每年可有 200 万以上的纯利润。

陈天生何许人也？竟敢向世界首富比尔·盖茨挑战？

此人决非等闲之辈。他的经历可以成为无数个为成功而不懈奋斗的人的“圣经”。

他最初的职业角色是武汉某大学学报的编外编辑。他自信“天生我材必有用”，但在该大学学报编辑部普通编辑的岗位上，他却没有找到用武之地。

后来，湖北省科技协会主办的一家杂志《自然与人》由于经营不善而陷入停刊的境地。正在发愁之际，科技负责人想起了曾来科技协会采访过的陈天生，觉得此人志向远大，且精明能干，应该有能力使刊物起死回生。

使一个濒临倒闭的杂志社起死回生，这不管对于外行还是内行来说，都是一种富有刺激性的挑战。陈天生接受了挑战。

他四处招兵买马，然后又调兵遣将，将《自然与人》办得风风火火，很快突破了 80 万份的年发行量大关。

事业上取得初步的成功，金钱也在向陈天生招手。可是，天有不测风云，一场意外的债务纠纷使陈天生不仅前功尽弃，而且背上了一身债务。

商场如战场，他既然走上了挑战自我的“战场”，就必须勇敢面对“战场”的法则。他擦了擦“伤口”，决定从头开始。

他去了上海，办起了贸易公司。凭着一股向实践学习的顽强毅力，他逐渐入了商道，成了颇有名气的老板。他不仅还清了以前欠的所有债务，而且拥有了数百万的财产。

然而，正在他不断迈向更大成功的时候，一名“犹大”式的人物使他又一次成了身无分文的穷光蛋。

陈天生没有倒下，他决心再次“从头开始”。他知道，每一次新的“从头开始”，都蕴含着更大的成功希望，因为对于不向失败低头的人来说，过去的失败都是一种含“金”量很高的无形财富。

这时，他家乡湖北省赤壁县的父母官慕名来上海找他，请他回去为当地经济建设做点贡献。陈天生答应了。

他根据当地条件，决定利用民间集资的办法兴建赤壁长江大桥。集资金额大约需要一百亿元人民币。

民间集资一百亿!这不是奇迹就是闹剧。

陈天生用他的行动证明他是创造奇迹的人。在他一片赤诚的感召下，在未来可观的经济回报的诱惑下，香港、澳门的大老板们纷纷把钱汇到陈天生的“赤壁长江大桥指挥部”的账上。

就在陈天生迎接奇迹诞生之际，项目被宣布就此戛然而止。为这座桥，陈天生付出了4年的心血，耗尽了2 000万元个人积蓄。

一次次人生道路上的挫折和打击，不仅没有磨灭陈天生的信心，反而使他追求成功的欲望更加强烈了。他的“野心”也随着“无形财富”的增加而越来越大了。

他又准备“从头开始”了。

这次他看准了农业开发这块世界亿万富翁们从未开垦过的 “处女地”。他决心向土地要财富，从土里挖金子。

陈天生从不无根据地下决心。他分析说：纵观各国亿万富翁的发家史，还没有哪一位是靠经营农业发财的。许多领域的科技人员都受人重视，并获得了巨大的经济回报，像比尔·盖茨这样的计算机专家还成了世界首富。可农业科技人员却迟迟得不到人们的重视，更极少有农业技术人员成为世界级的亿万富翁。这是正常的，又是不正常的。从以前来说是正常的，因为与集中、稳定和可控性强的工业相比，以土地为主要生产资料，从事生物性生产的农业，其分散性、地域性、时空变异性大以及稳定性差的特点，影响了它在技术革命中对先进技术的吸收和应用。但展望未来，农业技术人员进不了世界级亿万富翁行列的情况又是不正常的。因为，民以食为天，农业是最古老的产业。随着农业产业化和现代化的不断推进，农业技师不仅可以进入世界级亿万富翁的行列，而且完全可能、甚至可以说必然成为世界首富。

“世界首富将从农业技师中诞生”，陈天生得出了这一结论后，毅然接受国家科委有关领导邀请，开始筹办肥力高集团公司。这个集团公司是以推广世界先进农业技术成果“肥力高”为主要经营目标的。肥力高是一种高效的肥料，它的推广和使用将使世界的粮食生产发生根本性的变化，带动新一轮的农业革命。

带着成为世界首富的强烈冲动，陈天生开始向比尔·盖茨发起挑战。经过一段时间的刻苦钻研和学习，悟性极高的陈天生已经成了初步全面掌握农业科技知识的农业技师。凭着他以往那股顽强拼搏的精神，他这位后天出道的农业技师很有可能在不远的未来登上世界首富的宝座。

陈天生经历无数次失败，终于成功了。这是一类典型。还有一类人，是经历失败之后，从此一蹶不振，意志消沉，他们甘愿沉沦下去，而不愿继续拼搏努力。他们自认为潇洒不群，超然卓立，实际上是在思想、情感、意识深处将自己装进套子里封闭起来，与世隔绝，躲入蜗居，自成一统，以至今天我们要举一个因失败而消沉下去的典型例证都不可得。但是这样的人就在我们身边，只不过他们消沉的程度有的浅，有的深罢了。他们的一个共同特点就是：因为担心再次面对失败，而永远放弃了对成功的追求。

六、用知识、用技能、用头脑

当科学技术发展到21世纪的时候，创业对人才素质的要求已经是过去不可同日而语的了。创业者必须具备很高的综合素质，主要包括：文化素质、专业素质、技能素质、心理素质、创造素质、身体素质等。用知识、用技能、用头脑这“三用”基本上体现了这些素质。在身体素质有保证的情况下，每一个“用”都很重要，当然，在许多情况下，基本的知识和技能是必须具备的。创业之初，最好的办法是发挥自己某一方面的特长。

马化腾是清华大学学计算机的，在他毕业时，国内的计算机人才已经很多了。在他毕业前3个月，他就去一家寻呼机企业实习了，而且一干就是五六年，积累了计算机和通讯结合的经验。由于其他学习计算机的人根本不懂通讯，懂通讯的人又不懂计算机和网络，因此他占了在这一行创业的先机。

一个毕业于北大中文系的学生因分配工作不理想，便带着档案奔深圳谋职。一日见报上刊登某日本商行招聘高级主管的启事，便前去应聘。谁知那里齐刷刷坐着40多名大学生、研究生，而录取名额只有一个。他自我感觉太一般，几乎没了信心。这时秘书小姐惊慌地说电脑坏了，老板急需的商业资料查不出来。老板刚吩咐请人维修，他站起来说：“我来试试。”老板疑惑地看看他的简历，又看了看他，但还是同意了。十多分钟后，电脑恢复正常。日企老板大感意外，文科生精通电脑的实属罕见。三天后，他接到了录取通知。

李军于1995年从师范化学系毕业后，自愿回到自己的故乡，去一个小山村里的中学当化学老师。她从小酷爱化学，与化学元素有着天生的缘份。

在学校里，她一边教书，一边搞自己的爱好。并且激发同学们的兴趣，有时候甚至自己动手做一些实验用品。

偶然一次，她从山中的泉旁挑水回来，突发奇想，想看看这泉水中是不是有什么有价值的东西，但学校实验条件太差，根本无法做细致的测验，于是便趁一次去市里出差的机会，找到一位在自来水公司工作的同学帮忙测了一下水质。结果令人出乎意料，这泉水里竟含有人体内必不可少的一种稀有微量元素——锶，这一重大发现真是太让人惊喜了。

李军马上回村，动员了全村的年轻劳力盖厂房，办矿泉水厂。他们充分利用当地的自然资源，简易的厂房很快盖起来了。接下来则是购买生产设备，这就需要用钱。李军首先搞集资，再找同学朋友借，后来一位朋友帮忙贷了一笔款子，最终得以开工生产了。她深感办厂的不易，在生产过程中严格把关，并从北京高薪聘请了技术专家亲临指导工作，对每一道工序都进行慎重的考察，反复的实验。

李军是幸运的，她成功了，产品一经推向市场就很受客户欢迎，客户纷纷亲自到厂直接订货。整个小山村沸腾了。李军感叹道："机遇真的就在我的身边，幸亏我发现了它，否则我的命运不会有如此的转机。"

学有专长，或有一技之长，的确是一条迅速抵达成功的道路，它可以带给你生活的财富与命运的转机。见过、喝过李军那里的水的人何止万千，但只有她突发奇想。为什么？答案很简单，因为她有化学知识。

但是，在目前的情况下，对于大多数创业者来说，恐怕用技能重于用知识，而用头脑又是最重要的。创业，光有雄心壮志不行，一味苦干也不行，很多时候头脑也是十分重要的。

所谓用头脑，主要指将创造、创新的思维用于创业行动。创造性思维在整个创业过程中都显得十分重要。在开始的定向阶段，你必须用创造思维分析确定起步的企业。一旦企业起步，则要进行产品创新。产品稳定了，还要管理创新、技术创新、企业文化创新等等。从某种意义上看，创业的过程，就是不断创造的过程，是不断开发创造头脑、发挥创造力的过程。

前些年开始蒙牛非常火爆，似乎一夜之间从地下冒出来的。其实，它的创业是开动脑筋，正确利用策略的结果。蒙牛的老总牛根生原来是伊利牛奶的副总，伊利本来就有一套很好的发展路子，那就是著名的"公司连基地，基地连农户"。蒙牛把它原封不动地拿了过来，即采用了他人的先进经验，而且创造性地运用，所以很快就打造了"内蒙古第二品牌"。

日本东京是世界性大都会，各类商场鳞次栉比，目不暇接，竞争的激烈程度可想而知。但是有一家叫大木良雄的小公司开业仅半年就建起了6家分店，3年后，有106家分店遍布全日本，它的创造性就是在不同的时间销售不同的商品，充分方便顾客。经过调查，他们发现，有80%白天购物的顾客是老年妇女，而下午5点以后购物者多半是年轻女性。因此，他们把出售的货物一日两变，满足了不同人员的购物需求，其实质等于把一家店开成两家店，销售额和利润当然猛增了。

20世纪70年代香港的包玉刚是华商首富，世界级船王，事业鼎红。可是他有一天突然宣布放弃航运，转业房地产。他大举购买九龙仓的股票，出天价收购其控制权，还使自己一度亏欠数十亿港元，世界为之吃惊。哪知道到了80年代后，石油危机使航运业一落千丈，许多轮船公司破产，香港的房地产却进入黄金十年，而包玉刚凭借其控制的香港优质房地产公司毫发不损且大赢其利。

七、抓机遇、抓项目、抓人才

创业活动中，机遇、项目和人才都很重要，缺一不可。在其他前提条件都具备时，这“三抓”就成为关键。

关于机遇，在本章第二节里我们已经分析过，提供了一些依靠机遇创业的实例。可以看出，对待机遇的关键，在很多时候来源于人们对它的分析、认识、把握和运作。这一点说起来容易，做起来可是需要多方面因素的配合。美国的著名钢铁大王安德鲁·卡耐基有过现身说法，他认为机遇总是意外地突然来临，又会像电光石火一样稍纵即逝。我国的马云认为，大家看不清的机会才是真正的机会。因此成功人士对待机遇要具备三个素质：一是善于寻找（创造），二要及时、果断地把握，三应充分利用条件使机遇产生正面效益。

科利华在计划推出 1 000 万册《学习的革命》一书时，就把握了一个很好的机遇：时任国家主席江泽民同志在很短的时间内曾五次提到讲学习。他们闻风而动，5 天里印刷 500 万册销往全国各地，当年赚取利润 7 000 万元，是整个公司年收入的一半。毕业于北京师范学院的陈×1972 年定居香港，做点小生意艰难度日。现在可是世界级的“景泰蓝大王”，靠的也是机遇。改革开放之初，北京的一家国有公司要廉价处理一批景泰蓝，价值足足 1000 万元。陈×在内地长大，深知有大利可图，于是抓住这个机会，几经砍价，最后果断地以 500 万元的现金交付方式购得全部库存货物，打下了“景泰蓝大王”的基础。

关于项目，也是个绝对重要的问题！选对了肯定成功，选错了怎么也活不了。

大家一定听说过红桃 K 吧。它的创始人谢圣明先生在创立红桃 K 集团之前，在一份资料上看到，我国有 64.4%的儿童和 47%的妇女患有贫血病。他敏锐地意识到：防治贫血将是我国的一项重要任务。于是，他和几位志同道合的朋友一起潜心研究，终于解决了防治贫血的世界性难题，实现了防治贫血效果最佳的“叶琳铁”的大规模工业化生产。之后，又以艰苦创业的精神，将“红桃 K 生血剂”推向市场，使红桃 K 集团几乎一夜之间红遍了大半个中国，实现了超常规、裂变式发展，成为我国著名的以生物技术为主体的大型的高新技术企业集团。

红桃 K 集团的成功，实际上就是抓住了现代生物科学技术方面的项目。

他选准了网络这个项目

1998 年全球计算机数字化领域 50 名风云人物遴选出来，其中有一个叫张朝阳的中国年轻人。30 岁出头的留美博士生成为引人注目的网络精英，成为中国高科技领域风险投资的第一人，第一个吃螃蟹的张朝阳在中国大获成功。如果说未来世界是网络世界，张朝阳和他的搜狐就是把你引向这个世界的一盏灯。

1986 年，他 22 岁考取李政道奖学金赴美留学，1993 年获美国麻省理工学院物理学博士学位，同年任麻省理工学院亚太地区中国联络负责人。这是麻省面向亚洲商业的一个窗口。这也是张朝阳向经商转移的一个前奏。

他在美国生活了10年，有丰厚的薪水，而且在1995年获得世界材料学会最佳研究生提名，所有人都以为，他会在材料学这条路上走定了。但他不满足中产阶级的地位，他是有内在冲动的人，他渴求大动作、大作为。美国文化虽然给了他更好的视野和眼光，但他富足而不安，他说“我的日子还没来”。他还清楚地记得最初的动作。他说服一向纯学术味道的麻省理工学院同意他的商业计划，一个星期过去了，他焦急等待，麻省能为他破例吗？那天，他像往常一样来到实验室，突然，电脑上出现了一条简短信息：“校长同意了你的设想!”第一步的成功就是这样平静地来了。

然而他做了一个比弃学经商更令人惊讶的决定：回国。回国看到各种各样的人，从出租司机到街上走的人、到餐馆服务员、到包括学界很有成就的人，不管他们是做什么的，都有一个相同的印象，就是生活在自己的文化里，每天都紧张地参与，每天都有一种充实的、活得津津有味的感觉。他在美国待了快10年了，久别祖国，此时才真正感受到生活在自己文化里的充实。

自1995年以来，美国的互联网更加迅猛发展，ISP（向上服务商）日益壮大，而中国网络却存在中文信息严重匮乏的问题，90%的ISP只能简单地提供互联网的接入，张朝阳这时梦醒了。但是要办这样大的事，他基本没钱，就去找尼葛洛·庞帝。尼葛洛·庞帝是他的老师。他极力说服他的老师进入中国的信息产业。未来学家看准这个年青的中国学生。张朝阳如愿以偿从尼葛洛·庞帝那儿拿到22.5万美金。他又通过他的老师说服风险投资家爱德华。有了最初的启动资金，中国第一家以风险资金建立的互联网公司爱特信成立。很快，张朝阳代表美国互联网络信息公司，提着两个箱子回到中国。

张朝阳本来是个材料学者，但是他靠锐敏的眼光，依靠网络这个项目，在中国创立搜狐网站一举成功，而且把风险投资这个概念悄悄带到中国人的生活中。

至于人才，一直是古往今来世界各国以及有远见卓识的政治家、企业家关注的焦点。《管子·霸言》说：“争天下者必先争人”；毛泽东曾经说过：只要有了人，什么人间奇迹都可以创造出来；美国钢铁大王卡内基对人才有过切身说法：“将我所有的工厂、设备、市场、资金全部夺去，但是只要保留我的组织人员，四年以后，我仍将是一个钢铁大王”。在社会进入到知识经济时代后，人才就更是热门话题了。

前几年，我国南方一家计算机公司从另一家公司挖走了几名技术骨干，一下子使那家公司损失2 000多万元，所有投入付诸东流，公司一派凋零景象，产值由1亿元骤降至1 000万元。

人才在创业中的重要性，我国的一句名言说得十分形象：一个篱笆三个桩，一个好汉三个帮。即使你是一个十分能干的人，也要有一帮子人才能干事，才能干大事。人是万物之灵，事情都是靠人来做。而且人各有各的长处、特点，一个创业集体中，什么样的长处都是需要的。

在中国著名的“楚汉相争”中，汉高祖刘邦出生低微，根本没有任何根基，就是因为他得了一帮人才，最后击败了出生贵族、在起义军中力量最强的项羽，建立了西汉王朝。刘邦在总结自己成就大业时谈到人才的极端重要性：“夫运筹于帷幄之中，决胜于千里之外，吾不如子房（即张良——编者注）；镇国家，扶百姓，给饷馈，不绝粮道，吾不如萧何；连百万之众，战必胜，攻必取，吾不如韩信。三者皆人杰，吾能用之，此吾所以取天下者。”

现代的事业，情况比古代更为复杂，即使是一个小小的公司，也会牵涉到许多业务，涵盖许多知识，再能干的人，也不可能有几个头脑，不可以使分身术、八面枪。因此，你如果在创业之时就能有一批而不是一个两个过硬的人才，你的创业就成功了一大半。关于这一点，我国台湾富商吴火狮提出了一个人才“树根哲学”理论，很有道理。他认为，一个成功的企业，必须有树根——董事会，树干——企业干部，树叶——第一线的员工。其实这就是一个人才系统。

麦当劳与人才

遍布世界各地的著名快餐店麦当劳就是一个靠人才起家的典型。除麦氏兄弟以外，克罗克、桑那本、波以兰和透纳起了举足轻重的作用。

麦当劳原来是麦氏兄弟开的一家汽车旅馆，经营的是快速服务、一次性餐具、风味独特的汉堡薯条和麦香鸡。后来，被一个具有创业精神并有卓越用人能力的克罗克发现。他加盟进来后成了麦当劳的连锁代理人，从此，使它的经营取得空前的成功。

首先，他利用桑那本负责房地产业务。桑那本在麦当劳本店以外，成功地开设了一家连锁房地产公司，负责寻找合适的开店地点，然后廉价租下，再出租给连锁店，从中提取差价。仅此一笔，麦当劳一年就可以从 1 000 多家店面中取得巨额而稳定的收入。

波以兰的作用是，在桑那本找到开设分店的地皮后，由波以兰想方设法到银行贷款，解决当时还十分困难的资金问题。因为波以兰在国家税务局工作过，精通房地产评估制度，熟悉资本运作。

桑那本后来接替了波以兰的工作，他不但具有波以兰同样的才能，而且开始了由公司自己经营而不是大量出售连锁权的新战略。20 世纪六七十年代麦当劳以现金和股票一下子买回了 356 家餐厅，大量增加了直接经营的收入。

而今那具有显著特色的“M”形标志谁不熟悉？它已在世界各地有 3 万多家分店，年利润超过 200 亿美元，成为名副其实的快餐王国。

一个成功的企业家必须有依傍，而且善于用人！在这些人中，技术人才、营销专家、财务主管等是不可或缺的。

同时，企业家自身也要在运作中不断学习锻炼，提升自己，使自己尽快成为应付各种局面的事业大材。如果你一时还不能把事业做好，那也不要怨天尤人，很可能是你自己火候不到，还不是一个成熟的人才。

张、王二人是同学，一同来到同一家超市工作。很快，张得到了提升，一步步，不久就做了部门经理。应该说，王的素质也不低，工作认真，还肯吃苦卖力。这时王当然心里不平衡了，提出辞职，并借机批评总经理，说他不公平。总经理听在耳里，计上心头。他说，你要辞职我也同意，只是，你在走之前能不能再帮我办一件事情，请你去一趟××路，看看有什么可买的。王答应了，一会他回来说，××路上只有一个老农民推着一车土豆在卖。“有多少袋？”经理问。于是王又回到××路，回来报告说有十袋。“价格多少？”王再去××路，经理听了这次报告后让他休息，立即把张叫来，吩咐了同样的任务，张一会回来报告说：“到现在为止，只有一个农民在卖土豆，一车，共十袋。价格适中，质量可以，我这儿拿了几个你瞧瞧。这个农民说，一会儿他还要运几袋西红柿来，喊价不高。”这时张顺便提出了建议：“总经理，超市现在正需要一些西红柿，是不是可以进一点货，我让那个农民在外等着……”“好，叫他进来。”这时，小王明白了一切，羞愧地收回了辞职要求。

对那些起点很高，业务很广，即将或已经踏入国际经济大循环圈的创业者，这里，不妨扩展开来谈一下 21 世纪的人才问题。专家们一致认为，未来需要的是一种复合型人才。这个问题，正如马克思预言的：“大工业通过它的灾难本身使下面这一点成为生死攸关的问题：承认劳动变换，从而承认工人尽可能多方面地发展，是社会生产的普遍规律，并且使各种关系适应于这个规律的正常实现。大工业还使下面这一点成为生死攸关的问题：用适合于不断变动的劳动需求而可以随意支配的人员，来代替那些只适应于资本不断变动的剥削的需要而处于后备姿态的，可供支配的大量的贫穷工人；用那种把不同社会职能当作互相交替的活动方式的全面发展的个人，来代替只是承担一种社会局部职能的局部个人。”马克思的预言已成为现实。为了应对这种局面，个人必须具备多项技能及全面素质。例如目前提倡的学机械的必须通电，学理工的需要晓文。大学开设“模糊专业”，即打破专业界限，改善知识结构，培养基本技能，发挥学生潜力，创造优良的成才环境，对学生进行规范性、全方位、高水准的强化训练，力图培养出一批政治立场坚定，能审时度势，通晓有关学科领域基础知识的复合型人才。此外，还要在一个团队里形成合理的人才结构，组成一个强大的人才整体优势。因为毕竟“通”和“博”的全才是少数。

世界经济相互依存的趋势越来越明显，在今天无国界的“地球村”经济时代，跨国公司是世界舞台的一支重要力量。基于此，在众多的人才中，要特别提一下，你的创业班子里应该有能与国际打交道的人才，如具备跨国语言沟通能力和处理国际交往事务的人才。

让印刷业告别“铅与火”这一划时代的创业大家王选就是打造现代人才团体的实践者和战略家。尽管他已是赫赫有名的科学家兼企业家，还是说：“我不是企业家，我只是一个对市场有判断能力的技术专家。”因此他找了一个合作伙伴——张玉峰。张的强项是业务营销、市场开拓、公司的运作管理。双方成功合作，才有了今天的方正。王选说："我们有领先的技术，有强有力的分公司，出现了一批帅才和将才，管理水平逐步向国际靠拢，10年之后必将在国际上产生一定影响。"

垃圾堆里创大业

说出来不怕大家笑话，我是一个靠捡垃圾起家的人。我17岁的时候，为了生活，不得不往南方走，想到南方打工，找点钱，把日子过好一点。

本来我的向往地是广东，听说那地方满地都是钱，只要你肯弯腰去捡，没有找不到钱的。那时，还没完全省事的我就冲着这个多年之后才明白的谎言，一门心思往南边去。只是糟糕的是我身上没有足够的钱去买到广东的火车票，于是我去扒货车。我身上只有几块钱，想想吧，几块钱能干些什么？在湖南长沙，我已经口袋空空，身上只有一块钱了。

没办法，我只能流落街头，在长沙东游西荡。我开始捡垃圾，没想到这一捡就是20多年，而今已拥有了过亿的财富。这样说出来也许你根本就不会相信，可这是事实。

我有一个观点不知大家赞不赞同，我觉得：路上有钱，你不要捡，但有垃圾却要捡。为什么？因为路上有钱，人人见了都想去捡、去抢，你不但有可能捡不到，还可能出现打架的情况，甚至是别人在捉你的笼子。如果是垃圾，别人就不会去捡，而我们捡回来就是原料，是一块宝。你觉得我说的有没有道理？

我是1964出生的，我家乡在安徽省楼江县，在那种相当闭塞偏僻的小山村里，我们那儿的人，怕是连做梦都不会有好日子过。家乡那边一年四季都在遭灾，不是这儿涨水冲了房子淹了庄稼，就是那儿起火烧了林木毁了住家，总之倒霉透了。

1980年我17岁，也就是这一年，我高中毕业了。在校时我的学习成绩一向很好，我一直以为自己考个大学是没有什么问题的，老师们也一直这样看。可是，令人大跌眼镜的是，本来挺有希望的我到了高考的时候却得了病，那一场重感冒，让我和大学失之交臂，我没考上大学。我恨不得一头撞死。我觉得自己没有理由考不上大学，于是我想复读一年再考。

母亲有些忧郁地对我说："娃子，家里这么穷，哪里还有钱给你复读，能读完高中，已经是很不容易了，没考上就没考上吧，这是命，没办法的！"

既然放弃了复读和高考，又对父亲那种生活方式不大认同，我在家里就有些待不住了，我梦想着能到外面精彩的世界去闯荡一番。这一回，父母好像没怎么反对就同意了我的要求。我出去求生活，至少可以为家里省下一份口粮，如果运气好，还能赚些钱回来帮补家用。

可去广东有多远？双脚能走着去吗？要坐车，要路费。可是，我们家那会儿都穷得快发疯了，哪里有钱给我做盘缠做路费啊！父母只能一脸无奈地四处

追家里仅有的那两只老母鸡，把它们抓起来，加上它们下的20个鸡蛋一并到市场上卖掉。这样忙乎来忙乎去，零零碎碎加起来，一共凑到4块3毛5分钱。

4块3毛5分钱能去广东吗？还不够买一个车票角！

揣着母亲亲手为我煎下的一包香喷喷的煎饼，我就像铁道游击队一样，在黑夜里偷偷摸摸地摸入火车站，趁着车站的工作人员夜静更深疲倦之时，悄悄地爬上一列从安徽桐城到深圳的货车，那是一列运煤炭的货车，我只顾往上爬，最后糊了满头满脸的黑灰。

火车叫着跑着，也不知跑了多久跑了多远。突然间我听到火车又是声长叫，然后就在中途的一个什么站停了下来。我没出过门，也不知那儿是什么站。没过多久，就有人过来扒火车，并且不停地说这说那。我藏在车厢里，看到有些人在往车下卸煤炭。

我想，既然往下搞煤炭，肯定一时半会走不了，干脆我下去透口气儿，舒展一下筋骨。我从车上溜下来，沿着铁路走了一阵，觉得特别好玩，不觉就出了车站。我做梦都没料到，等我玩了一会（好像也没多一会儿），火车就不见了，就像魔术一样，一眨眼就不见！那一刻，我傻了。我跟着铁道撵了一趟，却是火车的影子都没见着。那时候，我真的是从天上掉到了地下，悲观死了！绝望死了！火车跑了都没关系，可是要命的是，那个黑乎乎的铁家伙还偷走了我的军用包，那个军用包里，装的可是母亲为我烙下的煎饼，我路上全部的救命口粮啊！我怀着沮丧和绝望从车站走出来，这个时候，我的身上只有一块钱了。一块钱，一块钱就是我的全部财产！

天亮了，我在异乡的街头徘徊着，我不知道自己该怎么办。在火车站（后来才知道那是长沙货运北站）旁边遇到了一好心的老婆婆。老婆婆可能有六七十岁了，见我像个外乡人，而且失魂落魄的样子，就问我怎么回事。我正不知找谁说说我这倒霉透顶的遭遇，老婆婆这一问刚好帮了我的大忙，我把我的情况给她说了。她说娃仔，你就先跟着我吧，我吃什么你吃什么，不会饿着你。

可是，老婆婆那么老，生活本身已很艰难，我总不能真的就让她像养孙子一样养着我。我开始思谋着看看有什么办法可以赚点钱，一天，我闷闷地上街瞎转，转着转着就有点累了，而且也有点口渴。这时候我听到有人高声叫卖冰棒，那诱人的叫卖声差点就把我的口水给逗出来了。我顺着叫卖声望去，见到一个小男孩，正背着冰棒箱在那儿招呼路人呢。

可能是我嘴馋了，也可能是我想到了一个赚钱的办法，我没多想就跑过去问那个小男孩冰棒多少钱一支，然后就东拉西扯和他聊起来。小男孩说，他的冰棒一支要卖5分钱，而从店子里批发出来，一支只要2.5分钱。我感到眼前一亮，就仿佛看到了希望的星光。一路飞跑回去，把自己的好主意跟老婆婆一说，老婆婆笑笑，说你想做就去做吧，试一下。

我当然想做，我立即找来几块木板，哐哐哐地钉了一个木箱，往里边垫一些棉絮什么的，没多会儿就把那个冰棒箱做好了。紧接着，我摸出自己身上的一块救命钱，跑去冰棒厂批发了40多支冰棒，总之，我卖力地干了十多天，才赚了一块多钱。但是，这是我在人生路上掘到的第一桶金。头一个月，我赚了一百七十多块钱。一百七十多块钱哪，那得卖多少冰棒才赚得到手？得卖出近七千支冰棒才行的啊！

卖冰棒的日子长了，遇到不少愁得死人的阴雨天，那种天又闷又热，而我的那种冰棒箱是自己做的，保温性能很差，要是进多了货却很久都卖不出去，冰棒就会融化成一团，怎么扯都扯不开，很多时候连老本也亏了进去。当我意识到这点之后，我就开始寻找别的赚钱机会和赚钱门道。我该做点什么呢？站在人来车往的街边，我满腹的心事一脸的愁云。

我望着天，天上阴雨绵绵。我不知道自己在街边站了多久，百无聊赖，东一眼西一眼地看。突然间，我发现一个小男孩正在一个垃圾桶里翻着捡着，也不知在干什么。

我闲着没事，就走过去看看。一看，才知道那个家伙在捡易拉罐啊旧报纸什么的。当时我想，他捡这些破玩意干什么？又脏又没用，真是有毛病！

带着好奇，我出声问他捡这些东西有什么用？我没想到的是，这无心的一问，竟然从此将我和垃圾这个东西紧紧地拴在一起。

"你捡这些东西干什么？"

小男孩抬头看我，说："捡来卖钱啊。"

我愣了一下，有些不敢相信："这些破玩意能卖钱？"

小男孩见我不相信他，一脸的不高兴，说："怎么不能，我天天捡天天卖，还能骗了你？"

小男孩的话让我心头一亮：天哪，这不比卖冰棒好多了么？至少它不用成本，只需劳力，不用担心亏本，当然也没有因此而来的心理压力。

我很有兴趣地和小男孩聊上了。从那个小家伙的嘴里，我套出了很多我想了解的东西，比如价钱，在哪儿脱手，什么样的垃圾更值钱等。

总之，这一天的收获非常大，我决定不再卖那老是担心卖不出去的冰棒，加入到捡垃圾的队伍中去。因为我觉得垃圾是一门只赚不赔来钱快的好门道。

不用我多说，大家都知道捡垃圾是怎么一回事。对现在这些城市人来说，那绝对是不屑一顾的。城市人好像只会制造垃圾，却不屑于收拾垃圾。其实不单城市人，现在很多打工仔也不屑干这个行当，他们宁肯被关在工厂里为老板拼死拼活，也不愿出来捡垃圾赚钱。不过这样也好，这样就给了我一个走向成功的机会。

因为又脏又累，我们这些捡垃圾的，在人们眼里一般都不像一个人，好像是连做人的资格都不具备似的。那时候我其实也明白这些，但我真的顾不了那么多，我在外边晃着，必须要找点事做，最好能赚点钱，最好能改变命运，所以我也不计较别人的眼光，也不怕什么低人一等。我觉得这个不用本钱的东西真的是再合适我不过了，就像我当年在家里向往的那样，只要一弯腰，就能捡到钱。

芝麻开门了吗？我希望这一回真的找到了芝麻开门的咒语。

我学着别人的样子，找来两个编织袋，再弄了一个铁钩，然后就开始了我的赚钱之路。这一回，我没有一点心理压力，因为这活儿不要本钱，更不会亏本，赚多赚少总有得赚。这是我当时最希望的工作。

我背着编织袋，提着铁钩，在大街小巷里转来转去，只要是看哪儿有垃圾堆有垃圾桶，我马上就像发现了金山一样快步过去，弯下腰埋着头，把那些我认为可以换钱的东西捡起来，一股脑儿装进我的口袋。

可能是新鲜，也可能是想一锄头挖个金娃娃，头一天捡垃圾，我背着两个大袋子，疯了一般到处跑，只要有垃圾的地方，就有我的身影。那情形，真的有点像电视剧中济公唱的那样，改一下就成了“哪里有垃圾哪有我”。

那天，我跑遍了车站附近的大街小巷，我不停地捡不停地捡，看到垃圾就捡。那天在我的感觉中过得特别快，我的那两个装垃圾的袋子很快就装满了，一满我就往回收站跑。算一算，那天我好像一口气捡了10多袋垃圾，赚了50多块钱。

50多块钱，一天就赚了50多块钱！捏着那把小票子，我几乎不敢相信自己的眼睛，这怎么可能？

那天晚上，躺在床上我翻来覆去怎么也睡不着，我在想，广东遍地是钱的说法怕是没错了，这儿其实也遍地都是钱。其实只要是城市，都应当是这样的，像长沙这么大的一个城市，就更不用说了，谁知道这个城市每天会生产制造多少垃圾？我背着两个口袋，怕是捡一辈子也是捡不完的，那些被城市人丢掉的垃圾、废品，真的是怎么也捡不完，这就意味着我在这儿有赚不完的钱啊！

我会发财吗？这样下去不发财才怪！我第一次有了这样远大的向往。

现在回想起来，当时真是做了一个美梦，那个梦后来实现了，只是当时不知，要实现那个梦，可是太不容易了。

但是，人生真的不能没有梦！如果一个人连梦都没有了，那么，这个人的人生怕是已走到了尽头，即使是身体还健壮，还活着，也不过是一个没有意义的行尸走肉。虽说那个时候我只是做梦，但是，因为心中有梦，我才咬牙吃尽一切苦，受尽一切磨难，最后把那个梦变成了现实。

捡垃圾，那当然不是一件和梦一样美妙的事情，且不说人们对捡垃圾的人那种潜意识里的鄙视，就是自己的生活，也过得相当艰苦。每天，我都要扛着两个编织袋，大街小巷满城跑，无论是刮风还是下雨，也无论是五黄六月太阳毒晒，还是腊月寒风刺骨，我都得迎头顶上。

我不怕吃苦，在家乡那阵子我过的日子比这还苦哩，这点苦算得了什么！我怕的是每天的垃圾不能得到保证，今天多明天少，本想每天捡上50块钱，可偏偏就有很多时候捡不到那么多。要是遇到下雨，那情况就更糟，因为那些垃圾全都被雨淋湿了，稀屎一样糊得你满手都是，要想从中刨出值钱的东西，那可是太不容易了。

偏偏长沙的天气不太好捉摸，那雨就像憋足了劲似的，往往一下就是半天，为此我经常是被雨困在外边回不了住处。一个捡垃圾的人，当然不可能打的回来，就算你有钱支付的士费，人家司机怕也不会搭你。当然，我也不可能扛着一袋子垃圾却打一把红花伞对不对？

有一天，我上午出去捡垃圾的时候天还是好好的，可没想到下午就下起了雨，而且一下就没完没了。那时候我已经捡了一袋多垃圾，如果冒雨往回走，那些纸皮呀什么的就没用了。那么扔掉吧，又觉得很可惜，于是，我就躲在人家屋檐下，从下午一直等到晚上。

我躲在屋檐下，总是想雨马上就会停马上就会停，可谁知那天的雨疯了似的一直下一直下，没完没了。我等啊等啊，最终没能等到雨停下来。没办法，我只好在那个屋檐下睡了一个晚上。那个晚上我想了很多，我觉得自己真的很可怜，一个人四处捡垃圾，一个人四处流浪，无家可归……没睡着那会儿我就望着远远近近的楼房窗户发呆，窗户里有温暖的灯光，想那都是城里人的家吧？而我却只能躲在屋檐下，发呆。

其实捡垃圾也不容易，因为捡垃圾的人很多，好多还是分了地盘的，谁也不准捡过了。我初入行，当然不懂得这些规矩，所以刚开始那会儿还老惹事，一不留神就惹了人家，搞得不好还会挨打。

有一天，正当我在湘江边上捡垃圾的时候，一个40多岁的男子突然冲到我面前，大声叫我不准捡。当时我不明白，垃圾又不是他的，为什么不准捡？垃圾丢在那儿，谁都可以捡！

可是，那个家伙不听我摆事实讲道理，见我竟敢和他理论，他气坏了，嘴里咒骂着，突然扑上来把我捡到的一块废铁抢了过去。我愣了一下，本能地抓住他想把那块废铁抢回来。可我没想到那个家伙那么凶，他猛力一推，把我推倒在地，还不解恨，又狠狠地踢了我一脚，痛得我直叫。而那个家伙却拿着我捡的东西指着我威吓说："你个小崽子要是再来，老子就打死你！"

然后，他转身扬长而去。

我从地上爬起来，在悲愤的同时再一次感到生存的不容易。

还有一次，我到一家工厂的垃圾堆上捡垃圾，谁知刚放下垃圾袋，就有一个男人跑过来叫我不要在那儿捡。他的态度很不好，挥舞着手撵我走。原来那是工厂的保卫，他非常讨厌我们这种捡垃圾的人，说我们在垃圾堆里到处乱翻，把一个厂都搞得臭烘烘的。

那天我没找到有更好的垃圾堆，不想就这样被他赶走，因此我不断地向他保证自己不会乱翻，还说了不少好话求他，最后，他终于松口让我捡。我怕惹他不高兴，真的不敢乱翻一气，也不敢认真挑拣那些比较值钱的东西。可是尽管这样，等我捡完垃圾之后背着口袋出门，却又被门卫拦住了，说要检查。

我觉得奇怪，捡垃圾也要检查吗？

那个门卫说，要是你偷了厂里的东西，我放你走是要负责任的。

本来门卫说得也有他的道理，可我还是觉得自己受了难以忍受的侮辱，我扔掉那捆垃圾跳起来，指着那个门卫的鼻子破口大骂。

真的，后来想想也真不知那时哪里来的勇气，我真的就拽着那个门卫的鼻子把他痛骂了顿。可能是我的发作太出人意料，那家伙被骂得脸色发青，一时没有回过神来还击。

我骂啊骂啊，骂得很难听很难听，骂完之后我掉头就跑，我连垃圾和垃圾口袋都顾不得要了。我怕那个家伙反应过来会毫不手软地抓住我当坏人往死里整。不少城里人对付我们这些乡下人，很多时候都这样没有良心。我们种庄稼养活他们，我们的父辈响应国家号召无条件支持工业建设支持城市发展，可这帮人好像并不领情，他们的优越感强得离谱，动不动就看不起农民，更看不起我这样的农民的孩子。

那次我侥幸逃脱，虽说损失了两口袋垃圾，但我不悔，相反我觉得很值得很解气。不过我还是害怕，怕以后碰到那个家伙被他认出来，然后被他收拾。所以那次以后，我好久都没敢打那个工厂门口过。

捡垃圾的辛苦之于我真的没什么，但像这样被人看不起，被人当乞丐当小偷，我却从情感上接受不了。

也是为了工作方便吧，我在长沙郊区的一个大杂院里住了下来，那儿住的全都是我们的同行。先前人不多，后来慢慢地就多起来了，最多的时候竟有60多个人，男男女女老老少少，全都是在长沙靠捡垃圾为生的。他们和我一样，每天早出晚归，四处找垃圾堆，忙上忙下捡垃圾，然后把那些辛苦捡来的垃圾扛到废品收购站去卖掉，换一点可怜的人民币。

可能是从那时候起我就开始思谋事儿了，我总想不透这些垃圾到底有什么用。为什么有人要把它丢掉而有的人却要花钱把这些东西收回去？要是这些东西真没用，那为什么又会被人丢掉呢？

我想了很久都没想通，我问过很多同行，他们都说不清这是咋回事，他们只关心今天捡了多少卖了多少钱。对我这种想法，他们都觉得没什么意义，有的甚至觉得我有毛病。

可我还是忍不住要思谋这事儿，我觉得没理由啊，要是这东西没什么用，人家会花钱收集？可这些破烂到底有什么用呢？

后来，我终于听说我们捡的这些垃圾卖给废品收购站之后，还要装车运到很远的地方去。那些收购垃圾的商贩收到垃圾之后，立即让人将那些东西进行分类处理，然后按相关类别，分别往各大小厂家送，比如塑料一般是运往河北文安，而铁皮一般运到天津蓟县，玻璃呢，则运往河北邯郸……总之，那些厂家需要回收这些垃圾，弄回去再加工，发展生产。

听到这样的消息，我一下就想到自己也可以这样干，我想那些贩子用汽车不定期请工人都可以赚钱，证明垃圾这玩意其实是很赚钱的，我们捡垃圾的实际上只得到了很少的一点。

从那个时候开始，我的心思就活动开了。我想尽一切办法，先以漫不经心的聊天方式从那些贩子嘴里套出一些厂家的名称，又花钱打厂家当地的 114 电话查询台查厂家的电话，然后直接和他们取得联系，避开了二道贩子。

1983 年，我经过多方努力，搞了一个废品收购点。因为我早就和那些捡垃圾的人成了“同事”，所以我收垃圾就有先天的优势。我要那些人把捡回来的垃圾卖给我，为了省心省事，我还教他们把捡回来的垃圾自行分门别类，然后再卖给我。为了便于管理，我甚至还把他们分成很多小组，将工作派出给他们。

收到垃圾后，为了给厂家留一下好印象，我特别重视垃圾的质量。为了不至于搞乱门类，我亲自动手分类，然后打包、运送，将垃圾运往要回收相关垃圾的厂家，平价卖给他们。

尽管我的垃圾卖得比别人便宜，但相对于当初靠捡垃圾那点收入来说，那可就是一个天上一个地下。那些花花绿绿的票子，差不多就是几十倍甚至上百倍地往上翻。这个时候我才发现自己捡了这么久的垃圾，不知被那些二道贩子剥削了多少血汗钱！

1981 年，我 20 岁。也就是这一年，我靠做垃圾生意，成了当时并不多见的年轻的“万元户”。那个时候，万元户意味着什么呢，“万元户”意味着是先富起来的那部分人。别说我一个打工仔不容易混成“万元户”，就是当地土生土长的人当中，也没有多少能混成“万元户”。

按理说，我才二十来岁就成了“万元户”，摆脱了很多人都想摆脱的穷日子，这是一件相当了不得的事，应当受人尊敬被人称赞才对。可是，在很多人的心目中，我还是一个捡垃圾为生的垃圾佬，还是低人一等，还是被他们看不起。

好在我不太在乎这些，我还是一门心思搞我的垃圾生意。我的口袋里有很多钱，可我却并没想到要去享受或者飘飘然到处炫耀。那时我只想把生意做好做大，赚更多的钱。我还是和从前一样普通，不了解的人没谁知道我赚了那么多的钱，我的穿着打扮也和进城的农民孩子没什么区别，因此我看起来并不是那么春风得意。

因为衣着太平常了，我连女朋友也找不到。有一次，热心人帮我介绍了一个女孩子，刚认识那会儿，那女孩没说我有什么不好，表示可以和我交往下去，可后来她听我说自己是个捡垃圾的，吓得脸都变了，从此再也不和我来往。再后来我还听那个介绍人说那女孩把她骂了个鼻青脸肿，怪她给她介绍了一个收破烂的，成心陷害她。

之后这种事还有很多，几乎每一次，女孩都是因为我是个垃圾佬，坚决不和我交朋友。这个事搞得我很沮丧，对谈女朋友的事特怕，于是就一直拖着。

干一行爱一行，因为和垃圾结下了不解之缘，我就是没有女朋友，也同样对垃圾充满感情。对有关垃圾的情况，我是一天比一天熟，各种行情都在我脑子里装着，而且我这个人有一个特点，就是喜欢瞎想。比如，我折腾了一阵回

收垃圾后，突然就觉得光回收倒卖也不是个事，如果能做到回收并加以利用，变废品为宝贝，那岂不是更来钱？更有发展？

为了证明我的思路是正确的，我还特地找来一种实物加以论证自己的想法，比如一辆废旧的单车，那时候比现在贵，要三四十块才能收购到手，要是把单车修理一下翻新一下，让它看起来就像新的一样，这样能卖到多少钱呢？单车又没有行驶年限，我这一翻新后，和新的差别并不大，一转手卖它一百多元，一点问题都没有。

我被自己这个想法搞得很兴奋，我不想一辈子干那种回收倒卖废品垃圾的小儿科了，我要干大事。

在这种奋斗目标的激励下，我随时都在留意可能行得通的机会。1984年，有一天，我到长沙市政府办点事情，无意之间看到市政府办公楼下面，堆了一大堆自行车、摩托车、家具之类的东西，一副风吹日晒饱经风霜的样子，好像也没人管。当时我脑子里念头一闪，要是能把这堆东西收回去，没准还能赚上一把。

这么一想，我立即就找人打听那堆旧东西是怎么回事，有没有可能卖给我。你还别说，我真就很快打听到了，那堆东西原来是长沙财政局的，好像是什么罚没物资。

我当时想既然是罚来的，就有可能要拍卖什么的，于是我事都没办，就跑去财政局找人。我找到一个科长，把我的来意说了。

科长对我这个不速之客的想法感到好奇，不过他说他做不了主，因为当时上边没有相关规定说可以卖掉罚没物资。正因为没有这种规定，所以这些物资一直没处理，所以就越堆越多。

那天我说了很多废物利用的理由，但因为没有相关规定，科长只是笑笑，没说要卖给我。

但我真的不甘心就这样罢手，因为我相信这是一个发财的机会。在商场上虽说小打小闹，但毕竟混了这么多年了，我的眼光不会有错。于是，我不管人家卖不卖，立即着手写关于怎样处理罚没物资的报告，并且第二天就拿着报告去找那个科长。

我的二次来访让对方有点意外，但当他把报告看了之后，对我的态度就完全变了。他觉得我的报告很有说服力也很像那么一回事，于是，他叫了一位副科长和他一起具体谈这个事。

不用说，后来这事谈成了。他们决定把长沙市政府机关及一些执法部门的罚没物资全都交给我，让我收购去处理。

老天，那些物资其实大都是全新的，只不过有些放的时间久了，上边满是灰尘，拿湿布抹一下就行了；还有一些有点损坏的那种，也只不过是一些小问题，叫人随便修一下就是新的。不用说，我在这宗生意上狠狠地发了一笔。

打那时起，我算是真正尝到了废品翻新的好滋味。那里边的利润，真的是高得可以吓死人，而且我还发现以前我卖掉的那些垃圾，其实有很多是可以翻新一下利用起来的。

我决定不单单做倒卖垃圾的生意了，我要以最快的速度进入废品翻新这一行，好好地发一笔大财。我敢说当时我就知道自己会因此发大财，因为我多年和废品打交道，很多收购回来的废品其实都可以利用，都可以进行翻新加工再上市流通。比方说旧自行车、烂电视机，等等。

说干就干，我把废品翻新当成了自己的主业。在我的努力下，我的业务做得非常顺手，而且很快就把这单生意做大了。

生意做大之后，我在长沙河西的银盆岭租了三间大房子，专门用来放收购回来的废品。我把那些旧东西进行维修和翻新之后，卖到周边的城市，再把那些没有翻新价值的东西当废品卖给以前那些客户工厂。

伟人教导我们说，两手抓，两手都要硬。我的“两手抓紧”就是一手紧紧抓住废品翻新，一手抓紧垃圾贩卖。这两手抓出了成效，抓到了钱。

才一年多的时间，我已租了20多间房子用于储存废品，并且还招了30多个工人，专门搞维修、翻新、销售等工作。

我当老板了，虽说只是一个小老板，但这可比当年卖冰棒捡垃圾的滋味好多了。

1986年,我从钱包里拿出十多万块钱,买了一辆1962年生产的红旗牌轿车。我觉得自己不能不顾社会风气，一味小打小闹，我也要装点一下门面，像个做生意的样子。据说那个时候，全湖南省就三辆我那样的轿车，开着它出去，真的是很有面子。不过当时我也不完全是为面子，而是看准了市场，因为那玩意已经不生产了，听说全国也就一百多辆，买下它，实际上也等于是投资。

那个时候的十多万块钱是什么概念？要是换了别的人，怕就舍不得这样干了，可我不同，我开一辆那样的车，首先有了无形资产，而这种车因其特殊的历史意义，还具有保值功能，所以我就买下了。事实证明我的眼光没错，我的那辆红旗轿车，现在都不知有多少人想高价收购去收藏；要是卖掉，我不单不会亏钱，还会赚上一笔。但我不卖，因为那是我创业之路上的一个纪念，在我创业的路上，它曾经为我立下过汗马功劳，我绝不允许自己卖掉它。

在我们国家，可能我是最早抓住翻新商机进入这一行的。几年之后，很多人都干起了这个事，特别是上个世纪90年代以后，很多人仿佛突然醒过来了似的，纷纷往这块市场上挤。 这个时候，我觉得这块蛋糕已经没什么味道了，便准备另辟财路，找个生财的好法子。

可能是长期做废品这一行的缘故，我对塑料啊金属呀之类的东西特别熟悉。当时我看到市场上铝制品挺受欢迎，就认真地研究它为什么会受欢迎，而这样的欢迎还能持续多久。做过深入的市场预测和调查之后，我决定搞一家铝业公司，以我多年打下的废品回收基础，利用那些废旧的金属提炼铝，再搞点新名堂出来。

搞这么一个东西要的是技术，我一个靠捡垃圾起家的人懂什么技术！结果，我的公司按照我的想法生产的那些东西，技术上根本就不过关，自然就不好销，自然就赚不了什么钱。

后来我听说辽宁有一家同行公司有一个很不错的高工退休在家带孙子，便想尽办法和他取得联系，说服他到我的公司做帮手。

可是，要想说服那么一个国有大公司的高工千里迢迢跑到长沙为自己出力，可不是件容易的事儿。人家一直是国企的正式职工，吃了一辈子大锅饭，也享有这样那样的生活保障，而我，了不起就是多给几个钱，但人家根本都不看我给他的那份高工资。我想请他到长沙来帮我，他却打死都不情愿。

怎么办呢？我急得不行，最后决定先找他的老婆做工作。一般情况下，女人在家里是很有左右作用的，我想那个高工不动心我就让他老婆动心，然后由他老婆去说服他。于是，我就在那个女主人的身上下功夫。也算老天助我，有一次，那个高工的老婆无意和我说起她和她老伴从来都没有坐过飞机，不知坐飞机是怎么一回事。我立马抓住这个机会，跑去机场买了两张去长沙的飞机票，非常真诚地请他们到长沙去看一看。

我的大方很让对方感动，那个高工在他老婆的劝说下，终于答应到长沙走一走。

高工老两口到了长沙，我陪他们到处转悠，这当然包括到我的公司参观。高工看到我搞出那么大的前程，有点感动，加上我的真诚给他的印象也比较好，而他的老婆又在一边帮我说好话，最后，那个高工终于答应到长沙为我做技术指导。

几经曲折，技术上终于过关了，产品有了销路，公司的生意也跟着有了起色。

我说过，小打小闹是搞不出什么名堂来的，要想做大事，就要舍得花大力气使大本钱。因此，当技术过关后，我很快就投入巨资购回一批非常现代化的大型设备，抓紧时间大批量生产。多年的经验告诉我，在生意好做的时候如果你不紧紧抓住机会发展，等大家一窝蜂追过来了，你再动手可就晚了。

那个时候，市场上的铝合金制品越来越贵，一吨货可以卖到一万多元，而我的公司刚好在这个时候无论是技术、产量还是质量，在同行业中都遥遥领先，所以是生产多少卖出多少，一点都不用担心积压，更不用担心没钱赚。那一年，公司产值逾 5 000 万元。

生意这个东西挺怪，你要是细心研究就会发现一个规律，每个行当都像股市一样，有牛市就会有熊市。没几年，也就是 1995 年左右，搞铝制品加工的工厂一天比一天多，市场竞争一天比一天激烈了，而产品利润一天比一天小，生意是一天比一天难做。在这种情况下，我当然不能在一棵树上吊死，得寻找和培育新的经济增长点。经过慎重思考，我打算再搞一个加工垃圾的公司。

垃圾这玩意，说起来真的比金子还宝贵，我一直相信这一点，这一回也是如此。当我有了这个心思之后，很快，也就是 1996 年，我听北京一个高级工程师说他那儿的一个技术，可在柏油里掺进橡胶颗粒，以达到防柏油在高温下溶化的效果。我一听就觉得这门技术有“钱途”。你想想啊，全国有多少柏油路？还要建多少柏油路？要是真像那高工说的那样神奇，我这不是又捡到一个金娃娃了么？

只要行得通，我敢肯定这是一项大有前途的生意，原料便宜又多，那些橡胶垃圾哪儿没有啊，不要钱都弄得到！像现在这么多车，我想任何一个地方都不会缺废旧轮胎，而那东西恰恰是上好的原料。

我当即决定干这个事。1997年，我投资700多万元，从德国引进了一套非常先进的设备，搞了一家环保橡胶粉厂。我的厂做的事主要就是将那些废橡胶弄到高温下面，让它炸开，之后再磨成粉，卖给路桥公司用来修公路。

我说过，这是一门独特的技术，我能弄到这门生意，除了信息灵，更重要的是尊重人才。那个帮我的高工为什么帮我，因为我尊重他，给他很好的待遇，和他一起把他的发明和技术转化为产品，把无形资产转化为有形资产。

高工的技术原理其实我搞不懂，他说橡胶粉末制品加入柏油里会起化学作用，将呈酸性的柏油变成碱性。这些我都不关心，我关心的是碱性的柏油在高温下不会溶化，还有防滑防冻功效，因此用碱性柏油铺路时，能提高柏油路的质量。这就是商机，我是商人，我看重的不是技术原理，而是它的市场前景。事实证明我的眼光不错，我们生产的产品因为效果相当好，很好销，而热销的局面带来的结果，便是我又赚了一口袋钱。

如果当初为生活得好点，想出来赚点钱，那我已经有了几辈子都花不光的钱，我完全可以坐着享乐了。

可是不行，我从十多岁开始和垃圾打交道，好像真的是离不开这些宝贝了。这些别人眼里的脏东西，在我看来几乎都是非常宝贵的资源，只要利用好了，就是无尽的财富。我总是挖空心思，想着把它们全都利用起来。

那时我算了一下，一个长沙市，每年大概有70万吨垃圾，堆起来的话绝对是一座大山。

要是挖坑埋掉，那得十多二十亩土地才埋得完，要是能有效利用这些废物，你说会不会是取之不尽用之不竭的财富呢？

这会儿，我突然冒出了一个新想法——用废塑料炼油。

我那有限的知识告诉我，所有的塑料都是碳氢化合物，都可以用来加工石油，而石油，多少国家都紧缺的东西啊！阿拉伯好多国家就全靠卖这玩意过好生活呢！要是谁能发明种技术，把那些废塑料弄成石油，无疑又是一笔可观的财富，反正废塑料满地都是，根本就不用担心没有原料。

念头一起，马上行动，这是我多年来的办事风格。不过我这种奇怪的想法的确有点让人摸不着头脑，人家做生意都是搞那种有影子的事，而我，竟然为一个自己的想法，请了10多名专家攻关，搞塑料变石油的奇事。

时间一天天过去了，没影子的事慢慢地有了影子。一年多的努力没有白费，专家们费尽心血，给我提供了全套的废塑料炼油技术资料。

有了资料就有了理论基础和依据，我按技术资料，开始购置流化床技术设备，并立马着手安装，希望尽快把油炼出来。可我没想到这关口上却遇到了麻烦，因为国产的流化床技术不合相关要求，我花费的人力财力全都打了水漂。

老实说那会我心里还是很痛苦的，我真的不知道这事到底能不能搞成，我拿着的技术资料，如果不行就等于一堆废纸!

但我决不放弃，我决定到国外去看看人家的安装技术。

我花了几个月的时间，整天坐着飞机飞来飞去，满世界跑，生活没有规律，日夜奔波操劳。我瘦得好像风一吹就会倒，特别好笑的是，我手下的一个女工，悄悄在私底下给我取了一个“麻竿”的绰号。是啊，我那个样子，也真和麻竿一样瘦。

德国、美国、瑞士，我到处飞到处看，该看的我都看了，该了解的我也了解了，最后，我经过比较，决定从日本引进流化床技术。

1999 年 6 月，我投资的环保塑化炼油厂在长沙成立。这个厂，我前前后后投入了 1 300 多万元。我从废塑料中炼油取宝的新招很快就引来了大批客商，我每炼一吨油，可以赚到 1 000 块钱。而油的销路热得就像六月天。我又成功了!很多人为我的敢想敢做惊叹不已，戏称我“垃圾大王”。

我成功了，但我没有被胜利冲昏头脑，我知道我的根实际上离不开垃圾，我不能因为自己发了财就把这个被人看不起的东西忘掉。

因此，我在办炼油厂的同时，找到一帮在长沙捡垃圾的人，又搞了一个环卫废弃物品责任公司。真的，我不能忘记那些被看不起的日子和那些被人小看的同行，我成立这个公司除了自己赚钱的打算外，还可以帮助一部分捡垃圾的人，帮他们争取一些应有的尊重，解决一些靠他们个人力量无法解决的问题。

比如，在他们捡垃圾为生的日子里，经常被当作盲流或“三无”，一不留神就会被抓起来当坏人处理，或者被遣送回乡。而我办这个公司的目的之一，就是专门为他们在长沙公安部门统一办理就业证、暂住证和废品收购证，还请公安人员为他们上有关治安的培训课，让收废品捡垃圾的人不再整天担惊受怕，有一种“工作”的感觉。

我的这个公司发展得很快，年产值数亿元，现在已有近 3 000 人了，在运输方面全都用现代运输工具，比我当年捡垃圾那会儿强了不知多少倍。

这个故事很长，但是十分生动感人，读来绝不乏味。为什么？除了主人公的命运前后反差太大以外，他怎样肯动脑子，把握命运，一步步把微不足道的“垃圾事业”做优做大，催人泪下，发人深省，深受启发。他的 4 块 3 毛 5 分钱的路费，第一天批发来的 40 多支冰棒，第一个十天里创业得来的第一桶金——一元多钱……久久地萦绕在我们脑子里，挥之不去!

第八章 创业谋划

对于即将走出校门的大中专学生，心情往往是矛盾的，既渴望快点步入社会，一显身手，展示才华，求得独立，又觉得心里没有底，对起步人生有几分畏惧。这是十分正常的。毕竟，未来的一切都还是未知数，难于确定的因素实在太多。不过不要紧，任何人都会有这个过程的。好在我们学了一点创业的知识，有了一点理性的认识，那我们就先做一个创业设计吧。

我们平常爱说毕业前要为“求职”做准备，那这里的“创业计划”就是准备。但是，仅仅为求职做准备是不完全的，还要为“谋职”做准备。前面章节已经指出，求职和谋职是有本质的不同的，求职往往含有被动的意味，向别人“乞求”，而谋职则是主动的，为自己的前途进行“设计”。

一个职业生涯设计方案

在中学毕业时，靳刚便立志要成为一名优秀的企业家。抱着这样的梦想，靳刚开始了自己的生涯设计，他为自己描绘出了职业生涯的蓝图，即开学去读企业管理专业，然后运用这些知识进入企业界。蓝图是绘好了，但在经过其父亲和老师的分析之后，认为要成为一位真正优秀的企业家，应进入理工科专业学习。因为在创办企业的过程中，更需要的是技术基础，而理工科学习，不仅是知识技能的培育，还能帮助建立一套严谨求实的思维体系，训练人的逻辑推理能力，使人有一种严谨踏实的工作态度。在学习理工科专业知识的同时，可以选择学习企业管理的知识，这样，使知识结构达到完整优化。高中时的梦想经过了高考的考验，终于，靳刚进入了大学。

在大学期间，靳刚在学习理工科知识的同时，有意识地大量学习了企业管理、经济方面的知识，并参加了大量的实践，使自己各方面的素质都得到培养。在毕业之后，他已经掌握了发展成为企业家的知识和素质。

但靳刚毕业时，并没有立即进入企业工作，而是进入了一家研究院工作，目的是了解科学创造的知识。在这一期间，靳刚的努力终于得以实现，并申请了专利，但作为职务发明，靳刚是不能带走该发明的。此时，靳刚提出辞职，与另一合伙人创办了一家公司，并将其发明创造向应用性方面发展，为自己公司的发展提供了拳头产品。管理公司期间，靳刚发现自己的管理水平和知识已与现实不大适合，于是，边工作边攻读在职的 MBA 学位，为其职业生涯打下坚实的基础，终于，使其职业生涯与公司同步发展，成为一位出色的企业家。

我们在此可以看到靳刚职业生涯的设计思路清晰，步骤合理，充分考虑了自己的兴趣、素质、能力和职业技能的培养，终于在父亲和老师的指导下，经过不断的努力，实现了自己的梦想。求职者更应明确自己的生涯设计并做出适合于自己的职业生涯设计。这样，才能真正了解自己，进一步详细估量内、外环境的优势与限制，设计出合理且可行的职业生涯发展方向；这样，人生才能有目标，工作才能有方向，才能算是慎重行事。

对创业谋划，有人不以为然，他们说：做什么计划，天生我材必有用。部分在校生想：现在还早，走到哪，说到哪吧！这些看法并不清醒。我们常说，不打无把握之仗，不打无准备之仗。办任何一件事情，有准备与没有准备，其结果大不一样。有了计划，你就会时时处处关注与计划有关的事，很可能常常为计划做些准备工作。例如你想明年买一台汽车，那么你现在就关心汽车的价格，设法筹集资金，了解各种品牌的汽车的性能，了解有关汽车使用的费用、政策，等等，到时候一下子就能买到适合于自己的汽车。

姜太公伟业之谋

“姜太公钓鱼，愿者上钩”这一短语家喻户晓，姜太公就是谋职而不求职的典范。周文王时代，姜太公一直是个宰牛卖酒的无名之辈，但是他又怀着一幅雄才大略，不得施展，一直到70岁仍然默默无闻——有谁过问一个屠夫啊！后来，他想出一个计谋，也就是策划了一个“谋职”的方案——用直钩去钓鱼。奇特的方案一制定，以后每一天，他都用直钩到渭河边去垂钓。这样的事情当然前所未有，于是成为名人，声名远播。后来被周文王知道了，周正好在遍寻人才，于是亲临拜访，姜终于成就大业。

如果姜太公没有这一奇妙的谋划（也就是我们这里的“创业计划”），而是苦苦地去哀求，恐怕结果就大不一样了。下面还有一小故事，也有异曲同工之妙：

有个打工仔，在众多的工友中拼命努力工作，但就是得不到老板的认可。经过一番思考，他终于想出一个办法——上班时穿一件与众不同的红衣服。显然，他那“鲜艳”的身影，再加上出众的勤奋，很快引起老板的注意和赏识，他一下子被提升起来。经过积累，最终自己开公司，当了老总。

第一节　做好自我评估

创业谋划实际上是在学校的指导下进行创业的个性化设计，因此，知己知彼是第一步。

某些人一生最大的悲哀是从来不能正确地评价自己，因此步步走错，困苦终身；或者起步失利，满盘皆输，最后一事无成。其实人是可以对自己进行分析估计的，而且十分必要在干任何事情之前都应进行自我评估，目的是在制订计划的时候实事求是，恰如其分。对于对个人影响重大的创业之举，更有必要先衡量自身，找出自己的特长和不足，也就是“知己”。

自我分析评估大体从性格、兴趣、特长、智能、情商、气质、目标等几方面着手。不顾自身条件，机械地照搬与模仿，肯定难成大器。

每个人根据其先天的特质和后天形成的性格特征，是有不同的职业适应性的。一个五音都不全的人，是根本当不了歌唱家的；性格孤僻，不善言谈的人，硬要他去搞行政管理，行吗？很多例子告诉我们，在学校考试成绩很好的学生，出了社会往往一筹莫展，这就说明智能和情商、气质往往是不统一的，在许多情况下，情商和气质对创业起着非常大的作用。

创业者性格自我测试包括以下方面：气质自我测试、分析能力自测、行动能力自测、管理能力自测、经营能力自测、情绪类型自测、情绪稳定性自测、成功方向自测、职业选择测试、职业满意度测试。下面针对每一方面提供一套自测题，还补充一套创业者和创业爱好者自我测试题，供大家参考使用。

应该说明，自我测试这些年十分流行，提供的方法和标准各不相同，不免使人有无所适从之感。大部分测试当然都有一定合理性，但是否具有严密的科学性就值得商榷了。即使是同一套测试方法，用于不同民族、不同个体，结论恐怕也不会一样。在实际生活中，具有与某种创业成果的取得完全相悖的个性的人获得成功的例子不在少数。因此，这里的 11 种测试题虽然比较合理，算其中一个标准，但也仅供大家参考，作为自我衡量的参考体系，绝不是“最高法院”的“判决书”。即使你认为很准确，自我评估优秀或存在很多不足，那么，优秀的自然不可得意忘形、草率行事；存在不足的，还应该清楚，有不少特征和能力是完全可以通过不断的有目的的训练得以改变和提高的，不然，各种教育就失去了最本质的意义。

一、自我性格测试

（一）测试说明

下面是性格自测 23 题，每题有若干可选择项，请你在认真思考的基础上，以最快速度诚实地作答，每题只选一项。并根据答题时间加不同值的 E 或 I 分：5 分钟以内完成，加 25E 分；5 ~ 6 分钟，加 20E 分；6 ~ 7 分钟，加 15E 分；7 ~ 8 分钟，加 5E 分；9 ~ 15 分钟，不加分；15 ~ 16 分钟，加 5I 分；16 ~ 17 分钟，加 10I 分；17 ~ 18 分钟，加 15I 分；18 ~ 19 分钟，加 20I 分；20 分钟以上，加 25I 分。最后，将 E 和 I 分别相加，得出各自总分，再用较大项的分值减较小项的分值，同时以大项的字母（E 或 I）冠在差分值后，即为最后得分，将此分与结果对照，即可对你的性格类型作出判断。

（二）测试题目

1. 你的选择与你的朋友的选择常常一致吗？

   A. 不一致。（0 分）　　B. 一致。（5E 分）

2. 对于交际，你的态度或自我认识是：

   A. 希望自己健谈，并且正在为此努力。（3E 分）

   B. 很健谈，并且在一伙人中居领先。（5E 分）

C. 不太健谈。（3I 分）

D. 与其说喜欢谈，不如说喜欢听。（0 分）

E. 自己在谈话时总处在一种局促不安的境地。（5I 分）

3. 你使用电话的态度或情形是：

A. 能在电话里很好地交谈，可能的话还是喜欢面谈。（3E 分）

B. 不喜欢电话交谈，因为看不到对方。（3I 分）

C. 必要时也使用电话，但电话是有局限性的通讯工具。（0 分）

D. 能愉快地进行电话交谈，并且能表达很深奥的情绪。（5E 分）

E. 一打电话就感到局促不安。（5I 分）

4. 假如你赢得了一次公费度假机会，你喜欢哪种度假方式：

A. 在豪华的度假场所，伴以阳光、海浪、音乐、聚餐，与伴侣度过。（5E 分）

B. 在偏僻、宁静乡间很小却是上等的旅馆，以散步、钓鱼等幽静的方式度过。（3I 分）

C. 在富有的艺术家朋友那里度过，并积极参加与朋友举行的各种社交活动。（2E 分）

D. 做自己一心想做，但没有时机去做的事情。（5I 分）

E. 和家人或朋友一起在一个宁静的旅馆度一个宁静的假期。（2I 分）

F. 游历全国文化和历史中心。（3E 分）

5. 在上题中，你最不喜欢的是哪种度假方式：

A.（同上题 A）（5I 分） B.（同上题 B）（3E 分）

C.（同上题 C）（2I 分） D.（同上题 D）（5E 分）

E.（同上题 E）（2E 分） F.（同上题 F）（3I 分）

6. 在晚间电视节目中，最喜欢下列哪些节目：

A. 老故事片。（0 分） B. 时事问题讨论会。（4I 分）

C. 不重要的讲话。（0 分） D. 放纵不羁的喜剧节目。（2E 分）

E. 具有潜在心理学性质的现代剧。（2I 分） F. 生活指南方面的节目。（4E 分）

7. 在上题中，你最不喜欢什么：

A.（同上题 A）（0 分） B.（同上题 B）（4E 分）

C.（同上题 C）（0 分） D.（同上题 D）（2I 分）

E.（同上题 E）（2E 分） F.（同上题 F）（4I 分）

8. 对于夜晚的空闲，你最喜欢以哪种方式度过：

A. 和七八个朋友在一个愉快活泼的酒吧里伴着音乐和舞步度过。（3E 分）

B. 和最亲的朋友在影院度过。（1I 分）

C. 同伴侣参加真正地道的舞会，同时伴以美食。（5E 分）

D. 在家听音乐和读书。（5I 分）

E. 在朋友家的小型聚会上，谈论一些令人兴奋的话题。（1E 分）

F. 在家看好的电视节目。（3I 分）

9. 在上题中，你最不喜欢的是哪种方式：

A.（同上题 A）（3I 分） B.（同上题 B）（1E 分）

C.（同上题 C）（5I 分） D.（同上题 D）（5E 分）

E.（同上题 E）（1I 分） F.（同上题 F）（3E 分）

10. 对于做一项决定，你的态度或做法是：

A. 害怕决定的后果，因此常常拖延做决定的时间。（5I 分）

B. 要有充裕的时间进行考虑。一旦决定，就会坚决执行。（1E 分）

C. 能很快做出决定，而且通常是正确的，丝毫也不草率。（5E 分）

D. 决定快了，往往错误；决定慢一点，往往是正确的。（5E 分）

E. 能够极迅速地做出决定，但有时不希望自己有这种糊涂的做法。（3E 分）

F. 觉得做决定是一件很困难的事情。（1I 分）

11. 对有关社会伤害问题，你的态度是：

A. 除非自卫，决不会在肉体上伤害任何人。但愿意在战斗中奋勇拼搏。（0 分）

B. 一想到发动战争，就感到厌恶。（5I 分）

C. 虽然不想自找麻烦，但有时不得不依靠暴力解决。（3E 分）

D. 常被卷入导致暴力行为的争吵中。（5E 分）

E. 任何情况下都不会与人打架。（3I 分）

12. 对自己的工作能力或水平，有如下评价：

A. 工作能力不强，但工作很繁重。（5E 分）

B. 觉得自己的工作干得很一般。（3I 分）

C. 能够胜任稳定而且是高水平、高效率，但并不十分繁重的工作。（5I 分）

D. 有时工作能力强，有时显得弱，但大多数时间显得一般。（0 分）

E. 想干时，能以极大的热情和工作量投入。（3E 分）

13. 对于你自己，别人有何种看法：

A. 有时是个好伙伴，但有时缺乏主见。（0 分）

B. 极其活跃开朗，甚至可能好强。（3E 分）

C. 有时是个极讨厌的家伙。（5I 分）

D. 是个活泼、友好，充满生气的伙伴。（5E 分）

E. 在社交活动中表现平庸。（0 分）

F. 是个相当压抑的人物。（3I 分）

14. 如果别人对你的评价是正确的，你的态度是：

A. 为别人可怜的想象力而失望。（3E 分） B. 比预期的更高兴。（2I 分）

C. 非常高兴和满意。（5E 分） D. 感到恐惧。（5I 分）

E. 对别人不了解自己感到惊奇。（0 分）

F. 对自己缺点的暴露感到很平常。（0 分）

15. 对于花钱买东西，你的态度或做法是：

A. 花钱大方，认为钱就是让人花的。（5E 分）

B. 对于买东西表现得相当笨拙，以至于经常买自己不想要的东西。（3E 分）

C. 根据自己的愿望，非常负责地买东西。（0 分）

D. 不喜欢买东西，觉得买东西很有可能上当。（3I 分）

E. 最讨厌的事就是买东西。（5I 分）

16. 对于下列命题，你最赞成的是：

A. 人应该在行动之前，被迫向什么人解释一番自己的计划。（5I 分）

B. 人是一种服从动物，必须根据社会需要来调整自己。（0 分）

C. 信用卡是一种威胁，它使人们的消费超过支付能力。（3I 分）

D. 没有比被审查更糟的事情了。（2E 分）

E. 神经质的人倾向于放纵他们自己的问题。（3E 分）

F. 变化是生活的调味品。（3E 分）

17. 对于上述命题，你不能确定赞成与否的是：

A.（同上题 A）（2I 分）　B.（同上题 B）（2I 分）

C.（同上题 C）（2I 分）　D.（同上题 D）（2I 分）

E.（同上题 E）（2I 分）　F.（同上题 F）（2I 分）

18. 对上述命题，你表示反对的是：

A.（同上题 A）（3E 分）　B.（同上题 B）（0 分）

C.（同上题 C）（3E 分）　D.（同上题 D）（5I 分）

E.（同上题 E）（5I 分）　F.（同上题 F）（3I 分）

19. 对于下列工作，你最喜欢的是：

A. 在大图书馆从事重要的编目工作。（2I 分）

B. 作体育馆或社交俱乐部的出纳员。（2E 分）

C. 在剧院担任领导工作。（5E 分）

D. 复兴某一陷入困境的社会团体。（5E 分）

E. 研制一种绝对有市场的智力玩具。（5I 分）

F. 研究心理学的进展等工作。（3I 分）

20. 对于上题，你最不喜欢的是：

A.（同上题 A）（2E 分）　B.（同上题 B）（2I 分）

C.（同上题 C）（5I 分）　D.（同上题 D）（5I 分）

E.（同上题 E）（5E 分）　F.（同上题 F）（5E 分）

21. 不考虑现在的职业，下列哪项工作最适合你的心意？

A. 名牌大学图书馆的领导工作。（2E 分）

B. 著名影视机构的文秘工作。（5E 分）

C. 国际水平的运动员。（2I 分）　D. 成功的模特。（5E 分）

E. 声名显赫的心理学家。（5I 分）　F. 现代实验学校的校长。（2E 分）

G. 幸福家庭的家长。（5I 分）　H. 成功的作家。（2I 分）

I. 电影、电视或歌唱明星。（5E 分）

J. 一位成功的孤寂的艺术家的伴侣。（5I 分）

K. 不确定的职业。（5I 分）

22. 在上题中，哪项最不适合你的心意？

A.（同上题 A）（2I 分）
B.（同上题 B）（5I 分）
C.（同上题 C）（2E 分）
D.（同上题 D）（5I 分）
E.（同上题 E）（5E 分）
F.（同上题 F）（2I 分）
G.（同上题 G）（5E 分）
H：（同上题 H）（2E 分）
I：（同上题 1）（5I 分）
J：（同上题 J）（2E 分）
K：（同上题 K）（5I 分）

23. 在上题中，认为你的密友会为你选择什么？

A.（同上题 A）（2E 分）
B.（同上题 B）（5E 分）
C.（同上题 C）（2I 分）
D.（同上题 D）（5E 分）
E.（同上题 E）（5I 分）
F.（同上题 F）（2E 分）
G.（同上题 G）（5I 分）
H：（同上题 H）（2I 分）
I：（同上题 1）（5E 分）
J：（同上题 J）（5I 分）
K：（同上题 K）（5E 分）

（三）测试结果分析

100E 分以上：外向型性格，并且已经达到了变态的程度，处于紊乱的性格状态。

76E ~ 99E 分：性格极其外向，达到了需要限制的地步。要密切注意自己的言行。

51E ~ 75E 分：强外向型性格，能使你走向成功，但要力戒激进的做法。

31E ~ 50E 分：显然是外向型性格。正常，心理健康，要尽可能保持这种状态。

11E ~ 30E 分：性格相对外向。自己并没意识到，组织能力很强，容易获得成功。

10E ~ 10I 分：属于“平衡性格”，既不外向，也不内向。善于建立轻松的人际关系。

9I ~ 30I 分：轻微内向性格。在社会交往中你是中立者。

31I ~ 50I 分：显然是内向性格，有点羞怯。

51I ~ 75I 分：性格显著内向。

76I ~ 100I 分：非常内向，并且无法改变。

100I 分以上：内向且变态，几乎过着封闭的生活。要改变这种险境。

二、自我气质测试

（一）测试说明

在回答下面问题时，你认为很符合自己情况的，记 2 分；比较符合的，记 1 分；介于符合与不符合之间的，记 0 分；比较不符合的，记负 1 分；完全不符合的，记负 2 分。

（二）测试题目

1. 做事力求稳妥，不做无把握的事。
2. 遇到可气的事就怒不可遏，想把心里话全说出来才痛快。

3. 宁可一人干事，不愿很多人在一起。
4. 到一个新环境很快就能适应。
5. 厌恶那些强烈的刺激，如尖叫、噪音、危险镜头等。
6. 和人争吵时，总是先发制人，喜欢挑衅。
7. 喜欢安静的环境。
8. 善于和人交往。
9. 羡慕那种善于克制自己感情的人。
10. 生活有规律，很少违反作息制度。
11. 在多数情况下情绪是乐观的。
12. 碰到陌生人觉得很拘束。
13. 遇到令人气愤的事，能很好地自我克制。
14. 做事总是有旺盛的精力。
15. 遇到问题常常举棋不定，优柔寡断。
16. 在人群中从不觉得过分拘束。
17. 情绪高昂时，觉得干什么都有趣；情绪低落时，又觉得什么都没有意思。
18. 当注意力集中于某一事物时，别的事物很难使我分心。
19. 理解问题总比别人快。
20. 碰到危险情境，常有一种极度恐惧感。
21. 对学习、工作、事业抱有很高热情。
22. 能够长时间做枯燥、单调的工作。
23. 符合兴趣的事情，干起来劲头十足，否则就不想干。
24. 一点小事能引起情绪波动。
25. 讨厌做那种需要耐心、细致的工作。
26. 与人交往不卑不亢。
27. 喜欢参加热烈的活动。
28. 爱看感情细腻、描写人物内心活动的文学作品。
29. 工作学习时间长，常感到厌倦。
30. 不喜欢长时间谈论一个问题，愿意实际动手干。
31. 宁愿侃侃而谈，不愿窃窃私语。
32. 别人说我总是闷闷不乐。
33. 理解问题常比别人慢些。
34. 疲倦时只要短暂的休息就能精神抖擞，重新投入工作。
35. 心里有话，宁愿自己想，不愿说出来。
36. 认准一个目标就希望尽快实现，不达目的，誓不罢休。
37. 与别人学习、工作同样一段时间后，常比别人更疲倦。
38. 做事有些莽撞，常常不考虑后果。
39. 在听讲授新知识、新技术时总希望讲慢些，多重复几遍。

40. 能够很快忘记那些不愉快的事情。

41. 做作业或完成一件工作总比别人花的时间多。

42. 喜欢运动量大的剧烈体育活动，或参加各种文艺活动。

43. 不能很快地把注意力从一件事转移到另一件事上去。

44. 接受一个任务后，就希望迅速完成。

45. 认为墨守成规比冒风险强些。

46. 能够同时注意几件事。

47. 当我烦闷的时候，别人很难使我高兴。

48. 爱看情节起伏跌宕激动人心的小说。

49. 对工作认真严谨，具有始终一贯的态度。

50. 和周围人们的关系总是相处得不好。

51. 喜欢复习学过的知识，重复做已经掌握的工作。

52. 希望做变化大、花样多的工作。

53. 小时候会背 20 首诗歌，我似乎比别人记得清楚。

54. 别人说我“出语伤人”，可我并不觉得这样。

55. 在体育活动中，常因反应慢而落后。

56. 反应敏捷，头脑机智灵活。

57. 喜欢有条理而不麻烦的工作。

58. 兴奋的事常常使我失眠。

59. 老师讲新的概念，常常听不懂，但是弄懂以后就很难忘记。

60. 假定工作枯燥无味，马上情绪低落。

(三)测试结果分析

1. 将分数分类，并汇总各类得分。

胆汁质题号：2、6、9、14、17、21、27、31、36、38、42、48、50、54、58，总得分________。

多血质题号：4、8、11、16、19、23、25、29、34、40、44、46、52、56、60，总得分________。

黏液质题号：1、7、10、13、18、22、26、30、33、39、43、45、49、55、57，总得分________。

抑郁质题号：3、5、12、15、20、24、28、32、35、37、41、47、51、53、59，总得分________。

2. 如果其中一种气质得分明显高出其他 3 种，均高出 4 分以上，则可定为该类气质型。此外，如果该类气质得分超过 20 分，则为典型；如果该类得分在 10 ~ 20 分，则为一般型。

3. 两种气质类型得分接近，其差异低于 3 分，而且又明显高于其他两种，高出 4 分

 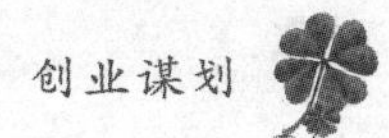

以上，则可定为这两种气质的混合型。

4. 3 种气质得分均高于第四种，而且接近，则为 3 种气质的混合型，如多血-胆汁-黏液混合型或黏液-多血-抑郁质混合型。

三、自我行动力测试

行动是实现目标的必要条件。行动能力差的人，在机会到来时也会轻易让它溜掉；相反，行动能力强的人，不但能抓牢机会，而且能主动创造机会。

（一）测试说明

下面的命题，根据你的实际情况，表示肯定的计 1 分，反之 0 分。做完后将总分与结果对照。

（二）测试题目

1. 既定的目标一定要实现。
2. 一旦事情考虑成熟，立即付诸实施。
3. 失败再多也不气馁。
4. 有比一般人更强烈实现目标的愿望。
5. 有“只要做，便能成功”的自信心。
6. 对工作能集中精力，持久性长。
7. 在大脑中一闪念的事物，也能去努力实现。
8. 认准的事一定要干到底。
9. 对合作者能一直信赖。
10. 对要做的事，一件一件地去完成它。
11. 为了实现目标，往往全力以赴。
12. 经常盼望机遇的到来。
13. 与专心思考相比，更多的是身体力行。
14. 一直得到许多人的帮助。
15. 方案的确定周密详细，操作性很强。

（三）测试结果分析

0 ~ 4 分：行动能力很差，或者是你不想行动，害怕失败而谨小慎微。

5 ~ 8 分：行动能力较差，或者是你不轻率行动，极力主张“等等看”。过于消极，缺乏机敏。

9 ~ 11 分：行动能力一般。行动取决于自己的好恶和情绪，不具有稳定性。

12 ~ 13 分：行动能力较强，对情况的变化表现得非常敏捷，不过有时可能会出现故弄玄虚的现象，要引起注意。

14～15 分：行动能力很强，可以说非常超群。能仔细准确地观察周围事物的变化情况，打破自我，开放思路，渴望取得大成就。

四、自我管理能力测试

（一）测试说明

以下 15 道题，表示肯定的计 1 分，表示否定的计 0 分。做完后将总分与结果对照。

（二）测试题目

1. 习惯于行动之前制订计划。
2. 经常出于效率上的考虑而更改计划。
3. 能经常收集他人的各种反映。
4. 实现目标是解决问题的继续。
5. 临睡前思考筹划明天要做的事情。
6. 对事务上的联系、指令常常是一丝不苟。
7. 有经常记录自己行动的习惯。
8. 能严格制约自己的行动。
9. 无论何时何地，都能有目的地行动。
10. 能经常思考对策，扫除实现目标中的障碍。
11. 能每天检查自己当天的行动效率。
12. 经常严格查对预定目标和实际成绩。
13. 对工作的成果非常敏感。
14. 今天预先安排的工作决不拖延到明天。
15. 习惯于在掌握有关信息基础上制定目标和计划。

（三）测试结果分析

0～5 分：管理能力很差。但你具有较高的艺术创造力，适合从事与艺术有关的具体工作。

6～9 分：管理能力较差。这可能与你言行自由、不服约束有关。

10～12 分：管理能力一般，但对自己专业方面的事务性管理尚可。管理方法经常受到情绪的干扰是最大的遗憾。

13～14 分：管理能力较强。能稳重、扎实地做好工作，很少出现意外或有损组织发展的失误。

15 分：管理能力很强。擅长有计划地工作和学习，尤其适合管理大型组织。

五、自我经营能力测试

（一）测试说明

为了大致了解你在经营方面的才能，对下列问题请回答“是”或“不是”，并将分数记下来。虽然这一测试并不完备，但它至少能为你做出最后的选择提供重要的指导。

（二）测试题目

1. 你当学生时是优等生吗？令人惊奇的是，只有很少的经营者将自己列入读书时代的“尖子学生”，而三分之二的公司职员却是学校的优等生。其他一些研究也显示了相同的结果。如果你回答“是”减 4 分，回答“不是”则加 4 分。

2. 你读书时热衷于集体活动吗？如参加俱乐部、体育运动队，甚至同时参加两项活动。如果你不喜欢参加集体活动，别担心。67%的经营者说他们做学生时不是各种集体活动的积极分子，而 92%的非经营者却热衷于集体活动。回答“是”减 1 分，回答“不是”加 1 分。

3. 孩子时代，你常常喜欢独处吗？结果表明，37%的经营者年少时更喜欢独来独往，而 85%的非经营者交际频繁。回答“是”加 1 分，回答“不是”减 1 分。

4. 你小时候当过报童去挨家挨户送报纸，或者干过其他这类活儿吗？从小经商预示着未来成功的可能性很大。将近 80%的经营者少年时代都或多或少地做过生意，相对来说，只有 31%的非经营者这么干过。回答“是”加 2 分，回答“不是”减 2 分。

5. 你曾是个执着的孩子吗？坚韧不拔、持之以恒是绝大多数成功经营者的特征。这使得他们能够按照自己的意志去做任何事情。承认小时候固执、倔强的经营者人数几乎是非经营者的 3 倍。如果是加 1 分，不是减 1 分。

6. 你曾是个小心谨慎的孩子吗？在左邻右舍中，你是最后一名尝试高台跳水运动的吗？如果你从小就不愿意冒险，这也许是你将来做生意时很不利的因素。90%的经营者认为他们曾是勇敢的少年，非经营者当中，只有 15%的人认为自己大胆。回答“是”减 4 分，回答“不是”加 4 分。如果你小时候特别胆大，再加 4 分。

7. 你常为别人怎样看待你而感到忧心忡忡吗？经营者们常常谈到，不管别人怎么说，他们都有信心坚持走不同的路。有 50%的经营者不在乎别人怎样评价他们，而只有 8%的非经营者能做到这一点。在这一项测试中，经营者表达了比非经营者更加需要独立自主的强烈愿望。如果他人议论对你至关重要，减 1 分，否则加 1 分。

8. 对一成不变的常规惯例，你感到厌烦吗？厌烦常常激发人们的进取心。61%的经营者将“渴望变革”作为他们开办自己企业的一个因素。许多情况下，挫折是他们走上经营的主要动力。如果你觉得改变常规很重要，加 2 分，如果不是，减 2 分。

9. 你乐意拿出你的大部分资金，在有可能损失所有投资的情况下，单独从事经营吗？绝大多数成功的经营者愿意拿出自己的大部分资金兴办企业，而仅仅一半的非经营者说他们愿意冒这么大风险。如果回答“是”加 2 分，回答“不是”减 2 分。

10. 如果你新开张的公司亏了本，你会马上重整旗鼓再兴办一个吗？有94%的成功经营者回答是肯定的，而仅有8%的职员这么做。真正的经营者不会被失败所吓倒，他们在困境中发现了机会，而大部分人看到的只是障碍。如果你与上述描述相符，加4分，如果不符，减4分。

11. 你是个乐观者吗？作为一名经营者，具备积极的态度至关重要。如果你觉得自己是个乐天派，加2分，如果不是，减2分。

（三）测试结果分析

20分以上，说明你在经营方面具有较强的能力，具有经营特长，如从事经营工作，成功几率较高。

0～19分，说明你有一定的经营能力，如从事经营工作，也有可能获得成功。注意，这里用了“可能”两字。可能性的大小，就看你的努力程度了。

-10～0分，说明你基本上不具有经营能力，如从事经营工作，成功的几率很小。

-11分以下，说明你的特长在其他方面，最好不要从事经营工作。

这是对于一般情况而言，当然也不排除特殊情况——自测分数很低，却在经营方面获得成功。

六、自我情绪类型测试

（一）测试说明

回答以下问题，将每题分值相加的总和与结果对照，可以确定情绪状况与类型。

（二）测试题目

1. 如果让你选择，你更愿意：

   A. 同许多人一起工作并亲密接触。（3分）B. 和一些人一起工作。（2分）
   C. 独自工作。（1分）

2. 为解闷而读书时，你喜欢：

   A. 读史书、秘闻、传记类。（1分）B. 读历史小说、社会问题小说。（2分）
   C. 读幻想小说、荒诞小说。（3分）

3. 对恐怖影片的反应：

   A. 不能忍受。（1分）B. 害怕。（3分）C. 很喜欢。（2分）

4. 以下哪种情况符合你：

   A. 很少关心他人的事。（1分）B. 关心熟人的生活。（2分）
   C. 爱听新闻，关心别人的生活细节。（3分）

5. 去外地时，你会：

   A. 为亲戚们的平安感到高兴。（1分）B. 陶醉于自然风光。（3分）

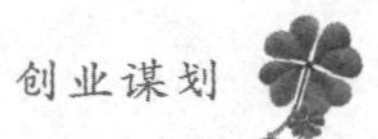

C. 希望去更多的地方。（2 分）

6. 你看电影时会哭或觉得要哭：

A. 经常。（3 分）B. 有时。（2 分）C. 从不。（1 分）

7. 遇见朋友时，经常是：

A. 点头问好。（1 分） B. 微笑、握手和问候。（2 分） C. 拥抱他们。（3 分）

8. 如果在车上有烦人的陌生人要你听他讲自己的经历，你会怎样？

A. 显示你颇有同感。（2 分） B. 真的很感兴趣。（3 分）

C. 打断他，做自己的事。（1 分）

9. 是否想过给报纸的问题专栏写稿？

A. 绝对没想过。（1 分）B. 有可能想过。（2 分）C. 想过。（3 分）

10. 被问及私人问题，你会怎样？

A. 感到不快活和气愤，拒绝回答。（3 分） B. 平静地说出你认为适当的话。（1 分）

C. 虽然不快，但还是回答了。（2 分）

11. 在咖啡店里要了杯咖啡，这时发现邻座有一位姑娘在哭泣，你会：

A. 想说些安慰话，但羞于启口。（2 分） B. 问她是否需要帮助。（3 分）

C. 换个座位远离她。（1 分）

12. 在朋友家聚餐之后，朋友和其爱人激烈地吵了起来，你会：

A. 觉得不快，但无能为力。（2 分）B. 立即离开。（1 分）

C. 尽力为他们排解。（3 分）

13. 你会在什么时候送礼物给朋友？

A. 仅仅在新年和生日。（1 分）B. 全凭兴趣。（3 分）

C. 在觉得有愧或忽视他们时。（2 分）

14. 一个刚相识的人对你说了些恭维话，你会：

A. 感到窘迫。（2 分）B. 谨慎地观察对方。（1 分）

C. 非常喜欢听，并开始喜欢对方。（3 分）

15. 如果你因家事不快，上班时你会：

A. 继续不快，并显露出来。（3 分）B. 工作起来，把烦恼丢在一边。（1 分）

C. 尽量理智，但仍因压不住火而发脾气。（2 分）

16. 人际关系中的一个重要关系破裂了，你会：

A. 感到伤心，但尽可能正常生活。（2 分）

B. 至少在短暂时间内感到痛心。（3 分）

C. 无可奈何地摆脱忧伤之情。（1 分）

17. 一只迷路的小猫闯进你家，你会：

A. 收养并照顾它。（3 分）B. 扔出去。（1 分）

C. 想给它找个主人，找不到就让它安乐死。（2 分）

18. 对于信件或纪念品，你会：

A. 刚收到时便无情地扔掉。（1 分）B. 保存多年。（3 分）

C. 两年清理一次。（2 分）

19. 是否因内疚或痛苦而后悔？

A. 是的，一直很久。（3 分）B. 偶尔后悔。（2 分）C. 从不后悔。（1 分）

20. 同一个很羞怯或紧张的人谈话时，你会：

A. 感到不安。（2 分）B. 觉得逗他讲话很有趣。（3 分）C. 有点生气。（1 分）

21. 你喜欢的孩子是：

A. 很小，而且有点可怜巴巴的。（3 分）B. 长大了的时候。（1 分）

C. 能同你谈话的时候，并且形成了自己的个性。（2 分）

22. 爱人抱怨你花在工作上的时间太多了，你会怎样？

A. 解释说这是为了你们两人的共同利益，然后仍像以前那样去做。（1 分）

B. 试图把时间更多地花在家庭上。（3 分）

C. 对两方面的要求感到矛盾，并试图使两方面都令人满意。（2 分）

23. 在一场特别好的演出结束后，你会：

A. 用力鼓掌。（3 分）B. 勉强地鼓掌。（1 分）

C. 加入鼓掌，但觉得很不自在。（2 分）

24. 当拿到母校出的一份刊物时，你会：

A. 通读一遍后扔掉。（2 分）B. 仔细阅读，并保存起来。（3 分）

C. 不看就扔进垃圾桶。（1 分）

25. 看到路对面有一个熟人时，你会：

A. 走开。（1 分）B. 招手，如对方没有反应便走开。（2 分）

C. 走过去问好。（3 分）

26. 听说一位朋友误解了你的行为，并且正在生你的气，你会怎样？

A. 尽快联系，作出解释。（3 分）　B. 等朋友自己清醒过来。（1 分）

C. 等待一个好时机再联系，但对误解的事不作解释。（2 分）

27. 怎样处置不喜欢的礼物？

A. 立即扔掉。（1 分）　B. 热情地保存起来。（3 分）

C. 藏起来，仅在赠者来访时才摆出来。（2 分）

28. 你对示威游行、爱国主义行动、宗教仪式的态度：

A. 冷淡。（1 分）　B. 感动得流泪。（3 分）　C. 使你窘迫。（2 分）

29. 有没有毫无理由地觉得害怕？

A. 经常。（3 分）B. 偶尔。（2 分）C. 从不。（1 分）

30. 下面哪种情况与你最相符？

A. 十分留心自己的感情。（2 分）B. 总是凭感情办事。（3 分）

C. 感情没什么要紧，结局才最重要。（1 分）

（三）测试结果分析

30 ~ 50 分：理智型情绪。很少为什么事而激动，即使生气，也表现得很有克制力。

主要弱点是对他人的情绪缺乏反应。爱情生活很有局限，而且可能会听到人们在背后说你“冷血动物”。目前需要松弛自己。

51 ~ 69 分：平衡型情绪。时而感情用事，时而十分克制。即使在很恶劣的情境下握起拳头，但仍能从情绪中摆脱出来。因此，很少与人争吵，爱情生活十分愉快、轻松。即使配偶陷入情感纠纷，也能不自觉地处理得妥贴。

70 ~ 90 分：冲动型情绪。是个非常重感情的人。如果是女人，一定是眼泪的俘虏。如果是男人，可能非常随和，但好强，且喜欢自我炫耀。可能经常陷入那种短暂的风暴式的爱情纠纷，因此麻烦百出。想劝你冷静，但这简直是不可能的事情。这里有必要提醒你，克制自己。

七、自我情绪稳定性测试

（一）测试说明

有的人能力一般，却能冷静地处理判断事物，因而取得成功；有的人虽然智力发达，但情绪却不稳定，因而改变了其成功的发展方向。情绪的重要意义愈来愈被人所关注。是否需要检查一下自己的情绪稳定程度？请分析下列各题，并作出判断。表示肯定的计 1 分；表示否定的计 0 分。

（二）测试题目

1. 即使发生了不快，也能毫不在乎地去思考别的事情。
2. 不计小隙，经常保持坦诚的态度。
3. 遇到担心的事情，喜欢写在纸上进行分析整理。
4. 做任何事都规定有具体可能实现的目标。
5. 失败时仔细思考、反省原因，不会愁眉不展。
6. 具有悠闲自娱的爱好。
7. 发生问题时，常常倾听众人的意见。
8. 工作学习能有计划地进行，遇挫折不气馁。
9. 无路可走时，往往改变生活的形式、节奏。
10. 在工作或学习上，尽管别人高于自己，仍然我行我素。
11. 常常满足于微小的进步。
12. 乐于一点一点地积聚有益的东西。
13. 很少感情用事。
14. 尽管很想做某件事，但不可能时也会打消念头。
15. 往往能理智周密地思考和判断问题，不拘泥于细枝末节。

（三）测试结果分析

0 ~ 3 分：情绪很不稳定。有可能是神经质，患得患失。

4~6分：情绪不太稳定，常常拘泥于一些小事，总是忙忙碌碌，耗费心机。

7~9分：情绪一般化，时好时坏。对一些重大事情自己不能作出决策。

10~12分：情绪比较稳定。擅长处理问题，不拘细节，胆大心细。

13~15分：情绪非常稳定，能沉着大胆地处理任何一件事，而且从不畏惧困难。

八、自我成功方向测试

将成功倾向作解剖，希望你能对自己有个正确估价。

（一）测试说明

对以下问题按非常同意、有些同意、有些不同意、不同意四种状况，按顺序分别给出一个分值，然后对照不同分值的结果倾向。

（二）测试题目

1. 快乐的意义对我来说比钱更大。（0、1、2、3）
2. 假如我知道这件工作必须完成，那工作的压力和困难并不能困扰我。（3、2、1、0）
3. 有时候成败的确可以论英雄。（2、3、1、0）
4. 对犯错非常严厉。（1、3、2、0）
5. 极为重视自己的名誉。（3、2、1、0）
6. 适应能力很强。知道什么时候自己的环境会改变，并为这种改变做好了准备。（3、2、1、0）
7. 一旦下定决心做一件事，肯定会坚持到底。（3、2、1、0）
8. 非常喜欢别人把自己看成身负重任的人。（3、2、1、0）
9. 喜欢高消费，并且有能力享用。（3、2、1、0）
10. 如果知道这个计划会有正面的和积极的成果，将全力以赴。（3、2、1、0）
11. 作为团体成员，认为团体成功比个人被认可更重要。（3、2、1、0）
12. 宁愿看到一个方案延迟，也不愿无计划、无组织地随便完成。（3、2、1、0.）
13. 以能正确地表达自己的意思为荣，但必须确定别人是否了解自己。（3、2、1、0）
14. 工作情绪很高，有用不完的精力，很少有枯竭。（3、2、1、0）
15. 大体说来，常识和良好的判断力对本身来说，比了不起的主意更有价值。（3、2、1、0）

（三）测试结果分析

0~15分：对你来说，所求的是圆满的家庭生活和精神生活，而不是权力和金钱的获得。你能从工作之外得到成就感，所以不适应官场上的竞争，只需去实现自我目标。

16~30分：也许你根本就没想到去争取高位，至少目前如此。即使你具有这种能力，但是你还不准备做出牺牲和妥协。你对上司的不满导致你在工作的义务和业余爱好间寻求平衡。这是你发展自我业余目标的最好时机，要抓紧抓牢。

31～45 分：你有获得权力和金钱的倾向，要爬上任何一个组织的高峰，对你来说是非常容易的事情，而且你通常办得到。

九、自我职业选择测试

（一）测试说明

职业选择是人生大事。希望你能通过如下测试为自己选择职业提供参考。

（二）测试题目

父亲将两条 10 公尺的绳子交给两个儿子，让他们分别围成一个长方形。绳子虽然同样长，但弟弟围的土地却比哥哥多 9 平方公尺，这是为什么？

A. 哥哥老实，而弟弟做了手脚。　　B. 不为什么，两兄弟各用各的方法测量。

C. 不知道为什么。　　D. 其他原因。

（三）判断结果倾向

A. 是个认真负责的职员，尤其是从事总务工作最合适。不炫耀，不被人敌视，人际关系良好。是个含蓄而善良的人。

B. 适合当经理或担任业务方面的职务，很懂得赚钱，也可以自己做生意。但别人都认为你是个需要加以防范的人。

C. 对自己喜欢的工作能集中精力全力以赴。人际关系仅限于工作上，私生活相当孤寂，朋友较少。

D. 心境常随环境而改变，应留心别人对你的影响。你能胜任工作，但觉得意犹未尽，希望能实现自身的价值。

十、自我职业满意度测试

（一）测试说明

要选择一种适合自己的职业，有许多因素的限制。这里我们所能做到的是，确认你对你目前的职业是否满意。以下每题的三个答案都有确定的分值，请你回答完以后算出总分值，然后与结果对照。

（二）测试题目

1. 你工作时看表吗？

A. 不断地看。（1 分）　B. 不忙的时候看。（3 分）　C. 不看。（5 分）

2. 到了星期一早晨：

A. 你愿意回到单位去。（5 分） B. 你渴望摔伤腿而住进医院。（1 分）

C. 开始觉得勉强，过一会就想回到单位去上班。（3 分）

3. 一天快结束时，你的感觉是：

A. 疲惫不堪，全身不舒服。（3 分）B. 为能维持生活而感到高兴。（1 分）

C. 有时感到累，但通常很满足。（5 分）

4. 对自己的工作忧虑吗？

A. 偶尔。（5 分）B. 从来没有。（3 分）C. 经常。（1 分）

5. 你认为你的工作：

A. 对你来说是大材小用。（1 分）B. 使你很难胜任。（3 分）

C. 从没想过要做这份工作。（5 分）

6. 你对自己的工作：

A. 不讨厌。（5 分）B. 感兴趣，但有困难。（3 分）C. 厌烦。（1 分）

7. 你用多少时间打电话或做些与工作无关的事？

A. 很少一点时间。（5 分）B. 在个人生活遇到麻烦时用一些。（3 分）

C. 很多时间。（1 分）

8. 你想换个职业吗？

A. 不太想。（5 分）B. 不想，但想在本职业中找个好位置。（3 分）

C. 想。（1 分）

9. 你觉得：

A. 你总是很有能力。（5 分）B. 你有时很有才能。（3 分）

C. 你总是没有能力。（1 分）

10. 你认为你自己：

A. 喜欢并尊重同事。（5 分）B. 不喜欢同事。（3 分）

C. 和你的同事比差不多。（1 分）

11. 哪种情况与你最相符？

A. 不想再钻研有关工作的知识。（1 分）B. 开始工作时很喜欢学习。（3 分）

C. 愿再学点有关工作的知识。（5 分）

12. 你具有哪些个性特点？你认为工作时需要什么？（两问每重叠一项计 5 分，不重叠计 2 分）

A. 专心。 F. 好创新。

B. 幽默。 G. 镇定。

C. 体力好。 H. 专长。

D. 同情心。 I. 记忆力好。

E. 思维敏捷。 J. 有魅力。

13. 你最赞成以下哪种说法？

A. 工作即赚钱谋生。（1 分）

B. 主要为赚钱，如有条件希望能做令人满意的工作。（3 分）

C. 工作即生活。（5 分）

14. 工作加班加点吗？

A. 如果付加班费，就加班。（3 分）B. 从不加班。（1 分）

C. 经常加班，没有加班费也如此。（5 分）

15. 除假日或病假，你是否缺勤？

A. 一点也没有。（5 分）B. 仅仅几天。（3 分）C. 经常缺。（1 分）

16. 你对自己的工作：

A. 劲头十足。（5 分）B. 没有劲头。（1 分）C. 一般化。（3 分）

17. 你认为你的同事们：

A. 喜欢你。（5 分）B. 不喜欢你。（1 分）C. 一般化。（3 分）

18. 关于工作上的事，你：

A. 只与同事谈论。（3 分）B. 同家里人和朋友谈。（5 分）

C. 尽量少谈或不谈。（1 分）

19. 你经常患小病或说不清的病吗？

A. 难得患一次。（5 分）B. 不太经常患。（3 分）C. 经常患。（1 分）

20. 目前的工作你是怎样选择的？

A. 父母或老师帮助决定的。（3 分）B. 你唯一能找到的。（1 分）

C. 当时觉得很合适。（5 分）

21. 当家庭与工作矛盾时，哪方取胜？

A. 家庭一方。（1 分）B. 工作一方。（5 分）C. 根据具体情况而定。（3 分）

22. 如果少付三分之一工资，你还愿做这份工作吗？

A. 愿意。（5 分）B. 内心愿意，但负担不了家庭，只好作罢。（3 分）

C. 不愿意。（1 分）

23. 如果你被迫离开工作，但最想念什么？

A. 钱。（1 分）B. 工作本身。（5 分）C. 工作单位。（3 分）

24. 你会为了消遣一天而请一天事假吗？

A. 会。（1 分）B. 不会。（5 分）C. 如果工作不忙，可能会。（3 分）

25. 你觉得自己在工作中不受赏识吗？

A. 偶尔觉得。（3 分）B. 经常觉得。（1 分）C. 很少觉得。（5 分）

26. 你最不喜欢你的职业的哪方面？

A. 时间太死板。（3 分）B. 乏味。（1 分）C. 不能按自己的想法做。（5 分）

27. 你爱人认为你把个人生活与工作分开吗？

A. 严格分开。（1 分）B. 时常分开，但也有不分开之处。（3 分）

C. 完全没分开。（5 分）

28. 你建议自己的孩子将来做你的职业吗？

A. 是的，如果他有能力并且合适。（5 分）B. 警告他不要做。（1 分）

C. 随孩子的便。（3 分）

29. 如果你有了一大笔钱，你会怎样?

A. 辞职，再也不工作了。（1 分）B. 找一个你一直想找的职业。（3 分）

C. 继续做现在的工作。（5 分）

（三）测试结果倾向

30 ~ 50 分：极不满意自己的职业。毫无疑问，没有必要再干下去。如果你还年轻，应立即鼓足勇气去寻找令你满意的工作。

51 ~ 80 分：不满意自己的职业。有可能你选错了职业，也有可能自己估价过高。因此产生失落感，工作的热情总是调动不起来。

81 ~ 144 分：比较满意自己的职业。觉得工作环境挺好，同事也不错，有被提拔的机会，但你不一定喜欢艰苦的领导职务。

145 ~ 175 分：非常满意自己的职业。工作对你十分重要，对工作有高度的责任感。你是工作中的成功者和愉快者。

176 分以上：你的职业已使你产生了变态。

十一、创业者和创业爱好者自我测试

还有人提出了一种测试真正的创业者和创业爱好者的自我测试题目，简单易懂。如果你已经走上了创业这条路，你自己可以比照一下。这些题目不一定给你准确下结论，但是可以显示你的兴趣点在哪里，说明有的兴趣点是有利于创业的，有的则相反。如果你决心创业，测试一下或许会有好处。

1. 创业第一步想的是什么?

创业者：用户、需求。

创业爱好者：风险、投资。

2. 万一创业失败怎么办?

创业者：没想过再打工，即使打工也是过渡。

创业爱好者：大不了回去打工。

3. 创业成功的时间设置——

创业者：10 年以上。

创业爱好者：1 ~ 3 年。

4. 选择办公场地——

创业者：节约原则，甚至居民楼也行。

创业爱好者：有门面、前台，写字楼或产业园更好。

5. 对待融资——

创业者：先花自己的钱，不怕砸锅卖铁。扩张时再融资。

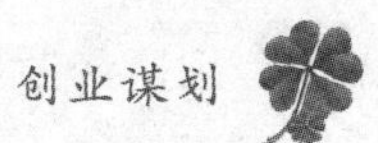

创业爱好者：先融资，自己的钱怕打水漂，即使投资也是少数或者捆绑投资人。

6. 名片印制——

创业者：不写抬头或者只写经理，不用总经理，以便砍价。

创业爱好者：尽量往大的写，董事长、总经理、创始人，或者 CEO。

7. 平时的关注点——

创业者：本行业、竞争对手、自己。

创业爱好者：社会新闻，再各行业，再本行业。

8. 平时关注的数字——

创业者：用户反馈、盈利情况、活跃用户。

创业爱好者：下载量、收入、估值。

9. 对成功企业的关注——

创业者：它的规模、营业额、盈利和增长率。

创业爱好者：他人的投资额和估值。

10. 对各类活动的态度——

创业者：不凑热闹，学习为主。

创业爱好者：邀者不拒，混个脸熟，认识大佬更好。

第二节　找准创业计划特征

准备创业计划的工作有很多，每一个人又有不同的情况，所以很难有个整齐划一的统一标准。根据这些年国内外创业的经验，有人提出了创业规划的八个步骤和四大准则。八个步骤是：确定志向、确定职业目标、职业机会评估、自我评估、确定职业生涯路线、职业选择、制订行动计划、总结反馈；四大准则是：按需择业、发挥特长、干我所爱、择己所利。这些经验之谈肯定是适用的。我们这里将其简单化一点，从大的几个方面给同学们做一些提示，归纳出如下几个步骤，顺便也提供一些有用的资料。

创业计划具有明显的特征，应首先抓准它的特征，才能有下一步的行动。创业计划主要有以下特征：

一、依附性创业与自主创业

上面提到的求职和谋职，前者属依附性创业，后者是自主创业。

自主创业是一件好事，我们在本书里用了大量的篇幅和事例进行了分析和说明，给予了充分的提倡和鼓励。如果你的性格与心理承受能力都适合的话，你应该大胆去做，这是一个非常好的方式。有人怕承担风险。其实，承受的风险越多，付出的努力越多，你获得的报酬也就越多。更多的人说没有资金。美国的成功创业家塞思·戈丁（Seth Godin）有一句名言："实际上，每个企业都是白手起家的。"当然，你必须想明白了才做，要考虑好你的心理是否成熟，周围的环境是否适合，不要人云亦云。比如，大家都说出国好，我也出国；大家都说创业好，我也兴冲冲地去创业。你必须做自己的主人，为自己理智地选择出路。这些就是你做创业计划时要考虑的。

同时，我们把依附性创业作为明显的特征提出来，是因为在目前的大中专毕业生中，很大一部分是从求职、打工这样的依附别人的方式开始走向自主创业道路的，这是现实。要走好依附性创业这一步，与自主创业一样，同样需要做好创业计划，这个计划并不比自主创业计划简单。

1999年6月28日，由北京大学政治学院行政管理系应届毕业生李永新等人一起创办的北京新兴伟业信息技术有限公司正式挂牌。这是一家专门从事大学生素质教育服务的公司。李永新由此成为中国第一个提出办素质公司的校园创业者。

念大二的时候，李永新凭着他敏锐的观察力，发现学生从入学到就业，中间存在着许多目前学校教育不能解决的问题。毕业找工作时所遇到的一些曲折经历也让他感到社会的需求与大学生自身所具备的素质还有一段距离。如果办一个专门为在校大学生提供全方位的素质训练的信息服务公司该有多好？

1998年4月，李永新念大三。他来到国内IT行业最大的市场顾问公司"蓝色光标"做兼职。他从AE代表做到业务处处长，专门从事策划、公关、培训的实践。这段经历使他把灵感一步步完善成一个初具规模的设想。

李永新在北大就读的是行政管理专业。他曾获得"北京市优秀毕业生""北京大学十大青年志愿者标兵""北大优秀学生干部"等诸多荣誉。用他自己的话说，就是该学的他都学到了，该得到的他都得到了。刚刚毕业，"联想""科利华""北京海关"等多家单位都想和他签合同，有的甚至把年薪开到6万～8万元。然而，李永新说："就业不如创业，我要做自己的老板！"

李永新的公司有12名职员，两个分公司。他们一起住地下室，吃自己做的饭菜。条件虽苦，但是大家的精神状态都很好。李永新的目标是要把公司做成全国最大的服务教育、服务社会的公司，成为全国高校中的信息领导企业。所以，"吃苦我们不怕！"

那么，怕失败吗？李永新的回答是："我已做好失败的准备。我是在对大学生就业的传统思维方式挑战，对依赖的、懒惰的观念挑战。成败都是人生的一段经历。如果我失败了，我仍会前进，也希望更多的人踩着我的脚印走下去。"

李永新就是积极的自主创业者。但他并不莽撞，首先对创业的方向和路径有一段时间的观察与分析。大三时又去公司兼职，目的是完善他对创立公司的设想，于是，到毕业时毅然跨出了坚实的步伐。其实，在北京的中关村，像李永新这样自主创业的例子很多，许多人都有成功的体验，是我们的榜样。

从就业到自主创业

张亦斌是1985年扬州大学农学院兽医专业的毕业生。毕业时力战100多名竞争者，来到苏州市医药管理局成为一名公务员，按目前一些人的观点，端的是“铁饭碗”。1995年苏州海宜电信设备有限公司成立时，他战战兢兢地应聘了总经理，开始了自主创业的道路。1997年，他再一次抓住一家台湾老板想来大陆发展的机会，拿出微薄的积蓄，扩大了事业。现在，他是苏州工业园区新海宜股份发展有限公司的总经理，有400多名员工，获得了11项国家专利，10余项软件登记证和著作权，有的项目成为“国家火炬计划研发项目”和“国家级中小企业技术创新基金项目”，是我国民营企业500强之一。张亦斌本人也获得了一系列荣誉。

张亦斌的路子也是先在国有单位立脚，然后不放过自主创业机遇。之前他利用下乡锻炼的机会，学了不少企业方面的知识，为自主创业做了一定准备。

二、短期计划与中、长期计划

当然，任何人都希望一步就做出长期计划，但是这对于一个毫无任何基础的学生来说，基本上属于空想。计划本身与发展就是一对矛盾，发展往往领先于计划，短期性往往是计划的固有特征。就创业来说，如果同学们把所谓的长期计划设想为自己的人生目标，则是很有必要的。否则，好高骛远，不切实际的幻想，很可能是以头破血流而告终，而且影响自己的前途。短期计划往往含有准备、探索、积累甚至是观望、等待、无可奈何等意思在内，这不但是无可非议的，而且是合理的。当然，从一开始就把短期计划作为中、长期计划的一部分，那是最好不过的，这样可以少走弯路，节约时间和精力，为今后扩大事业打下坚实的基础。中、长期规划则要求你把握好时间段，踏踏实实地走好每一步，不能急躁冒进，在较长的时间里要耐得住寂寞，谁能说姜太公八十成器不是事业有成呢?

江苏南通有个东大事业集团，老总单正馨一心要在工商方面做出一番大事。1993年起家时投资8万元，办了个小小的洗沙厂，十年下来，如今已成为一个占地10万平方米，总投资10亿元，集科研、开发、生产于一体的工业科技园了。她的辉煌之梦是一步步圆就的。

1993年，东大的创始人单正馨出师告捷，盈利100万元。可能是不知道如何把握胜利，第二年他马上借来300多万元办商场，结果全部付诸东流，颗粒无收。1995年，单正馨不得不小心翼翼，重新开头，到全国各地搞白酒推销。此时，她又捕捉到一个商机，贷款100万元买下一家白酒厂在江苏的代理权，到1998年，她的销售收入就超过了一亿元。接下来，她不满足于代销，而是自创品牌，生产的“东郭先生”酒一炮打响，资产扩大到1.8亿元。此时，单正馨并不陶醉在事业的成功之中，而是保持清醒头脑，认真分析市场，认为酒类市场竞争激烈，危机四伏，于是决定投资商贸城。更让人佩服的是，在商贸城的年营业额超过10亿元的情况下，单正馨又毅然决定涉足高科技领域，要建全国最大的海洋生物制品生产研究基地，并且迈出了坚定的步子。单正馨认为，创业者要有志、有识、有恒。

三、平稳起步与高难度创业

所谓平稳起步，是指有的人追求一生平平安安，不愿意冒风险，想在一种相对恬静、怡然的氛围中开始创业，在一个比较长的过程中发展自己的事业，体现不同的人生。很多人的确是这样做的。他们的基本条件和外部环境确实很适合这样的发展道路。例如做一个教师、医生、会计、律师等是他们的首选。但是这种人一定要注意在后期的工作中看准机会，发挥好自己的创造性，否则将谈不上创业，会是平庸的一生。

有的人一心想在事业上来一个轰轰烈烈、“大富大贵”，动辄就是科学家、将军、省长等。这没有什么不好，但要明白，与此相应，追求轰轰烈烈，很可能就会大起大落，付出的代价也可能高得多，因此要有足够的思想准备。同时，要明白千里之行始于足下的道理，必须学会先做小事，把每一件小事做好，有时则是一个长期的过程，一段时间内要受得了清贫，耐得住寂寞。

霍姆兹是一个有志向的人，但是他上大学时考了法律系，这受到了他那有名的博士父亲的极力反对，因为那时当律师很不吃香，甚至被认为是一个低贱的职业。霍姆兹经过激烈的思想斗争后认为，只要自己努力，当律师一样可以成就事业。因此一心沉入学习当中。

在大学期间，国内战争爆发了，霍姆兹半途从军，因为多次立功，成为有名的英雄。当战争结束后，他完全有机会选择其他人生道路，可是又舍不得法律专业，于是继续回校完成学业。毕业当了律师后，一干就是近 10 年，到 31 岁才结婚，过着三餐不继的生活，一段时间还和父亲住在一起。即使如此，霍姆兹也一刻没有放弃对法典的潜心研究。这项工作十分艰巨，有数以万计的案例需要逐个研究分析，还要加以诠释。这样日复一日，年复一年，一晃到了39岁，表面上仍是一事无成。可是就在40岁生日时，霍姆兹经手的浩瀚而伟大的著作完成了，消息一出，哈佛大学立即聘请他为教授；3个月后，又成为一个州的最高裁判所检察官，不久又改任全国最高裁判所检察官，这是美国司法界的最高荣誉，霍姆兹因此成为美国司法史上最受尊敬的人物。

看来，不管你计划哪一种事业，在看到有利的条件之时，尽量把不利的因素想得多一些，尽量多设计几个方案，目的是首先达到从心理上做好失败、受挫折、遭苦难的准备。

第三节　依附创业准备

鉴于绝大多数同学在毕业时都是从依附性创业（就业）开始，这里我们专门提供一些知识，供同学们参照使用。

依附性创业第一关是写好个人简历和做好面试准备。一份好的个人简历等于求职成功了一半；另一半在于面试时的表现，它也是面试时主试者和应试者双方对话的依据和参考材料。

一、个人简历

年轻的毕业生的依附性创业有两种情况：一种是从毕业就出去就业，此时就有提供个人简历的问题。此时的简历一般是院校印发的统一格式，大多数称为“毕业生推荐书”，相对简单规范，内容较少。另一种情况是有些同学在不长的时间内形成第二次求职的状况，与“再就业”相似。此时简历相对要复杂些，准备时提供的信息要多些，因为老板对你的哪怕是十分简单的“经历”都有一种格外关注的心理。下面介绍第二种情况，第一种情况放在本节第二个部分讲解。

（一）个人简历的要求

规范化：格式有一定的规定性和程式化。

客观性：不能推理和臆断，不带个人观点。因为大多数用人单位和面试者把个人简历中的内容当作事实加以接受。这就更要求我们谨慎行事，不能有虚假和差错。

简洁性：去除套话，篇幅要短，最好用事实说话，用数据或百分比说话。

（二）简历的结构

1. 中文个人简历

常用的中文个人简历包括以下三个部分：

（1）标题。

（2）个人简况（包括姓名、性别、出生日期、出生地、通讯地址、电话、E-mail 等）。

（3）正文（包括学历、工作经历等）。

这种结构的个人简历应该用中文书写，也可以英汉对照。学历和工作经历均为顺序排列。

2. 英文个人简历

常用的英文个人简历也包括三个部分，具体如下：

（1）信头（信头实际上是印制的个人信笺，包括申请人姓名、通讯地址、邮政编码、电话号码、E-mail 等）。

（2）求职目标（你所要求的职业、职位、薪酬等）。

（3）正文部分（包括工作经历、学历等）。

英文个人简历一般用于谋求外资企业、境外企业的职位，或用于网上求职，第二部分即求职目标可写可不写。工作经历应逆序排列，即先写目前的或最近的工作职务，然后向过去推。学历也如此，先写最高学历，然后依次向过去推。工作经历在前，学历在后。

（三）撰写个人简历的准备

首先我们对自己、对自己的工作经历及其作用要有一个深刻的认识，并对此加以充分利用。有许多人对自己的工作定位不准，无法正确描述自己及工作。例如：你问一个打字员是干什么的，得到的回答往往是"打字员，就是……"如果问一个会计，就会听到"我们这会计简单，几个人的单位……"这就成问题了。他们对自己要从事的工作、对整个公司或部门工作有何种意义认识不足，怎能写好个人简历呢？应做到两点：其一，个人简历是十分规范化、程式化的文件，那么起草时应参考别人现在的、成功的范例，在结构上、文字上、内容上等各方面借鉴吸收其优点。其二，这种参考借鉴绝不是生搬硬套，盲目模仿。你应该写下你认为最重要的几项经历、奖项，以显示完成该项工作所需要的品质、能力、知识或专业技能。并且必须是真实的，没有夸张。

下面是某化工设计人员所写的业绩小结。

> 设计：参与大型装置设计，具体承担工艺管线部分，投资费用为 350 万元，装置总投资 3 000 万元。
>
> 辅助车间厂房设计，投资费用为 100 万元。
>
> 技改：业主原蒸汽泵功率过大，改用电动泵，投资成本 17.5 万元，但一年节减支出 23 万元，当年即回收成本，并盈利 5.5 万元。
>
> 设备和阀门的过滤器由进口改为国产，质量相当，但更换方便，节减资金 40%，约 7 万元/年。

尽量多地列出数字，说明简历的真实性，也会显示出你的分量。上文所说的打字员，如果你能写出打字的速度是多少，你打过哪些重要文件，参与过哪些项目，累计打了多少，除了打字你还做过什么工作，如文秘、档案资料工作等，那不是很好吗？你打字采用了电脑，那么在这方面你有何技能呢？随着笔写输入和语言输入的问世，你在这方面的软件或者硬件应用上又有何技能呢？都可以叙述出来。这时，别人不会再称你为打字员，而应该称文字处理员、文秘或者编程员等等了。

（四）个人简历的必备内容

1. 姓名

撰写英文简历时，姓名的拼写不能搞错。如果没把握，要查阅字典对照，不要想当然。姓在前名在后，首字母大写，例如王大伟，Wang Dawei。取英美式姓名也许可使外籍人士增添一些亲近感，此时可以名在前，姓在后，例如 David Wang 或 Davy Wang 等。但取洋名要慎重，要不影响通讯联系，一经确定不要随意更改。

2. 地址

地址的汉语拼音也要准确，不能错一个字母。英文地址按惯例应由小范围至大范围逆序书写。例如，中国上海延安东路 13 弄 45 号 6 室，邮编 234567。英文为 Room 6, No. 45, Lane 13, Yan'an Lu (E) Shanghai, China, 234567。其中 Room 可写作 Rm., No. 可用 Apartment 或 Apt.代替，Yan'an Lu (E) 可写作 Yan'an Road (E) 或 Yan'an Dong Lu 或 Yan'an Dong Rd., China 可作 P. R. China 或 People's Republic of China。确定一种写法后便不要更改。

3. 电话号码

一定要有电话号码，因为这是最快的联系方式，便于对方邀请你面试。

如果是座机，要包括区号。跨国应聘要包括国家代号，例如（86）（21）5555 5555。如果需要动用工作场所的电话，应尽量减少影响。万不得已，可在申请信中说明：“I prefer not to use my employer's time taking personal calls at work, but with discretion you can reach me at (021) 5555 5555, extension 555, to initiate contact.” 意为：我不希望在工作时间接听私人电话，但是倘系首次联系，只要谨慎行事，可拨打（021）5555 5555 转 555 分机找我。

4. E-mail 地址

如果你在网上求职，最好留下 E-mail 地址，其位置与电话号码相同。

5. 求职目标（Job Objective/J.O.）

例如，Objective：Marketing Management.

以下几点要注意：

（1）采用模糊名称，不要写得太具体。例如秘书（Secretary）可改作行政助理（Administrative Assistant），打字员（Typist）可改作文字处理员（Word Processor）。这样可以使你谋职面更宽一些。如上述实例，行政助理充当行政管理，文字处理员则可充任文秘。

（2）按事实，而不是按任命写。这一点很重要，因为有的人从事的工作并未得到承认，例如代课教师（Supply Teacher），可说成教师（Teacher 或 Lecturer）。而有的人的才华更适合高级职称，例如营业员（Shop Assistant），可说成是销售员（Sales person）。

（3）按实际水平写。例如你有担任会计、预算、审计等岗位的实际能力，可把出纳（Treasurer）说成财务管理（Accountant Management），只是因为工作安排，才担任出纳的。

（4）以上情况也可以在面试时说清楚。

（5）你申请的工作岗位与你目前的职位类似，但不完全相同，也要说清楚，务必使别人不误解你的相关能力。

（6）某些特殊专业要尽可能准确到位，否则效果反而不好。例如厨师不要说成烹饪管理等。

6. 工作日期

月份在前年份在后，例如 May 1997—March 1999。为了消除就业短暂中断的不利影响，可写作 1997—1999。不管采用何种方法，都要保持前后一贯。

7. 工作职称

工作职称不是一种头衔，而是工作种类识别，使对方知道你是哪一类人。

8. 公司名称

公司名称指你工作过的公司名称。可与上述的工作日期、工作职称结合起来写。具体做法可参考实例。

9. 出版物和专刊

它们向老板提示你在事业中投入大量的时间和精力，使你在竞争中很有利。在有些行业这很被看重。最好放在个人简历的最后。

10. 证书和执照

有些行业需要专业执照，许多职业院校的毕业生现在也实行多证（如驾驶证、修理工等级证等），一定要列出。

11. 公务人员的行政级别和军人的军衔

如果你申请政府工作岗位，该项一定要写清。

（五）个人简历的形式

个人简历主要有两种形式：一种是按时间顺序编写，即求职者学历和工作经历一律按时间先后一一罗列；另一种是按工作岗位的职能编写，即求职者将自己所从事过的工作，担当过的岗位职能，一一罗列。

现在有些用人单位对被试者的简历书写要求十分苛刻，也可以说具有创新性。美国有一案例是这样的：要求受试者提交一份不超过 30 个字的个人简历，超长者在初选时就被淘汰掉。30 个字是什么概念？不过一句长话而已。可是也有不少聪明的应试者发挥创造力，居然写出了合格而且漂亮的 30 字简历。其中有一份是这样写的：用漫画形式画出他曾经学习、工作过的单位和地方，每幅漫画旁边再配以几个字的业绩说明，总共才 20 几个字。面试者一看，既简洁明了还有趣，省去了读冗长文字的功夫。若有想进一步了解的方面，加上适当的问话也就解决问题。

二、毕业生推荐书

对于刚刚走出学校大门的毕业生，他们的个人简历相对简单，即制作毕业生推荐书。在制作毕业生推荐书时，除上面介绍的大原则外，还要注意：

学校名称：这项的要求与公司名称相同。应该将在校学习的专业和学科、得到奖学金或奖励、学校或社会上举办的各类比赛上获奖名次、担任学生组织的职务或其他社会活动以及一切与众不同的特长等一一列出。

暑期实习和社会实践的时间、地点、次数、单位等要写出。

特殊的职业技能和业绩是个人简历的重要部分，绝不可漏掉。

个人兴趣：到不同单位求职，要提供与你申请的工作有关的个人兴趣。例如文秘爱好书法，设计人员迷恋美术等可视作与工作相关。

外语和计算机水平：目前高等院校均开设等级考试，借此可以说明你的外语和计算机水平，通常为英语四级、六级和计算机二级。

专业培训：这项包括专门课程、短期培训和研究班。可列出课程名称。

三、自我推荐书（信）

还有一部分人，采用自我推荐的办法，这也是完全可以而且行之有效的方式。这种办法往往是在求职者自己有了一定的目标或者一定想满足自己的愿望时采用。写这种推荐书（信）时特别要把自己的特长、特点、能力条件说清楚，而且不可过分夸大自己。下面是美国某工程学院的一位毕业生的自荐信。

工程界一流的主管先生：

您是否愿意让一位电机系毕业生以不支薪水的方式工作一个月，来表现他的能力呢？

我是电机系毕业的高材生，为人诚实，做事可靠，有耐心，有毅力，平易近人，能与同事和睦相处。我充满热情，并且愿意不断地充实自己。

据说，这封求职信登出来以后收到 300 封以上的回信，有的要求他马上就去。说明写得不错。不过，中国的学生普遍存在两个制约因素：一是要么对自己的长处羞于启齿，怕别人说自己不谦虚；要么认为自己初出茅庐，没什么长处可说。二是不想白干，而且有些人巴不得一开始就要高报酬。

个人简历格式范例（中英文）

姓名：王大伟　　性别：男

地址：中国上海延安东路 123 弄 45 号 6 室

邮编：200000　　电话：（86）（21）55551212

出生日：1953 年 8 月 11 日　出生地：中国上海

学历：1976—1979 年：西北理工学院机械工程系研究生毕业。

专业：非线性震动。

1972—1976 年：同上，本科毕业。

科研：1990—1996 年：浙江大学震动研究室，兼职（同时教学）。

研究领域：非线性震动，无规则震动，非线性波飞机负荷。

1982—1990 年：收音机结构强度研究所。

研究领域：同上。

1979—1982 年：西北理工学院非线性震动研究组。

教学：1990 年至今：浙江大学机械工程系。

课程：震动理论（对象：研究生）。

无规则震动（对象：机械系教师）。

出版物："弹性测杆的非线性波"，发表于《固体力学杂志》。

翻译《机械系统中的无规则震动》，作者 Stepher L. Wheatly，牛津大学出版社，1988 年。

备有推荐信，待索取。

Name: Wang Dawei Sex: Male

Address: Rm. 6, No 45, Lane 123, Yan'an Road (E), Shanghai, P. R. China

Post Code: 200000, Telephone: (86) (21) 5555 1212

Date of Birth: Aug.11, 1953 Place of Birth: Shanghai, China

Education:

1976—1979: Mechanical Engineering Dept., Northwestern Polytechnic Institute

Graduate student

Specialty: nonlinear vibration

1972—1976: Undergraduate student, as above

Research Work:

1990—1996: Zhejiang University

Vibration Research Laboratory, half-time (while teaching)

Research areas: nonlinear vibration, random vibration, and nonlin-ear wave aircraft load

1982—1990: Research Institute for the Strength of Aircraft Structures

Research areas: as above

1979—1982: Research Group of Nonlinear Vibration, Northwestern Polytechnic Institute

Teaching Experience:

1990—Present: Mechanic Engineering Dept., Zhejiang University

Current courses: Vibration Theory (for graduate students), Random Vibration (for teachers in the Mechanics Dept.)

Publication:

"Nonlinear Waves in Elastic Rods" published in Journal of Solid Mechanics

Translation:

Random Vibration in Mechanical Systems, by Stepher L. Wheatly, Oxford University Press, 1988

References:

Available upon request.

四、面试常识

求职的第二步就是面试了，也称面谈。面试是求职中最重要的一环。一般情况下，用人单位愿意聘用那些在面谈中表现好的人，而不是那些获得“优秀”证书的人。你能进入面试，对你是个好消息。可是面试的学问也不少，可以说往往是“险象环生”，而研究表明大多数人对面试缺乏充分的准备。

大多数面试持续的时间并不很长，一二十分钟到个把小时不定。如果有老板感兴趣的话题和人物，面试时间就会比较长。如果他的“第一印象”就不佳，肯定面试时间就短，所谓应付一下就“打发”了。但是要注意，有时第一印象并不好，可是在谈的过程中你的表现出乎老板的预料，临时延长了时间甚至带来惊喜的结果也是常有的事，这往往会预示着好的前景在等着你。正因为如此，面试对于求职者才具有特殊的意义。在一定程度上，面试的结果好坏掌握在你自己手里。你要尽全力做好它。

面试本身是一种令人难以置信的，复杂的相互作用过程， 我们发现稍加努力就能使求职结果大大改变。这里介绍一些所谓的“面试要诀”，希望对你能有所帮助。

（一）面试成功的五大要点

1. 自信，不要被面试过程吓倒

面试是一件使人胆怯和紧张的事。我们平时都不喜欢被人评头品足，也害怕被别人拒绝。即使有了心理准备，希望被挑选的紧张感受和得不到工作的失落感也是难免的。不过，你事先可以做一些工作来缓解面试中的紧张感。对大多数人来说，面试后不被聘用的可能都是存在的。但是你必须明白，你得不到那份工作并不意味着你永远失败。

2. 放松，与你面试的也是人

你必须明白，大多数与你面试的人也是从求职者做起的，他们现在扮演另一个角色，也是有心理负担的，原因是与你面试的人通常也不知道怎样做，常听求职者说：“他们甚至连一个难题也没问！我只得主动告诉他们我的特长，因为他们根本就没有问我这个问题。”

3. 直觉，利用它给你带来优势

面试的人常说他们是凭着本能的反应聘用或拒绝某人，这就是一种“直觉”。如果你可以感觉到他们的预见，你就可以改变你的直觉。但是一定要诚实。如果你夸张了自己的能力，常常会无意识地表露出隐瞒的事情，许多参加面试的人都会看出这一点的。你身上会自觉地发出很多强烈的信号。你的声音、面部表情、手势和其他微妙的信号会使你暴露无遗。准备时你要注意自己的穿戴是否得体，你是否在坐姿方面有坏习惯，你两腿是否僵直地摆放着。这一切是能够改正的。

4. 坚持，拒绝不是最后的结果

使用传统方法求职的人很可能被拒绝，这确实使人不好受。但你要明白，被拒绝是求职成功的必要的组成部分，就如“失败是成功之母”的道理一样。你得到的拒绝越多

（越快），你离被接受的那天就越近。

5. 勇敢，大胆发表你的意见

面试中老板不是唯一可以说不的人。在面试这一过程中，拒绝不是单方面的，面试应该是双向交流。有时候，你完全可以就某些具体问题谈出与老板完全不同的观点。这可以显示你自己的主见和开拓精神。这对许多老板来说，是最需要的。

总之，在面试中你应该提供下面五个方面的信息：表现出积极的态度；让用人单位了解你的技能；不拒绝难回答的问题；让用人单位知道他应该聘你的原因；面试后继续联系。

小蔺是学机械制造专业的名牌大学毕业生。他先后在海南、深圳、珠海打了将近两年"游击"，几经辗转后，1993 年来到中原，想在北方发展。他到太行山麓的某国有大厂（现在是企业集团）谋职。他先找关系在这个大厂干了两个月的清洁工。

早几天他写了封自我推荐的求职信，送到了该厂人事部门。或许是名牌大学的牌子起了作用，这天上午十一点左右他被召进了公司老总的办公室。老总坐在硕大的红皮转椅里，微微欠了欠身子，算是表示对他的欢迎。

"搞过设计吗？"老总漫不经心地发问。

"搞过一点，那也只是学习和实验性质的。"

"谈谈你的想法：想干什么，能干什么，干过多久，有什么证书？"老总似乎已经习惯了面对后进小兄弟问这些官场文章式的话。同时看了看左腕上的手表，他中午还有较大规模的应酬。

"老总先生，我能先谈两句题外话吗？"小蔺很镇定地以攻击者的姿态出现了。

"题外话？"老总纳闷了。但出于礼貌，他说："短点好了。"老总又看了看手表。

"咱们厂的垃圾整理与销售漏洞不少，说是资源浪费有点严重，但稍稍改动，我计算了一下，应该有极可观的经济效益。每月可以回收 8 万～12 万元的资金。"

"12 万？！"老总有些吃惊。但立即回到矜持的状态。老总脑子转了好几圈，他又问道："想管理垃圾？"小蔺想说什么，老总摆手制止他，跟着说："不必解释了，你先到后勤科帮几天忙，回头再说，就这样！"

"老总先生，我到后勤上去，恐怕在资源浪费的同时，又会造成人才浪费。咱们公司的人才浪费现象确实有点严重。许多高工拿钱不少却没有设计任务，干活连个工人也不如。"

老总腾的一下跳起身来，逼视着小蔺。亏了当时没有其他人在场，若有，恐怕他会担心老总要大发雷霆，赶这不知天高地厚的小青年出去，并且说以后再也不愿见到他。

"技术人员的管理如果按外商管理办法，将可使管理增加很大效益。咱厂的食堂和外营部漏洞更大，干部、职工中午的工作餐饭食粗劣，极大地影响了群众对企业的向心力。"

“你从哪儿知道这么多？”老总仍是很严厉的口气问道，但是明显地表示愿意继续谈下去。

结果是，小蔺被录用了。

（二）如何回答棘手提问

1. 面试中经常遇到的棘手提问

绝大多数面试者都会遇到老板提出的一些十分棘手的问题，事先做一些推测和准备肯定有很大好处。这里为你设计了面试中常遇到的十个提问，它们最可能给接受面试的人带来麻烦。在实际中，同样的提问可能措词不尽一致，但内容差不多，如果你能对这十个提问做出圆满诚实的答复，你也就很可能回答好其他的提问，那么成功的机会就被你牢牢地把握住了。

（1）能不能先把你的情况自我介绍一下？

（2）你为什么要到我们公司（单位、企业……）来就业？

（3）你学了哪些课程？具备哪些实际能力？

（4）你的主要优点？

（5）你的主要缺点？

（6）你在学校做过干部吗？

（7）请谈谈你来我们公司后的打算。

（8）你的专业与我们公司的实际不一定对上口呀？

（9）我们公司高文凭（或低文凭）的人很多，你与他们怎么相处？

（10）你期望的收入是多少？

2. 棘手提问的回答范例

刚毕业的学生往往对面试很胆怯，面红耳赤，有口难言，所以心理和技术的准备十分重要。在面试之前，首先要对用人单位的情况做一些了解，包括他们是什么样的公司（单位），需要哪一方面的人。其次要明确你自己对这个单位是志在必得还是“碰碰运气”，可去可不去，你是长期打算还是临时性的安排。

对绝大多数求职者来说，最大的问题是许多面试中的提问其真正用意完全与字面不同。在回答每个提问时，一定要揣摸老板想要知道的到底是什么。这一点有时候很明显，你可直接回答，有时候老板会把意图隐蔽起来，来一个“迂回战术”，旁敲侧击。许多提问可能与你无关。例如，“你生长在这个地区吗？”往往带有伏笔（在此情况下，老板很可能是想知道，由于家庭或其他关系，你是否会在本地留下来）。这时，你的答复应简明扼要，同时可借此机会来一个“借题发挥”，阐述自己的主张，对搞好企业的见解，以及自己其他的技能、长处，等等。

你还要树立信心。绝大多数面试者都未经专门的训练，他们也仅是在试着去做，在面试时有时也会结结巴巴，有时也会问一些不太适宜甚至是荒唐的问题。

有时老板在提问时表示出许多担心，在这种情况下，我建议你事先将你的情况考虑

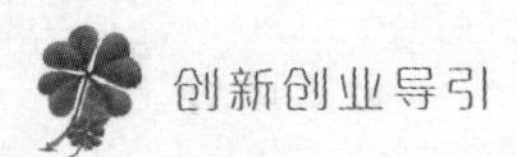

周到，以便能向老板证明，就你而言，这些顾虑是不必要的，完全不是问题，甚至可能是自己的优势。但是，你在陈述这一点时，必须要“事实清楚，论据充分”，不言过其实，不文过饰非，否则会落个“吹牛浮夸，不实在”的印象。

如果你以前有过一次就业，后来由于种种原因有了第二次就业、第三次就业……那么还会遇到一些典型的棘手问题。

下面的例子供参考。

（1）请谈谈你自己好吗？

这很可能是面试的第一个问题。要按照面试者期待的那样介绍自己：你的职业道德标准、可用于该项工作的技能、你的教育背景等等。

（2）你最大的优点是什么？

一般来说，这是个积极、正面的提问，绝大部分人答复时没有什么问题。为了避免尴尬，最好举一个在工作单位的例子来证明你的优点。

（3）你最大的弱点是什么？

提醒你，要选一些表面不太消极负面的东西。称自己是个工作狂或完美主义者，或在工作上要求过于苛刻，这对你肯定不是坏事。

（4）你为什么要离开现在的岗位？

注意，不要抱怨你过去的工作，更不能大谈以前老板的坏话。最好是表明你想有机会在一个大些的单位里运用自己的专长，继续发展，等等。同时要做好准备解释你是由于什么原因离开了履历表上的那些工作职位的。

（5）讲讲你平时怎样度过一天。

你可以讲这样的“故事”——我在书桌上放一个日历，左边记着当天要进行的约会，右边是当天要做的事情。我每天都安排出时间与其他部门联系，并及时把该回而未回的电话补上。总的说来，我整天都集中精力做公司（单位）的工作，有空就看看书。

（6）对你现在的老板你最喜欢他什么？

你的答复应侧重于他的工作，少谈个人品格，因为个人品格容易触雷——涉及别人甚至老板自己。

（7）对你现在的老板你最不喜欢他什么？

你知道这个提问是跟着上面来的。同样，要坚持讨论他的管理思想，避开个人人格冲突问题。你可以回答：在我看来，他还应该更注重发挥每一个员工的积极性和创造性。

（8）你找工作有多长时间了？

千万别说出具体时间，只随便回答：“不长，我是想要找一个最适合我的技能与目的的工作。”

（9）我们的工资不高啊。

请礼貌地把这点告诉对方：“我认为我目前更注重发挥自己的才能，体现自身的价值。我认为经理以后会关心我的收入的。”（或类似效果的话。）

（10）我们加班很多，有时周末也要工作。

即使并不情愿，也要巧妙作答：“执行某个特殊的计划时，花一点儿晚上或周末的时间对我来说没问题。工作与休息是一对矛盾，但是平衡的生活能使职员充满活力、精力旺盛。所以我将努力在一个长的时期里保持持续、可靠的工作表现。”

（11）未来五年或十年准备做出什么成就？

显然这是一个能给你带来录用机会的话题，又有挑战性。你可以适当打开话匣子，谈谈你将为公司做点什么，例如节约成本、开拓市场之类。可是要适可而止，以避“取而代之”之嫌。

五、准备笔试

这里的笔试主要是指进入国家行政事业单位，现在是逢进必考。考试的依据有两个方面，一是公务员常识，二是有关业务知识。书店有相关考试大纲和应考辅导资料出售，不再赘述。

第四节　分析外界因素

成功的创业是和适合的外界因素分不开的。一个好的外部环境，可以孕育出茁壮的幼苗，结出丰硕的果实。

所谓创业的外界因素，原则地说就是创业的市场环境及相关的有利和不利因素，具体包括人口、资源、文化、社会环境、政治环境、经济环境、可用条件、发展机会等等。创业与市场息息相关，从某种意义上说，创业是了解市场、进入市场、利用市场、融入市场的过程和结果。因此，我们在创业之前应对市场这一至关重要的外界因素做出切实的关注和分析，也要把有利和不利因素看清楚，要是环境或自身的不利因素太多，即使再好的项目，也只好作罢。这一点也是所谓的“知彼”。

一、外界环境分析

从大的方面看，环境包括大环境（指国际气候和行业状况、国家、地区的政策、法规等）和小环境（包括创业地的具体政策及力度、周边环境、竞争程度、人力资源、人们的消费习惯以及自己的个人关系等等）。现在我国与国际的交往越来越多，国内办企业、事业等，都要把国际上的情况联系起来考虑。例如搞食品加工出口，就要涉及国际卫生标准、不同民族的饮食习惯甚至宗教信仰等。

西门子公司是世界著名的大公司，当他决定要在德国之外建立第一个工业4.0应用的智能制造创新中心后，经过认真调研和论证，把中心建立在了中国的青岛。因为青岛的外部环境与西门子的优势产业——机械制造十分接轨。从上世纪90年代开始，青岛陆续诞生了海尔、海信、双星、澳柯玛、青岛啤酒等知名大企业，而且主要从事的是制造业。到2015年，这里的规模以上工业企业的产值规模达到了1.7万亿元，政府制定了互联网工业强市的战略转型方式是软件定义的智能工厂、数据驱动的先进制造和平台支撑的新型产业生态系统。这样的环境有利于西门子实现“智能制造、绿色交通、清洁能源”的愿景。

结合中国当前的情况，创业者应特别注意下面几个问题。

1. 法律、法规、政策环境

创业必须要在当时当地的法律、政策、法规容许的范围内进行，否则将成为空谈。例如你想开一个餐馆，营业目标是经营野味，中国境内不行，世界上大多数国家都不可以。为了保护环境，许多发达国家已经明文禁止开办排污高的企业或进口环保不合格的产品，你再到这些国家申请，一定碰壁，但是，有的发展中国家却并不限制。为了吸引创业，特别是创办高新产业，很多地方政府给予了种种优惠条件，如税费减免、税收奖励、人才补贴、土地优惠、房租减免等等，创业者可以比较选择，充分利用。

2. 风俗习惯环境

风俗直接影响到消费习惯，把不同地区和人群的不同风俗习惯纳入创业的外界因素考虑十分重要，直接关系到事业能否成功、效益好坏，如果分析准确，定位适当，会大获成功。做食品工业，地区和人群的饮食习惯有相当大的区别，不予充分注意肯定失败；汽车设计生产，我国是驾驶员在左边，有不少国家是右向操作。

有一次一家电视机生产厂家打听到一个重要商业信息：泰国的电视机需求量很大，而且是当时国内技术已经成熟、市场也不太走俏的20英寸电视机。厂家高兴之极，二话没说按国内当时的消费心理生产了一批红色外壳的机子运到泰国，可是泰国人根本不买账——产品滞销。一打听，才知道泰国人普遍不喜欢红色。这时厂家想，改个颜色那不是很简单吗？国际流行的电视机颜色是灰白色为主，于是又生产了一批灰白色的。可是这批货同样不受泰国人喜欢，甚至有点反感。了解后才知道，在泰国人看来，灰白色与他们祭奠死者的冥品的颜色一样。吃了这两次亏，厂家终于认真吸取教训，调查了解，生产了一批当地喜爱的孔雀蓝颜色的机子，销路大开。

3. 人际关系环境

这里要特别谈谈作为目前人们普遍重视的关系。有人甚至说，关系就是生产力，这话一点不错。大到国家与国家，小到布衣、庶人，都存在关系，对任何企业家，关系都是重要资源。排除政治、宗教、民俗等大的因素，人与人之间有“性相近，习相远”的问题，也有“物以类聚，人以群分”的区别。对于刚进入社会的创业青年来说，有一个“关系”可用，能对你有带动、提携的作用，应该充分用好（当然不是所谓的“酒肉朋友”）。如果没有什么关系可用，还应该积极发展、建立良好的关系。

关系的建立是以诚信、友好、互利、长久为基础的，切不可欺诈，也不能干“一锤子买卖”的事。同时要提醒大家，在创业中如果你过分看重关系，就会忽略或者轻视创业中的其他重要问题，例如严格的质量、科学的管理等。在竞争十分激烈的市场中，关系只是催化剂，根本的东西是产品（服务）质量，只有在良好质量的前提下才起作用，而质量又来自于积极的创新和科学的管理。即使是到你的亲戚那里去就业，你如果老是做不出合格的产品，你也会被“开销”的。相当多的事例显示，一些低级的所谓“关系”不但不是先进生产力，反而是事业发展的桎梏。在国外，老子宁愿用钱把儿子养起来也不让儿子接班的事比比皆是。

二、相关的有利因素和不利因素分析

创业中必须面对各种制约因素，例如关税、运距、资源、成本空间、市场份额、自身实力等。哪些是有利的，哪些是不利的，事先一定要作实事求是的分析。对初创者，宁可把不利因素看得多一点，严重一点；对有利的，不要估计太高、过分乐观，要谨慎利用，总之是扬长避短。也要积极主动地把不利因素转化成有利因素。前些年有几句顺口溜，什么遇着绿灯赶快走，遇着红灯绕道走，灯还没亮大胆走，说穿了就是分析和利用好政策因素。

三、找好起步的具体门道

这个问题与上面的问题有联系，是更进一步的一个子项目。例如你看好了中医药创业，其中还分是制造饮品还是保健食品，是生产中药原料还是原料的粗加工，这就是门道，即你起步的行业或岗位。不管是自主创业还是依附创业，都有这个选择。作为大中专学生，有一个通病就是太倚重自己所学的专业。的确，用非所学很不应该，它既浪费精力也增大了求学成本。但是目前的情况是，学非所用的事是经常发生的、普遍存在的。我国现在大力提倡的职业技术教育和大学的学科、专业结构调整就是为了解决这一问题。同时这个问题也是一个合理存在的憾事，世界范围内普遍存在。大学的教育，不管怎么力求改变，都不可能抹去一种“计划”的痕迹，而计划和市场从来就不是百分之百吻合的，今天学的，不一定就是明天一定要用的。我们的建议是，能对口更好，不相吻合，也是可以考虑的。历史上用非所学而成大器、大家的大有人在，鲁迅、爱因斯坦都是。爱因斯坦发表相对论时，在专利局做一个小职员。对仅想去就业的同学来说，现在的老板也很实际，不再过分强调专业对口。他们往往更看重你的基本素质，认为青年人可塑性大，学习能力强，何况有的岗位专业性不很强，并不需要多少专业知识与技能。因此你应该有一种“走出去再说”的心理。

如果你自己有发明专利，起步时就是一个可以利用的好门道，这是创造创新给你带来的优势和机遇，因为专利往往意味着新产品的问世。在利用专利时，很多人都是开办企业，这和其他情况下的办企业没有什么不同。要是你打算出卖专利，也是可以的，那与自主创业就不同了。

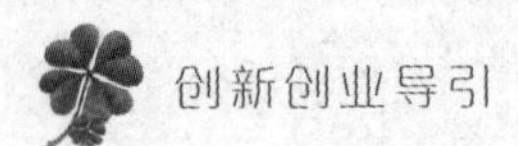

1999年7月中旬，已拥有6项专利技术的华中理工大学在校三年级学生李玲玲依靠她的2项发明专利注册了属于自己的武汉天行健科技发展有限公司。她注册公司的10万元资金不是自己打工挣的，也不是父母资助的，而是由一家风险投资公司提供的，她因此成为全国第一位接受风险投资的在校大学生。

自1999年4月初华中理工大学推出首届创业计划大赛以来，李玲玲的创业梦想就一直没有断过。当时她正好有一项发明专利——防撬锁，在北京举办的中国专利博览会上获得金奖。回到学校她二话不说就直奔校团委报名参加创业大赛,之后便以她的专利锁为主要作品,组建了自己的创业团队——求实创业小组。在这个最讲究实在与求真的校园氛围中，他们没有刻意追求那些流行的话题、词语，而是选取了“求实”作为创业小组的名称。

求实创业小组共7人，他们着力包装李玲玲的防撬锁发明专利，一登场就很顺地通过了预赛，并且在后来的决赛中也一举获胜，成为华工的4个参赛项目之一，参加全国创业大赛。

她当时也就只是想把自己的专利变成产品推向市场，至于办公司当老板，似乎还没想那么远。一个难得的机遇让她提前实现了这一梦想。

1999年6月初，武汉世博投资公司推出博大学生风险投资基金，专门资助那些没有资金却又拥有具有市场前景产品的在校大学生创业。这无疑给李玲玲带来了福音。当时快要放暑假了，李玲玲正准备到深圳电视台去实习。于是她立即放弃了这一计划，全身心地投入到自己的创业中。通过与世博公司洽谈，她的项目申请很快得到了批复。她因此获得了由世博提供的10万元风险投资资金，并在此后不到一个月的时间内成立了武汉首家学生创业公司，同时这也是全国首家风险投资而开办的学生公司。她因此成为我国第一个接受风险投资办公司的在校大学生。

在全国数十位出名的校园创业者中，李玲玲似乎更引人注目。这不仅仅是因为有着6项发明专利的她竟是学文科的，而且是新闻专业，还是湖北枝江市作协最小的会员，更因为她是目前校园创业成功者中唯一的女孩子。做学生老板不易，做大学生老板就更不容易了，李玲玲说她现在很需要别人的帮助，发明只是创业的一部分，更多的困难则是如何开拓市场。

李玲玲的公司1999年已正式运行起来了，以她的2项发明专利为主要经营对象，尽管项目比较少，但她会不断地开发新产品，“光靠这几项小发明是难以打开市场的”，她这样说。去年又有一项有关测温装置的专利被批准，但她没有时间去开发。她的精力主要对防撬锁和高秆喷药器发明专利进行修改，并且与原创业团队6人一起备战全国创业大赛。

李玲玲的创业，至少从怎样充分利用发明专利，怎样掌握风险投资，怎样不断以创新产品打开市场三方面给了我们有益的启示。

第五节 创业规划和实施步骤

一、创业规划的内容

在自我分析和环境分析完成以后，就可以确定创业的具体步骤了。这当然会因各人的具体情况的不同而有区别，但总的说应有人生目标、创业地点、实现的时间等几个方面需要策划。

1. 确定人生目标

首先，你要确定人生的大目标，也就是人生的类型，也就是说，你以什么面目生存于这个社会，在社会的大世界里（也就是各种行业里面）充当何种角色，是从事技术、管理、经商或者其他什么职业。

第二是从事的行业，如公务员、教育、经商、旅游、服务业、国防等等。你所选择的行业必须是眼下社会需要的，最好是今后一段时间也需要的。但是也不可跟风，特别是那些已处于强弓之末的行道不可跟。

第三是到达的程度。是当教授？县长？总经理？亿万富翁？等等。

2. 确定创业地点

创业的地域是在国外？本地？沿海？西部？城市（包括大、中、小城市）？农村？等等。

3. 确定实现的时间

你的创业规划是短期的（1~5年）、中期的（5~10年）还是或长期（10年以上）的？

当这些大问题都决定以后，你就可以拟定具体的创业计划了。

二、实施创业规划

如果是依附性创业，即找一个地方就业，就要简单得多，只需准备个人简历，准备笔试和面试。但是做出这样的选择也有几个问题要考虑到：第一，你的这一步仅仅是人生中的一个步骤还是所谓的终极目标？如果当作一个步骤，那么以后就还有更大的目的或“另有所图”，因此你要明确你想从这一步达到什么企图，是资金的准备还是经验的积累。如果是为了准备资金，你当然要选择效益好的地方或行业、单位，你要能在这里吃苦，拼命地加班加点。当作终极目的（的确有许多人是这样），你可以马虎一点，即所谓“走到哪里黑，就在哪里歇”。但是必须告诉你一个重要思想：现在是竞争的时代，得过且过的办法是行不通的。第二，即使是终极目的的就业，也不是一成不变的。人生一辈子很长，有时命运之神偏偏要来敲开你的大门，这就是“机遇”。机遇一来，就可能改变你的初衷，正所谓“有意栽花花不发，无心插柳柳成荫”。强调这一点的目的，是要告诉那些只打算搞终极目标创业的人，必须在平常采取积极向上的人生态度，对各方面有所积累，以便“能够”抓住机遇，因为机遇“偏爱有准备的头脑”。

如果是自主创业，则十分复杂，起码的准备工作有产品、资金、场地、人员、营销方向和策略等。接着是为公司起名，准备有关材料和资金，到工商局登记注册，去银行开具账户，向银行申请贷款等。

还要提醒自主创业者：第一，从小事情做起，不可贪大求洋，所谓“一锄就想挖一个金娃娃”；第二，尽量与同学或者其他有经验的人合伙起步；第三，开发自己的专利、特长等。

5月，张颖光荣地成为一名中共预备党员。以张颖的优异成绩，她可以留在清华直读博士，父母也希望她能留在北京。而她选择了到位于四川省绵阳市的中国工程物理研究院工作。

“与我同是四川人的男友也决定去西部工作，我们认为留在北京不一定就是最好的选择。我们学的是核专业，对自己的专业很感兴趣。绵阳那里的科研和生活条件都不错，离我家资阳也不太远，我希望在那里能多工作一些时间，干出点事情来。我们微薄的力量可能成为不了国防事业的基石，但我们愿意做国防事业的铺路石。”张颖如是说。

对于李先锐这位从北大计算机系毕业的硕士研究生来说，在北京、上海、深圳这样的大城市找一份待遇不错的工作并不难。重庆的家人、亲戚也希望他能留在北京，但他最终选择了西藏。李先锐说：

“前两年我们系每年的毕业生中有30%出国，30%读博，其余工作的也是在通用、微软这样的著名外企。这两年美国经济不景气，而留在国内发展机会很多，所以我不准备选择出国。

今年2月，受西藏移动公司的邀请，我飞到了拉萨。身体没有什么不适应，我很快与对方签了协议。

说实话，西藏的工作条件有些方面还是比较落后，拉萨的文化生活也很少。但那里有很多的发展机会，有很大的空间可以让年轻人施展才华。

得知我的决定后，我的导师很是惊讶。在导师的印象中，现在的大学毕业生没有不愿意去沿海地区、去大城市的，系里的老师也建议我再慎重考虑。倒是一些同学很佩服我的决定，他们说，能决定去西藏工作需要勇气。”

至此，我们的创业应该起步了！如果你认为还有什么不周到的地方，甚至只有一个初步打算，不要紧，干起来再说，立即启动！千万不要犹豫不决，错失良机。在自主创业问题上，完全依靠十分完备的计划而成功的事例少之又少。美国创业家塞思·戈丁曾对他在斯坦福大学商学院的 300 名学习工商管理的同学做过跟踪调查，当初个个深以自己是名校学子为荣，公开声称迟早将经营自己的事业。可是 20 年过去了，只有 30 人当了老板，其他的人还在等待，等时机，等主意……所以塞思的结论是：从来没有一位企业家手里拿着能够预见未来的水晶球，没有任何办法可以确定你的企业一定会成功。所以这位成功创业家不无偏激地喊出了：停止计划，付诸行动！

总之，创业的问题方方面面，恐怕没有一种创业经历与他人是完全一致的，应该视具体问题灵活处理。创业的环境与条件一直处于变化发展之中，没有百分之百完善的计划，也没有一劳永逸的计划模式。作为初出茅庐的青年人，要勇敢地迈出去，以干促学，干就是学，在干中学。随时观察变幻莫测的市场形势，审时度势，创造性地处理各种问题；要注意多从其他人的创业故事中学习经验。在发展中，充分注意用好时间资源、知识资源、人际关系资源、身体资源以及金钱资源，尽可能地使自己的事业得到良性发展。

当今中国著名的远大中央空调有限公司，执行总裁张跃先生 1999 年 12 月 6 日晚应“清华创业者协会”之邀，在清华大学经济管理学院伟伦报告厅做了关于“远大”创业的报告，并回答了同学们的提问。从回答的提问中，你可能会领会到你需要了解的重要信息。

问：一般来说，成功需要努力，还要有机会。你认为这二者对自己的成功哪个更重要？

张：我完全不相信机会。我和我弟弟在创办远大时，在开发这个产品时，我们完全不懂，而且我们没有依赖任何的社会资源。要说机会，就是改革开放，那对每个中国人的机会都是一样的。我经常对有志向创业的年轻人说，一定要相信自己，你每一天在进步，你每一天在努力，应该是会成功的。现在在中国，是市场经济形成的时期，这时的机会会更多一些。因为如果你按市场规则办事，按先进的市场运作方式办事，就会比其他落后的社会力量强一些。

问：你在创业中遇到的最大困难是什么？又是怎样克服的？

张：这个感觉好像还没有，还没总结过。当然，追溯到最初的创业阶段，最大的困难还是资金。我们要说服客户，给我们定金，买我们的产品，这是很困难的。作为私营企业，那时没有银行肯贷款给我们。到 1993 年，我们想找银行给我们贷款还是很难，1994 年我们能贷款了，到 1995 年我们就完全不贷款了。初期的资本还是很重要的，但是资本不能解决问题。现在社会对于创业的资金环境好多了，那时的私营企业，人家是完全不会贷款给你的，是完全瞧不起的，现在好多了。

问：远大如何看待人才？

张：我来清华园是有这样一个意思的，我想告诉大家，远大是一个很有机会的地方。我们的职工平均年龄是 27 岁多，我本人 39 岁，大概排第四五左右，其余的 1 100 多人都比我年轻。

在远大有一点反差，我们的制度是非常苛刻的，但是有非常宽松的开发研究环境，有非常高的物质精神生活，我们经常有自己的晚会。

企业中的人才是多方面的，可能某个人平平常常，但是他在某一点上有才华，他就可能是某个岗位上不可替代的，那他就是人才，甚至是企业的奇才。无论你是中专、大学、博士、硕士文凭，能力才是重要的。

问：您对创业者的建议以及您现在的理想？

张：第一，目光要远，不要只看眼前利益。

第二，创业阶段，行动要扎实，不要认为自己只要做一些大运作，需要身体力行。

第三，对于创业者来说一件非常危险的事是“悲观”，创业者一定要乐观，面对不幸和挫折，不要越来越痛苦，吸取教训下次注意。

第四，注意培养个人综合知识、思想境界。

第五，不要为创业而创业，否则很难成功。

我的理想，在今年的财富论坛上，经过几天的“洗脑”，我萌发了一个想法，就是在最短时间内加大对环保方面的研究，我打算在10年内成为在环保领域内最受推崇的企业之一。

三、公司运营与管理

立志自主创业的人，多数是先开一个小公司。麻雀虽小，五脏俱全，开公司的学问可多了，初出茅庐的学子创业不得不知。

（一）公司注册

1. 有限责任公司

设立的条件：① 股东须有 2 人以上（含 2 人），50 人以下；② 股东出资额达到法定资本最低限额：生产经营为主的公司 50 万元，以商业批发为主的公司 50 万元，以商业零售为主的公司 30 万元，科技开发、咨询、服务性公司 10 万元；③ 有股东共同制定的章程；④ 有公司名称和相应的组织机构；⑤ 有固定的场所和必要的生产经营条件。

设立程序：① 向公司登记机关申请公司名称的预核，筹建期间使用预核名称；② 全体股东共同制定章程；③ 验资通过；④ 核验财务制度、特殊行业的有关文件、许可证等；⑤ 向公司登记机关申请设立登记。

2. 股份有限公司

设立的条件：① 有 5 人以上发起人，其中须有过半数的在中国境内有住所；② 股本在 1 000 万元以上；③ 股本发行、筹办事项合法；④ 发起人制定公司章程并经创立大会通过；⑤ 有注明“股份有限公司”字样的公司名称和符合要求的组织机构；⑥ 有固定的场所和必要的生产经营条件。

（二）公司设立程序

公司设立主要有两种方式：发起设立和募集设立。

发起设立：① 名称的预核申请；② 报批；③ 制定章程；④ 发起人认购股份并缴足出资；⑤ 选举董事会和监事会；⑥ 申请登记；⑦ 登记机关答复（130 日内）；⑧ 发放营业执照。

募集设立：① 发起人认购总股份的一部分（≥35%）；② 向证监会申请募股；③ 向社会公开募股并验资；④ 30 日内召开创立大会；⑤ 其余程序与发起设立一致。

（三）签订经济合同

签订合同不管对哪一种创业都十分重要。需要签订合同的时候很多，经营中往往依据合同行事。很多时候合同就是金钱，类似于各种性质的“保险”。我们建议，同学们可以于在校期间学习一下合同法、劳动法及其他有关法律法规。合同的主要内容是：双方的名称，法人代表，单位地址，银行账号，业务内容，数量、质量和规格，价格和总价，交货方式、时间和地点，违约责任，合同有效期，等等。

签订合同第一关是谈判。谈判最好是一个班子，其中有懂各方面业务的人士，还必须有法律专家。

（四）建立企业理财机构

一般情况下，所有企业都应该有一班财会人员。刚开始起步业务少，不可能建财务室（科），也应有专人管理。但是这些都不能代替经理们的最终决策权，所以，创业者们应该抽出时间，学习一些财务知识，以利有效指挥。

（五）公司的类型

1. 公司制企业

在我国，按《中华人民共和国公司法》的规定，公司的主要类型有有限责任公司、股份有限公司和一人公司三种。一人公司又可分成国有独资公司和外商独资公司。

有限责任公司和股份有限公司的特点是“有限”，即股东仅以出资额为限对公司承担有限的责任，而公司也仅以净资产为限对债权人承担有限的责任。这大大地降低了投资者的风险。通常情况下，我们说有限公司主要指有限责任公司，而股份有限公司必须在公司名称中注明“股份有限公司”字样。

有限责任公司和股份有限公司较为相似，都实行两权分离——所有权与经营权分离。所有者据有资金，但是未必懂得企业经营，因此可以聘请职业经理为他们经营企业。这种方式对股份有限公司特别重要。往往，企业的所有者股东们住地很分散，不便于对公司进行直接经营，但是可以委托经理根据董事会的决策经营企业。而且，股东们对自己企业的资产有灵活的处置权，可以在二级市场上转手交易股票，将股票形式的资产变现，也可以进行资金融通。其主要区别在于，股份有限公司是将公司的资产分为等额的股份向公众发行，所有购买者都是股东，是公司的所有者。这种方式有利于公司募集资金。

股份有限公司的股东（大）会是公司的最高权力机构，由股东大会选举产生董事会，董事会选举董事长或执行董事，董事会任命（总）经理，再由（总）经理组建经理层对公司进行实际经营。因此，董事会是决策机构，董事长是公司的法定代表人，经理是执行人。除此以外，大的公司还要成立监事会。监事会对股东（大）会负责，对董事会和经营层实行平行监督，以便对权力进行监督制衡，形成公司内部法人治理结构。

国有独资公司这种方式一般在特殊行业或国家支柱产业内设立，以满足特殊的需要。

2. 合伙企业

依照《中华人民共和国合伙法》的规定，合伙企业是在中国境内设立的、由各合伙人订立合伙协议，共同出资，合伙经营，共享效益，共担风险并对合伙企业债务承担无限连带责任的营利性组织。与公司制企业相比，合伙企业注册登记简单，所有者就是经营者，但是要对债务承担连带责任，风险很大。例如，一合伙企业由甲、乙组建，若经营不善负债，债权人向其中任何一人追索债务时，均不得推托。并且出资人不得以企业净资产为限对债务承担有限责任。如果企业已无资产，则合伙者要拿出自己的私有财产来还债，直到债务清偿或债权人满意为止。这就是承担无限责任。

3. 一人公司

一人公司指单一业主或企业、个人业主或企业。这种企业与合伙制企业相似，只是出资者仅一人，所有者即经营者，对债务承担无限责任。

（六）融资与投资

1. 融资

公司为了进行正常的生产经营活动或为了扩大经营规模所进行的筹措资金的活动叫融资。融资的方式有负债融资和权益融资两种，前者包括公司向债权人（商业银行、各种基金组织等）借款（借贷）和发行公司债券（如零售债券、付息债券等），后者主要指以发行股票募集资金。

2. 投资

公司筹措到资金后必须选择好的项目进行投资，以便收回资本，向债权人还本付息，向股东发放股息、股利。同时，还须将净利润的一部分向国家纳税。以上各种分割的剩余部分可作为公司的留存，用于公司的生存发展和扩大规模。

（七）初创公司的注意事项

（1）任何公司都要有宗旨、经营目的，有短期安排和长期战略计划，生产运作有条不紊，可持续发展。

（2）要把握股价方针政策和行业动态，熟悉相关法律法规，在法律和政策允许的范围内经营。

（3）牢牢把握服务（产品）质量，树立质量是生命线观念。以顾客为导向，服务至上。

（4）初创时公司规模较小，往往管理和经营两权合一，但是一旦公司规模扩大，一定要采取正规经营方式，例如有必需的经营层次，进行专业化分工，有科学有效的管理规章制度。

（5）注意向内行和经营管理效果很好的企业学习，根据变化了的情况随时进行方针、制度、用人等方面的调整。

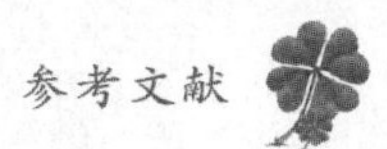

参考文献

[1] 朱炎．成功创业[M]．北京：经济科学出版社，2000.
[2] SETH GODIN．创业者圣经[M]．赵孝盛，等，译．上海：上海译文出版社，2002.
[3] 孙秋柏，等．创新技法[M]．北京：中国经济出版社，2002.
[4] 杨志，方宁．知本创业方案[M]．北京：中国国际广播出版社，2001.
[5] 李宏，周正训．21 世纪人生职业规划[M]．北京：金城出版社，2001.
[6] 罗双平．职业生涯规划[M]．北京：中国人事出版社，1999.
[7] 熊治梅．大学生职业指导教程[M]．北京：中国人事出版社，2002.
[8] 王小平．本领恐慌[M]．北京：海南：海南出版社，2000.
[9] 刘善才．真点子成功案例[M]．西安：陕西旅游出版社，2001.
[10] 金哲，邓伟志．21 世纪世界预测[M]．上海：上海文化出版，1996.
[11] 上海市对外文化交流协会．院士展望二十一世纪[M]．上海：上海科技出版社，2000.
[12] MARA BROWN．失业后的阳光[M]．陈怡如，译．北京：时事出版社，1997.
[13] FERRY HARTY，KAREN KERKSTRA HARTY．最后契机[M]．安东建，译．北京：经济管理出版社，2002.
[14] 赵东．打工故事[M]．延边：延边大学出版社，2001.
[15] 陈建海．狂想的抉择[M]．北京：光明日报出版社，2000.
[16] 彭兆荣．生存于漂泊之中[M]．上海：上海文艺出版社，1997.
[17] 傅世侠，罗玲玲．科学创造方法论[M]．北京：中国经济出版社，2000.
[18] 甘自恒．创造学原理和方法[M]．北京：科学出版社，2003.
[19] 邓泽功．创造能力开发[M]．成都：四川人民出版社，2003.
[20] 叶黔达，等．创新能力开发[M]．成都：四川大学出版社，2000.
[21] 辜胜阻，等．创新与高技术产业化[M]．武汉：武汉大学出版社，2001.
[22] 高绪界，等．就业与创业指导[M]．北京：化学工业出版社，2002.
[23] 张建东，等．大学生就业案例教程[M]．北京：中国人民大学出版社，2002.
[24] 欧阳焕．思考致富实践法[M]．北京：海潮出版社，2004.